Elbe-Radweg 2

Von Magdeburg nach Cuxhaven

Ein original *bikeline*-Radtourenbuch

VERLAG**ESTERBAUER**

bikeline®-Radtourenbuch Elbe-Radweg 2
© 1998-2013, **Verlag Esterbauer GmbH**
A-3751 Rodingersdorf, Hauptstr. 31
Tel.: +43/2983/28982-0, Fax: -500
E-Mail: bikeline@esterbauer.com
www.esterbauer.com

14., überarbeitete Auflage 2013
ISBN: 978-3-85000-447-3

Bitte geben Sie bei jeder Korrespondenz
die Auflage und die ISBN an!

Dank an alle, die uns bei der Erstellung dieses Buches tatkräftig unterstützt haben, finden Sie auf S. 158

Das *bikeline*-Team: Heidi Authried, Beatrix Bauer, Markus Belz, Michael Bernhard, Michael Binder, Veronika Bock, Petra Bruckmüller, Sandra Eisner, Roland Esterbauer, Gabi Glasstetter, Dagmar Güldenpfennig, Tobias Klein, Martina Kreindl, Bettina Müllauer, Eveline Müllauer, Gregor Münch, Karin Neichsner, Niki Nowak, Carmen Paradeiser, Julia Pelikan, Christian Schlechte, Erik Schmidt, Martina Specht, Matthias Thal, Martin Trippmacher, Martin Wischin, Wolfgang Zangerl.

Umschlagbilder: Tourismusverband LK Stade/Elbe e. V.
Bildnachweis: Birgit Albrecht: 32, 35, 36, 37, 40, 56, 62, 96, 102, 116; Behörde für Stadtentwicklung und Umwelt Hamburg: 94, 96, 98; Bernhard Mues: 26, 66; Gästeinfo Hitzacker: 61; Glückstadt Destination Management GmbH: 111; Informationspunkt Dannenberg: 60; Kirstein: 46; Kreisverwaltung Pinneberg: 108; Kurverwaltung Nordseeheilbad Cuxhaven: 134, 138; Magedeburg Marketing: 17, 17; Michaela Derferd: 50, 54, 68, 74, 76, 88, 92; Samtgemeinde Dannenberg: 60; Stade Tourismus GmbH: 124, 126; Stadt Magdeburg: 20; Stadtverwaltung Havelberg: 46; Tourismus-und Gewerbeverein Wedel: 104; Tourismusverband Landkreis Stade / Elbe e. V.: 8, 119, 120, 124, 128; Tourismusverband Sachsen-Anhalt: 18, 24, 25, 26, 32; Tourist-Information Havelberg: 48

Dieses Buch wird empfohlen von:

Vorwort

Der zweite Teil des Elbe-Radweges aus der bikeline-Serie führt Sie aus dem Herzen Deutschlands hin zum schönen Nordseestrand. Die ca. 500 Kilometer lange Radroute zwischen Magdeburg und Cuxhaven beschert Ihnen vor allem ein unvergessliches Naturerlebnis. Die Stille der Elbauen wird oft nur vom Zirpen der Grillen, dem Zwitschern der Vögel, dem Knirschen des Schotters oder dem Surren Ihrer Räder unterbrochen. Willkommene kulturelle Abwechslung bieten sehenswerte Städte wie Tangermünde, Stade oder Glückstadt und natürlich die Elbmetropole Hamburg mit ihrem Großstadtgetümmel. Am Ende Ihrer Tour erwartet Sie in Cuxhaven schließlich eine frische, salzige Brise Nordseeluft.

Präzise Karten, genaue Streckenbeschreibungen, zahlreiche Stadt- und Ortspläne, Hinweise auf das kulturelle und touristische Angebot der Region und ein umfangreiches Übernachtungsverzeichnis – in diesem Buch finden Sie alles, was Sie für eine Radtour entlang der Elbe benötigen – außer gutem Radlwetter, das können wir Ihnen nur wünschen.

Kartenlegende

Radrouten

Hauptroute, wenig KFZ-Verkehr

— **asphaltiert** (main cycle route, low motor traffic)

– – **nicht asphaltiert** (main cycle route, unpaved road)

···· **schlecht befahrbar** (main cycle route, bad surface)

Radweg / Hauptroute, autofrei

— **asphaltiert** (cycle path, without motor traffic, paved road)

– – **nicht asphaltiert** (cycle path, unpaved road)

···· **schlecht befahrbar** (cycle path, bad surface)

Ausflug od. Variante

(excursion or alternative route, low motor traffic)

— **asphaltiert** (excursion or alternative route, paved road)

– – **nicht asphaltiert** (excursion, unpaved road)

···· **schlecht befahrbar** (excursion, bad surface)

Ausflug od. Variante, autofrei / Radweg

(excursion or alternative route, without motor traffic / cycle path)

— **asphaltiert** (excursion or alternative route, paved road)

– – **nicht asphaltiert** (excursion, unpaved road)

···· **schlecht befahrbar** (excursion, bad surface)

— **sonstige Radrouten** (other cycle routes)

ooooooo **Radweg in Planung** (planned cycle path)

xxxxxxx **Radweg gesperrt** (closed cycle path)

Fährverbindung (ferry connection)

KFZ-Verkehr (vehicular traffic)

Radroute auf mäßig befahrener Straße (cycle route with moderate motor traffic)

Radroute auf stark befahrener Straße (cycle route with heavy motor traffic)

Radfahrstreifen (cycle lane)

mäßig befahrene Straße (road with motor traffic)

stark befahrene Straße (road with heavy motor traffic)

Steigungen / Entfernungen (gradient / distance)

starke Steigung (steep gradient, uphill)

leichte bis mittlere Steigung (light gradient)

3,2 **Entfernung in Kilometern** (distance in km)

Durch Rundungen können Differenzen zu den tatsächlich gefahrenen Kilometern entstehen.

Kopfsteinpflaster (cobbled street)

Tunnel (Tunnel)

UTM-Gitter (2 km) (UTM-grid)

Routenverlauf (cycle route direction)

Stadt- /Ortsplan (city map)

5 **Wegpunkt** (waypoint)

Radinformationen

Fahrradwerkstatt* (bike workshop*)

Fahrradvermietung* (bike rental*)

überdachter Abstellplatz* (covered bike stands*)

abschließbarer Abstellplatz* (lockable bike stands*)

Gefahrenstelle (dangerous section)

Text beachten (read text carefully)

Treppe* (stairs*)

Engstelle* (narrow pass, bottleneck*)

Nur in Ortsplänen

P Parkplatz* (parking lot*)

P Parkhaus* (garage*)

Post* (post office*)

A Apotheke* (pharmacy*)

H Krankenhaus* (hospital*)

F Feuerwehr* (fire-brigade*)

U Polizei* (police*)

Theater* (theatre*)

* **Auswahl** (* selection)

Maßstab 1 : 75. 000

1 cm ≙ 750 m   1 km ≙ 13,3 mm

0 1 2 3 4 5 6 7 8 9 10 11 12 13 14 15 km

Schönern sehenswertes Ortsbild (picturesque town)

Einrichtung im Ort vorhanden (facilities available)

Hotel, Pension (hotel, guesthouse)

Jugendherberge (youth hostel)

Campingplatz (camping site)

Naturlagerplatz* (simple tent site*)

Tourist-Information (tourist information)

Einkaufsmöglichkeit* (shopping facilities*)

Kiosk* (kiosk*)

Gasthaus (restaurant)

Rastplatz* (resting place*)

Unterstand* (covered stand*)

Freibad (outdoor swimming pool)

Hallenbad (indoor swimming pool)

Kirche; Kloster (church, monastery)

Schloss, Burg (palace, castle)

Ruine (ruins)

Museum (museum)

Ausgrabungen (excavation)

andere Sehenswürdigkeit (other place of interest)

Tierpark (zoo)

Naturpark, -denkmal (nature reserve, monument)

Aussichtspunkt (panoramic view)

Kirche (church)

Kapelle (chapel)

Kloster (monastery)

Schloss, Burg (castle)

Ruine (ruins)

Turm (tower)

Funk- und Fernsehanlage (TV/radio tower)

Kraftwerk (power station)

Umspannwerk (transformer)

Windmühle; Windkraftanlage (windmill; windturbine)

Wassermühle (water mill)

Wegkreuz (wayside cross)

Höhle (cave)

Bergwerk (mine)

Leuchtturm (lighthouse)

Sportplatz (sports field)

Denkmal (monument)

Flughafen; Landeplatz (airport; airfield)

Schiffsanleger (boat landing)

Quelle (natural spring)

Kläranlage (water treatment plant)

Staatsgrenze (international border)

Landesgrenze (country border)

Kreisgrenze, Bezirksgrenze (district border)

Wald (forest)

Felsen (rock, cliff)

Sumpf; Heide (marshy ground; heath)

Weingarten (vineyard)

Friedhof (cemetary)

Garten* (garden)

Gewerbe-, Industriegebiet (commercial area)

Steinbruch*, Tagebau* (quarry, open cast mining)

Gletscher (glacier)

Düne, Strand (dunes, beach)

Watt (shallows)

Damm, Deich (embankment, dyke)

Staumauer (dam, groyne)

Autobahn, Schnellstraße (motorway, expressway)

Hauptstraße (main road)

untergeordnete Hauptstraße (secondary main road)

Nebenstraße (minor road)

Fahrweg (carriageway)

Weg (track)

Straße geplant/in Bau (road planned/under construction)

Eisenbahn m. Bahnhof (railway with station)

Schmalspurbahn (narrow gage railway)

Höhenlinie 100m/50m (contour line)

Inhalt

Stadtpläne

Elbe-Radweg

Streckencharakteristik

Länge

Die Länge des Elbe-Radweges von Magdeburg nach Cuxhaven beträgt etwa **500 Kilometer**. Zusätzlich finden Sie in diesem Buch knapp 250 Kilometer Ausflüge und Varianten. Von Rogätz bis Wittenberge können Sie alternativ auch auf der anderen Elbseite radeln. Ab Wittenberge ist (mit Ausnahme des Stadtgebietes von Hamburg) sowohl links- als auch rechtselbisch eine beschilderte Radroute beschrieben.

Wegequalität & Verkehr

In Sachsen-Anhalt radeln Sie auf ruhigen kleinen Straßen oder neu angelegten Radwegen, nur noch selten müssen Sie auf Radwege mit holprigen Betonplatten ausweichen. In Niedersachsen und Mecklenburg-Vorpommern verläuft die Route sehr häufig auf asphaltierten Radwegen neben oder auf dem Elbdeich. Stre-

ckenweise müssen Sie auf befahrene Straßen ausweichen, und hinter Hitzacker sind sogar einige erstaunlich knackige Steigungen zu überwinden. Die Wegstrecke von Hamburg nach Cuxhaven verläuft fast ausschließlich auf asphaltierten Radwegen und kleinen Landstraßen ohne Steigungen, aber dafür mit mehr Gegenwind, da Sie zum Schluss Richtung Westen unterwegs sind.

Aufgrund des geringen Höhenunterschiedes, den der Fluss im nördlichen Bereich überwinden muss (detaillierte Höhenprofile finden Sie auf den jeweiligen Abschnittsseiten), ist es weitestgehend unerheblich, ob Sie stromabwärts oder stromaufwärts fahren. Je näher

Sie der Küste kommen, desto mehr macht sich jedoch die vorherrschende Westwindrichtung bemerkbar. Falls Sie die Strecke (z. B. aufgrund der Windverhältnisse) lieber in umgehrter Richtung fahren wollen, d. h. von der Mündung bis Magdeburg, gibt es zu jeder Karte eine kurze Wegbeschreibung „AndersRum".

Beschilderung

Auf der ganzen Strecke von Magdeburg bis Cuxhaven finden Sie durchgängig die Beschilderung mit dem Logo -e- mit integriertem Elbe-Schriftzug. Eine Vereinheitlichung der Beschilderungsabmaße und stellenweise Nachrüstung mit Richtungspfeilen wird schrittweise vorgenommen. In den Städten ist die Markierung leider nicht immer vollständig und speziell in Hamburg ist die Route nur unzureichend markiert. Im Abschnitt zwischen Wittenberge und Hamburg gibt es zusätzlich viele regionale Schilder für Rad-, Wander- und Reitwege, diese „Schilderwälder" erschweren die Orientierung etwas.

Darüber hinaus ist der Elbe-Radweg identisch mit der D-Route 10, die als solche jedoch nur fragmenthaft ausgewiesen ist.

Tourenplanung

Zentrale Infostellen

Magdeburger Tourismusverband Elbe-Börde-Heide e. V. (Koordinierungsstelle Elberadweg Mittle), Dompl. 1b, 39104 Magdeburg, ☏ 0391/738790, info@elbe-boerde-heide.de, www.elbe-boerde-heide.de oder mitte@elberadweg.de, www.elberadweg.de

Elbtalaue-Wendland Touristik GmbH (Koordinierungsstelle Elberadweg Nord), Am Markt 7, 29456 Hitzacker/Elbe, ☏ 05862/969720, info@elbtalaue-wendland.de, www.elbtalauewendland.de oder nord@elberadweg.de, www.elberadweg.de

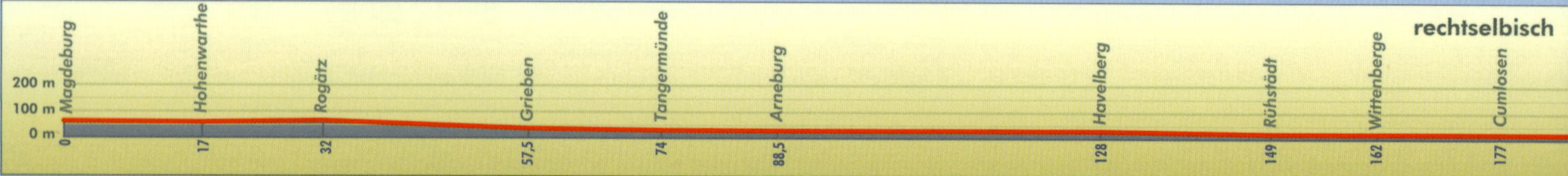

An- & Abreise

Mit der Bahn

Aufgrund der sich ständig ändernden Preise und Bedingungen für Fahrradtransport bzw. -mitnahme empfehlen wir Ihnen, sich bei nachfolgenden Infostellen über Ihre ganz persönliche Anreise mit der Bahn zu informieren.

Informationsstellen

Reise Service Deutsche Bahn AG: ☏ 01805/996633 (€ 0,14/Min. aus dem Festnetz, Tarif bei Mobilfunk ggf. abweichend), tägl. 0-24 Uhr, Auskünfte über Zugverbindungen, zur Fahrradmitnahme (Tastenwahl: 15 oder Stichwort: Fahrrad), Fahrpreise im In- und Ausland, Buchung von Tickets und Reservierungen, www.bahn.de, www.bahn.de/bahnundbike

Automatische DB-Fahrplanauskunft: ☏ 0800/1507090 (gebührenfrei aus dem Festnetz), ☏ 0180/5221100 (gebührenpflichtig aus dem Mobilfunknetz, den jeweiligen Tarif erfahren Sie bei Ihrem Netzbetreiber)

ADFC, Allgemeiner Deutscher Fahrrad-Club e. V.: weitere Infos und aufgeschlüsselte Einzelverbindungen unter www.adfc.de/bahn

Fahrradtransport

Hermes-Privat-Service (innerhalb Deutschlands): ☏ 0900/1311211 (€ 0,60/Min.) www.myhermes.de

Unter der Rubrik „Gepäck/Fahrrad versenden" am unteren Seitenrand erfahren Sie die aktuellen Preise und Modalitäten für den Fahrradversand.

Rad & Bus

Entlang des Elberadweges zwischen Harsefeld und Natureum (Balje) verkehrt parallel zum Elberadweg der Elbe-Radwanderbus. Der Freizeitbus mit Fahrradanhänger befördert seine Gäste von April bis Oktober an den Wochenenden und an Feiertagen. Genauere Informationen erhalten Sie unter: www.elbe-radwanderbus.de.

Übernachtung

Die Übernachtungsmöglichkeiten sind im gesamten Bereich südlich von Hamburg eher auf die Städte konzentriert, in den ländlichen Gebieten sind die Zimmervermietungen nicht sehr zahlreich. Nördlich von Hamburg häufen sich die Übernachtungsbetriebe, denn zum einen befinden Sie sich im Naherholungsgebiet von Hamburg, zum anderen nähern Sie sich den Nordsee-Feriengebieten. Es ist daher empfehlenswert, entlang des gesamten Streckenverlaufs das Zimmer schon im Voraus zu reservieren, um unliebsamen Überraschungen vorzubeugen.

Bei unseren Recherchen haben wir versucht, eine größtmögliche Auswahl für Sie zusammenzustellen. Für alle, die Alternativen oder einfach noch mehr Anbieter suchen, gibt es nachfolgende Internet-Adressen, die auch Beherbergungen der etwas anderen Art anbieten:

Der ADFC-Dachgeber: Funktioniert nach dem Gegenseitigkeitsprinzip: Hier bieten Radfreunde anderen Tourenradlern private Schlafplätze an. Mehr darüber unter www.dachgeber.de.

Das **Deutsche Jugendherbergswerk** stellt sich unter www.djh.de mit seinen vierzehn Landesverbänden vor.

Auch die **Naturfreunde** bieten mit ihren **Naturfreundehäusern** eine Alternative zu anderen Beherbergungsarten, mehr unter www.naturfreunde.de.

Und unter www.camping-in.de oder www.campingplatz.de finden Sie flächendeckend den **Campingplatz** nach Ihrem Geschmack. Und zuletzt bietet **Bett & Bike** unter www.bettundbike.de zusätzliche Informationen zu den beim ADFC gelisteten Beherbergungsbetrieben in ganz Deutschland.

Mit Kindern unterwegs

Der gesamte Streckenverlauf des Elbe-Radwegs verläuft überwiegend auf verkehrsarmen Straßen oder Radwegen und dürfte von Kindern ab 8 Jahren gut zu bewältigen sein. An schwierigen Stellen, wie den Steigungen zwischen Hitzacker und Neu Darchau, oder an den wenigen verkehrsreichen Teilstücken können Sie alternativ auf der anderen Elbseite fahren. Berücksichtigen Sie, dass Sie bei der Fahrt in westlicher Richtung häufig mit

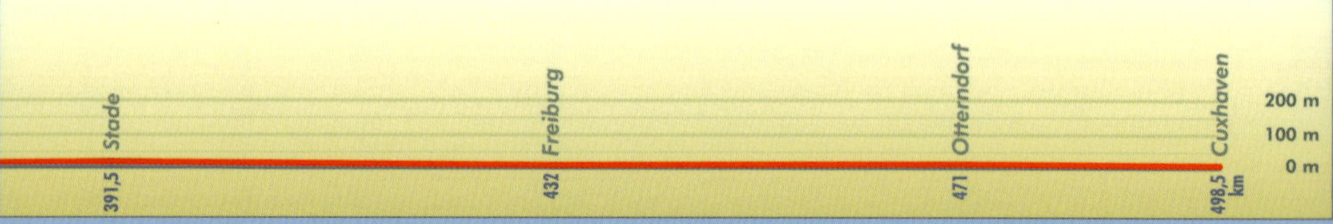

Gegenwind zu kämpfen haben. Sollten Sie mit Kinderanhänger bzw. radelnden Kindern unterwegs sein, planen Sie für diese Teilstücke mehr Zeit ein.

Das Rad für die Tour

Den besten Komfort bieten Reiseräder mit einer auf Ihre Körpergröße abgestimmten Rahmenhöhe. Diese Räder gewährleisten auch bei großer Beladung des Rades einen ruhigen Lauf und sind mit sehr guten Bremsen, einer Schaltung mit einem großen Übersetzungsbereich und stabilen Gepäckträgern vorne und hinten zur gleichmäßigeren Gewichtsverteilung ausgestattet. Für einen unbeschwerten Radurlaub sollte auf jeden Fall ein Fahrradcheck vor der Tour erfolgen.

Versuchen Sie vor der Abreise eine bequeme Sitzposition auf Ihrem Rad zu finden, wobei Sie dem Sattel besonderes Augenmerk schenken sollten. Bei richtiger Sattelneigung und Sitzposition können schmerzvolle Erfahrungen vermieden werden.

Sie sollten die Bereifung der Tour entsprechend anpassen. Je mehr unbefestigte Wege zu bewältigen sind, desto breiter und profilierter sollte die Bereifung ausfallen. Viele asphaltierte Strecken erlauben hingegen auch schmalere Reifen. Hinweise zur Oberfläche der Wege und zu den Steigungen finden Sie in diesem bikeline-Radtourenbuch in der Einleitung und auf den Abschnittsseiten.

Details zu all diesen Fragen klären Sie am besten mit Ihrem Fahrradhändler und überlassen den Service im Zweifelsfall dem Profi. Allgemeine Infos rund um das Fahrrad finden Sie auf diversen Seiten im Internet sowie bei Ihrem örtlichen Fahrradverein.

Gepäcktransport

Mobil vor Ort, Deichstr. 16, 29484 Langendorf/OT Brandleben, ✆ 05865/468 od. 0171/1758472, wilfred@fahrrad-taxi.de, www.mobil-vor-ort.de, Personentransport zwischen Dessau und Cuxhaven, Gepäcktransport zwischen Wittenberge und Geesthacht

Personen- und Fahrradtransport, mobiler Fahrradverleih, Gepäcktransport
Wilfred Freitag, 29484 Langendorf
Tel.: 05865/468 Fax: 05865/980042
wilfred@fahrrad-taxi.de
www.fahrrad-taxi.de

Elbe Rad Touristik, Gerhart-Hauptmann-Str. 2, 39108 Magdeburg, ☎ 0391/7330334, info@elbe-rad-weg.de, www.elbe-rad-touristik.de

Radreiseveranstalter

Eurobike, Mühlstr. 20, A-5162 Obertrum am See, ☎ +43/6219/7444, eurobike@eurobike.at, www.eurobike.at

Rückenwind Reisen GmbH, Am Patentbusch 14, D-26125 Oldenburg, ☎ 0441/48597-0, www.rueckenwind.de

PEDALO, Kickendorf 1a, A-4710 Grieskirchen, ☎ 0800/2400999 (gebührenfrei aus A und D) od. +43/7248/635840, info@pedalo.com, www.pedalo.com

Augustus Tours e. K., Turnerweg 6, D-01097 Dresden, ☎ 0351/5634820, www.AugustusTours.de

Die Mecklenburger Radtour GmbH, Zunftstr. 4, D-18437 Stralsund, ☎ 03831/30676-0, info@mecklenburger-radtour.de, www.mecklenburger-radtour.de

Flusskultur Radreisen, Waldweg 54, D-06846 Dessau-Roßlau, ☎ 0340/2214881, ralf-peter.weber@flusskultur-radreisen.de, www.flusskultur-radreisen.de

Corso-die reiseagentur, Jagdsteig 25, D-01662 Meißen, ☎ 03521/710501, info@corso-reisen.de, www.corso-reisen.de

Austria Radreisen, Joseph-Haydn-Str. 8, A-4780 Schärding, ☎ 0043/7712/55110, office@austria-radreisen.at, www.austria-radreisen.at

Elbe Rad Touristik, Gerhart-Hauptmann-Str. 2, 39108 Magdeburg, ☎ 0391/7330334, info@elbe-rad-weg.de, www.elbe-rad-touristik.de

Zu diesem Buch

Dieser Radreiseführer enthält alle Informationen, die Sie für den Radurlaub entlang der Elbe benötigen: Exakte Karten, eine detaillierte Streckenbeschreibung, ein ausführliches Übernachtungsverzeichnis, Stadt- und Ortspläne und die wichtigsten Informationen zu touristischen Attraktionen und Sehenswürdigkeiten.

Und das alles mit der *bikeline*-Garantie: die Routen in unseren Büchern sind von unserem professionellen Redaktionsteam vor Ort auf ihre Fahrradtauglichkeit geprüft worden. Um höchste Aktualität zu gewährleisten, nehmen wir nach der Befahrung Korrekturen von Lesern bzw. offiziellen Stellen bis Redaktionsschluss entgegen, die dann jedoch teilweise nicht mehr an Ort und Stelle verifiziert werden können.

Die Radtour ist nicht in Tagesetappen, sondern in logische Abschnitte aufgeteilt, weil die Tagesleistung zu sehr davon abhängt, wie sportlich oder genussvoll Sie die Strecke in Angriff nehmen möchten.

Die Karten

Die Detailkarten sind im Maßstab 1 : 75.000 erstellt. Dies bedeutet, dass 1 Zentimeter auf der Karte einer Strecke von 750 Metern in der Natur entspricht. Zusätzlich zum genauen Routenverlauf informieren die Karten auch über die Beschaffenheit des Bodenbelages (befestigt oder unbefestigt), Steigungen (leicht oder stark), Entfernungen sowie über kulturelle, touristische und gastronomische Einrichtungen entlang der Strecke.

Allerdings können selbst die genauesten Karten den Blick auf die Wegbeschreibung nicht ersetzen. Komplizierte Stellen werden in der Karte mit diesem Symbol ⚠ gekennzeichnet, im Text finden Sie das gleiche Zeichen zur Markierung der betreffenden Stelle wieder. Beachten Sie, dass die empfohlene Hauptroute immer in Rot und Violett, Varianten und Ausflüge hingegen in Orange dargestellt sind. Die genaue Bedeutung der einzelnen Symbole wird in der Legende auf den Seiten 4 und 5 erläutert.

Höhen- und Streckenprofil

Das in der Einleitung dargestellte Höhen- und Streckenprofil gibt Ihnen einen grafischen Überblick über die Steigungsverhältnisse, die Länge und die wichtigsten Orte entlang der Radroute. Zusätzlich wird am Beginn jedes Streckenabschnitts ein detaillierteres Höhen- und Streckenprofil gezeigt, in dem über die Wegpunkte eine Zuordnung zu Karte und Text möglich ist.

Es können in diesem Überblick nur die markantesten Höhenunterschiede dargestellt werden, jede einzelne kleinere Steigung wird in dieser grafischen Darstellung nicht berücksichtigt. Die Steigungs- und Gefälleverhältnisse entlang der Route finden Sie im Detail mit Hilfe der Steigungspfeile in den genauen Karten.

Der Text

Der Textteil besteht im Wesentlichen aus der genauen Streckenbeschreibung, welche die empfohlene Hauptroute enthält. Stichwortartige Streckeninformationen werden von dem Zeichen ∿ begleitet. Manche besonders markante oder wichtige Punkte auf der Strecke sind als Wegpunkte 1, 2, 3, … durchnummeriert und – zur besseren Orientierung – mit demselben Symbol in den Karten wiederzufinden. Unterbrochen wird dieser Text gegebenenfalls durch orangefarbige Absätze, die Varianten und Ausflüge behandeln.

Ferner sind alle wichtigen **Orte** zur besseren Orientierung aus dem Text hervorgehoben. Gibt es interessante Sehenswürdigkeiten in einem Ort, so finden Sie unter dem Ortsbalken die jeweiligen Adressen, Telefonnummern und Öffnungszeiten.

Die Beschreibung der einzelnen Orte sowie historisch, kulturell oder naturkundlich interessanter Gegebenheiten entlang der Route trägt zu einem abgerundeten Reiseerlebnis bei. Diese Textblöcke sind kursiv gesetzt und unterscheiden sich dadurch auch optisch von der Streckenbeschreibung.

TIPP Textabschnitte in Violett heben Stellen hervor, an denen Sie Entscheidungen über Ihre weitere Fahrstrecke treffen müssen, z. B. wenn die Streckenführung von der Wegweisung abweicht oder mehrere Varianten zur Auswahl stehen u. ä.

AUSFLUG Sie weisen auch auf Ausflugstipps, interessante Sehenswürdigkeiten oder Freizeitaktivitäten etwas abseits der Route hin.

Übernachtungsverzeichnis

Auf den letzten Seiten dieses Radtourenbuches finden Sie zu fast allen Orten entlang der Strecke eine Vielzahl von Übernachtungsmöglichkeiten vom einfachen Zeltplatz bis zum 5-Sterne-Hotel.

Von Magdeburg nach Wittenberge

165 km

Startpunkt des ersten Abschnitts der fast 500 Kilometer langen Radreise ist das geschichtsträchtige Magdeburg, die Landeshauptstadt Sachsen-Anhalts. Vor allem kulturell hat dieser Abschnitt etwas zu bieten. Auf Ihrem Weg liegen interessante Städte wie das mittelalterlich geprägte Tangermünde oder Jerichow mit seiner sehenswerten Klosterkirche. Nahe des reizvollen Städtchens Havelberg wohnen Sie der Vereinigung der beiden Flüsse Havel und Elbe bei. Wittenberge bildet dann den Abschluss des ersten Abschnitts.

Die Route verläuft größtenteils auf Radwegen, die zumeist auf Dämmen geführt sind und manchmal etwas holprig sein können. Ansonsten radeln Sie auf ruhigen Nebenstraßen und kurze Abschnitte auf mäßig befahrenen Landesstraßen. Zwischen Rogätz und Wittenberge können Sie beiderseits der Elbe radeln.

Magdeburg

PLZ: 39104; Vorwahl: 0391

- ℹ️ **Tourist-Information**, Ernst-Reuter-Allee 12, ☎ 8380402, www.magdeburg-tourist.de
- ℹ️ **Magdeburger Tourismusverband Elbe-Börde-Heide e. V.**, Domplatz 1b, ☎ 738790, www.elbe-boerde-heide.de
- 🏛️ **Gedenkstätte Moritzplatz für die Opfer politischer Gewalt**, Umfassungsstr. 76, ☎ 2445590, ÖZ: Mo-Mi, Fr 9-16 Uhr, Do 9-18 Uhr. Ausstellung über die Justiz in der ehem. DDR.
- 🏛️ **Kulturhistorisches Museum**, Otto-von-Guericke-Str. 68-73, ☎ 5403501, ÖZ: Di-So 10-17 Uhr. Ständige Ausstellungen gibt es u. a. zur Geschichte der Stadt und Region Magdeburg. **Museum für Naturkunde** im Kulturhistorischen Museum. Themen: Tierwelt des Magdeburger Raumes, Entomologie (Insektenkunde), Mineralien aus dem Harz.
- 🏛️ **Literaturhaus**, Thiemstr. 7, ☎ 4044995, ÖZ: Mo-Fr 9-12 Uhr und 13-17 Uhr. Ständige Ausstellungen u. a. zu den Magdeburger Schriftstellern Erich Weinert und Georg Kaiser.
- 🏛️ **Otto-von-Guericke-Museum**, Schleinufer 1, ☎ 5410616, ÖZ: Di-So 10-17 Uhr
- 🏛️ **Museumsschiff „MS Württemberg"**, Heinrich-Heine Pl., ☎ 5411283, ÖZ: Di-Fr 10-16 Uhr, Sa-So 10-17 Uhr. Auf dem Muse-

Kloster Unser Lieben Frauen

umsschiff ist eine Ausstellung zur Elbeschifffahrt zu sehen.

- 🏛️ **Technikmuseum**, Dodendorfer Str. 65, ☎ 6223906, ÖZ: April-Okt., Di-So 10-17 Uhr, Nov.-März, Di-So 10-16 Uhr. Technisch bedeutsame Maschinen und Anlagen in Sachsen-Anhalt werden hier gesammelt und bewahrt.
- 🏛️ **Kunstmuseum Kloster Unser Lieben Frauen**, Regierungsstr. 4-6, ☎ 5650213. Das älteste erhaltene Bauwerk Magdeburgs ist zugleich wichtigster Ausstellungsort für Gegenwartskunst und Skulptur in Sachsen-Anhalt und gilt als eines der hervorragendsten Zeugnisse der romanischen Architektur in Europa. Es beherbergt eine wertvolle Bibliothek und eine vornehmlich der Bildhauerei gewidmete Kunstsammlung.
- ⛪ **Dom St. Mauritius und St. Katharina** (1209-20), ÖZ: Mo-So 10-16 Uhr (im Sommer 10-18 Uhr). Auf dem 1207 abgebrannten ottonischen Dom wurde der erste gotische Dom erbaut. Er beherbergt Kunstwerke aus acht Jahrhunderten und gehört zu den offenen Radwegekirchen am Elberadweg.
- ⛪ Die katholische **St.-Petri-Kirche** lässt sich bis ins 12. Jh. zurückdatieren. Erhalten geblieben ist der romanische Westturm. Gehört zu den offenen Radwegekirchen am Elberadweg.
- ⛪ Die **Johanniskirche** (1131) Kirche wurde im romanischen Stil errichtet und ist die älteste Kirche Magdeburgs. Die spätgotische Vorhalle entstand 1453. Nach Zerstörungen im Dreißigjährigen Krieg und im Zweiten Weltkrieg wurde sie jeweils wieder aufgebaut. Heute wird die Kirche für Konzerte und kulturelle Veranstaltungen genutzt.
- ⛪ **St.-Sebastian-Kirche**. Die Mitte des 12. Jhs. gegründete Stiftskirche wurde im 14. und 15. Jh. zu einer gotischen Hallenkirche umgebaut und ist heute Bischofskirche. Gehört zu den offenen Radwegekirchen am Elberadweg.
- ⛪ Die hochgotische **Wallonerkirche** war Teil eines 1285 gegründeten Augustinerklosters.
- ⛪ Die **Magdalenenkapelle** wurde 1315 als Fronleichnamskapelle in vollendeter Hochgotik erbaut. Sie besteht nur aus einem quadratischem Joch und einem Polygon. Gehört zu den offenen Radwegekirchen am Elberadweg.

Dom, Magdeburg

Magdeburg

🔔 Der **Jahrtausendturm** gilt als das höchste Holzgebäude in Deutschland. Das 60 m hohe Gebilde wurde im Rahmen der Bundesgartenschau 1999 gebaut. Im Inneren befindet sich eine anschauliche Ausstellung zur Entwicklung der Wissenschaften.

🧍 Der **Magdeburger Reiter** (um 1240) war das erste freistehende Reiterdenkmal in Deutschland.

🧍 **Otto-von-Guericke-Denkmal**, 1907 von Carl Echtermeier geschaffen zur Ehrung des in Magdeburg 1602 geborenen Naturforschers, Baumeisters, Diplomaten und Bürgermeisters.

🎭 Das **Opernhaus** (1907), Universitätspl. 9, ✆ 5406444, ist ein traditionsreiches Theaterhaus für Musiktheater, Ballett, Konzert und Schauspiel.

🎭 Das **Schauspielhaus,** Otto-von-Guericke-Str. 64, ✆ 5406444, zeigt Theaterstücke aller Genres, von der Antike bis zur Gegenwart.

🎭 **Puppentheater** mit **Figurenspielsammlung Mitteldeutschland**, Warschauer Str. 25, ✆ 5403310

✳ Das Hundertwasser-Architekturprojekt **Die Grüne Zitadelle von Magdeburg** (2005), Breiter Weg 8-10, ✆ 6208655, ÖZ: Mo-So 10-18 Uhr, Ausstellung und Führungen. Das einmalig geformte Bauwerk stellt laut dem im Jahr 2000 verstorbenen Künstler „eine Oase für Menschlichkeit und für die Natur" dar.

✳ Der Ursprungsbau des **alten Rathauses** wurde im Dreißigjährigen Krieg zerstört, der Wiederaufbau erfolgte Ende des 17. Jhs. im Stil italienisch-niederländischer Renaissance. Nach der Zerstörung im Zweiten Weltkrieg wurde das Gebäude zumindest an der Marktseite originalgetreu wieder aufgebaut. Auch das **neue Rathaus** (1905-07) wurde nach der Zerstörung im Zweiten Weltkrieg wieder aufgebaut.

✳ **Festungsanlage**. Überreste der ersten Stadtmauer, der einst stärksten Festung Preußens, sind im gesamten Stadtgebiet, aber vor allem im Elbuferbereich erhalten.

✳ Das **Gesellschaftshaus** wurde 2005 nach vielen Jahren der Sanierung fertig gestellt. Als „Haus der Musik" beherbergt es das Zentrum der Telemann-Pflege und -Forschung. Zudem finden kulturelle Veranstaltungen hier statt.

🦌 **Zoologischer Garten**, Zooallee, ✆ 280900, ÖZ: Mo-So 8-19 Uhr, im Winter bis ca. 16 Uhr

🌲 **Elbauenpark**, Tessenowstr. 5a, ✆ 5957400, ÖZ: April-Okt., Di-So 10-18 Uhr, Nov.-März nur bis 16 Uhr. Familien- und Freizeitpark auf dem Gelände der Bundesgartenschau 1999. Auf einer Militärbrache entstanden u. a. Themengärten, ein Schmetterlingshaus und der Jahrtausendturm. Dieser mit 60 m höchste Holzturm Europas beherbergt eine Ausstellung über die Wissenschaftsgeschichte der Menschheit.

✳ **Gruson-Gewächshäuser**, Schönebecker Str. 129a, ✆ 4042910, ÖZ: Di-So 10-17 Uhr, Einlass bis 16.30 Uhr

🔧 **Little John Bikes**, Lübecker Str. 92, ✆ 2581627

🔧 **Little John Bikes**, Alter Markt 13/14, ✆ 5556203

🔧 **Hotline Dr. Speiche**, ✆ 2445471, mobiler Reparaturservice

🔧 **Fahrrad-Koch**, Simonstr. 2, ✆ 857209

🔧 **Zweirad-Schulz**, Breiter Weg 38, ✆ 5314544

🚲 **Elbe-Rad-Touristik**, G.-Hauptmann-Str. 2, ✆ 7330334

Als Landeshauptstadt von Sachsen-Anhalt hat Magdeburg mit seinen ca. 230.000 Einwohnern in den letzten Jahren, besonders

Elbuferpromenade, Magdeburg

Magdeburg
Neustadt
Alte Neustadt
Altstadt
Kleiner Werder
Werder
Stadt-
park
Rotehorn
Buckau
Elbe-Radweg Teil 1: Prag - Magdeburg
Alte Elbe
Taube Elbe
Elbe
Am Winterhafen
Reimarusweg
Seilerweg
Heinrich-Heine-Weg
Niemeyerweg
Scherbelsberg
Artur-Becker-Teich
Adolf-Mittag-See
Godehard-Teich
Friedens-stadion
Personen-fähre
O. v. Guericke-Museum
Wallonerkirche
Magdalenen-Kapelle
St.-Petri-Kirche
Johanniskirche
Otto von Guericke
Opernhaus
Altes Rathaus
Magdeburger Reiter
Hundert-wasser-haus
Kloster
Dom
Schiffsmuseum MS Württemberg
Stadthalle
Albinmüller-Aussichtsturm
Gesellschaftshaus
Gruson-Gewächshäuser
Klosterberge-garten
Kulturhist. Museum
Schauspiel-haus
St. Sebastian
Hasselbachplatz
Puppentheater
Technik-museum
Literaturhaus
Sporthalle
Hauptbahnhof
Hp. M. Hasselbachplatz
Sternstraße
Magdeburger Ring
Universität
Universitäts-platz
Walther-Rathenau-Str.
Ernst-Reuter-Allee
Otto-von-Guericke-Str.
Schleinufer
Zollstraße
Brückstraße
Turmschanzenstr.
1000 m
500 m
19

in wirtschaftlicher und politischer Hinsicht, stark an Bedeutung gewonnen. Vor allem kann Magdeburg aber auch auf eine lange und lebhafte Geschichte zurückblicken. Trotz der nahezu vollständigen Zerstörung gegen Ende des Zweiten Weltkrieges ist die Landeshauptstadt für den Kunstliebhaber und geschichtlich interessierten Besucher äußerst sehenswert. Es ist nachgewiesen, dass die erste Besiedlung am Elbufer schon in der Steinzeit erfolgte, die erste schriftliche Erwähnung können Sie im Diedenhofer Capitular nachlesen. Im Jahr 805 wird dort die Ortschaft „Magadoburg", Marktflecken an einer Elbfurt, genannt. Unter Otto I. erreicht der Markt seine erste Glanzzeit. Er erwählte den Ort als Residenz und errichtete eine Kaiserpfalz. Im 10. Jahrhundert wurde Magdeburg sogar als das „Dritte Rom" nach Rom und Konstantinopel bezeichnet. In diesem Jahrhundert erfolgte der Bau des ottonischen Domes, es wurde das Erzbistum gegründet und Magdeburg bekam das Markt-, Münz- und Zollrecht verliehen. Im Jahr 1207 wurde der ottonische Dom von einem Brand zerstört und anstelle dessen ließ Erzbischof Albrecht II. den Magdeburger Dom St. Mauritius und Katharina errichten. Der Bau

des ersten gotischen Kathedralbaus auf deutschem Boden nach französischem Vorbild mit der dreischiffigen Querhausbasilika mit Chorumgang, dem Kapellenkranz und der Doppelturmfassade wurde erst 1520 abgeschlossen. Neben der bedeutenden geistlichen Macht in Magdeburg entwickelte sich im Laufe der Jahrhunderte auch eine starke Bürgerschaft, eine Tatsache, die sich auch im Stadtbild widerspiegelte: das klerikale Zentrum war um den Domplatz angesiedelt, das bürgerliche um den Alten Markt. Bei dieser Konstellation blieben natürlich Konflikte zwischen Bürgerschaft und Klerus nicht aus. Zu Beginn des 13. Jahrhunderts erlangte die Bürgerschaft jedoch eine erste Teilunabhängigkeit vom Klerus.

Eng verbunden mit dem Namen Magdeburgs ist auch das historisch gesehen bedeutende Magdeburger Stadtrecht, das unter anderem auch in Städten Russlands und Polens Nachahmung gefunden hat und als Sachsenrecht noch bis 1899 Geltung hatte.
Eine große wirtschaftliche Rolle spielt für Magdeburg seit Jahrhunderten die Schifffahrt. Allein 1794 zählte die Magdeburger Elbflotte 374 Schiffe. Heute ist der Hafen Magdeburgs am Schnittpunkt von Elbe, Elb-Havel-Kanal und Mittellandkanal einer der bedeutendsten Binnenhäfen im Osten Deutschlands.

1 Startpunkt ist der **Bahnhof** in Magdeburg, fahren Sie vom **Willi-Brandt-Platz** vor zur **Ernst-Reuter-Allee** und biegen dort rechts ab auf dem gepflasterten Radweg entlang der stark befahrenen Straße durch Magdeburgs Innenstadt in östlicher Richtung.

VARIANTE Sie können zum passenden Auftakt der Tour auch eine der im Stadtplan verzeichneten Alternativen durch die Altstadt oder entlang eines der beiden Elbufer wählen.

Vor der Elbbrücke links auf die **Jakobstraße** und am Rathaus und der Johanniskirche vorbei ⌁ auf Höhe der Einmündung der Julius-Bremer-Straße rechts in den Weg abbiegen ⌁ auf der Brücke die Straße Schleinufer überqueren ⌁ am Ende des Bogens entlang des Parkpatzes, dann weiter auf dem Radweg zwischen Elbe und Schleinufer ⌁ die Markgrafenstraße unterqueren, dann im Bogen hinauf zur Brücke ⌁ auf dem Radweg **Elbe** und **Alte Elbe** überqueren, danach links abzweigen ⌁ auf dem Radweg an der Alten Elbe am Rande des **Elbauenparks** entlang ⌁ **2** die **Eisenbahnbrücke** unterqueren und gleich rechts abbiegen, alternativ können Sie auch geradeaus durch den Herrenkrugpark fahren ⌁ links auf den Radweg entlang der **Herrenkrugstraße** ⌁ vor dem Hotel rechts versetzt weiter am Rande des Parks ⌁ am Ende des Parks im Linksbogen zur Elbe und auf den Uferweg und diesem

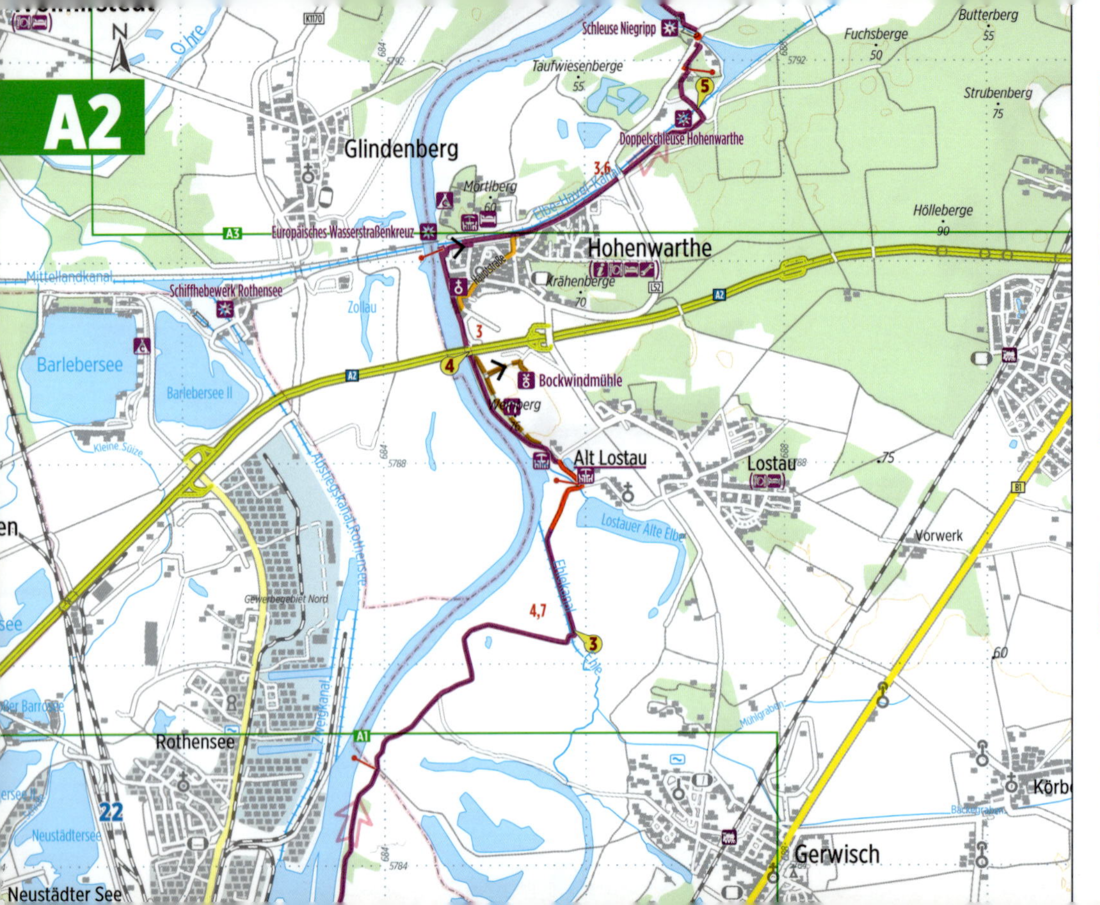

mehrere Kilometer folgen ∿ **3** über den Ehlekanal und nach links auf den Weg ∿ nach der nächsten Brücke wieder links ∿ vor **Alt-Lostrau** erneut links.

AUSFLUG Für einen Abstecher zum Weinberg und zur Mühle Hohenwarte können Sie nach rechts auf einen unbefestigten Weg abzweigen. Auf dem Radweg nahe der Elbe durch einen Waldstreifen ∿ **4** nach Unterquerung der **A 2** links in Ufernähe halten und am Rande der Ortschaft Hohenwarthe entlang, alternativ können Sie auf der Hauptstraße quer durch den Ort fahren.

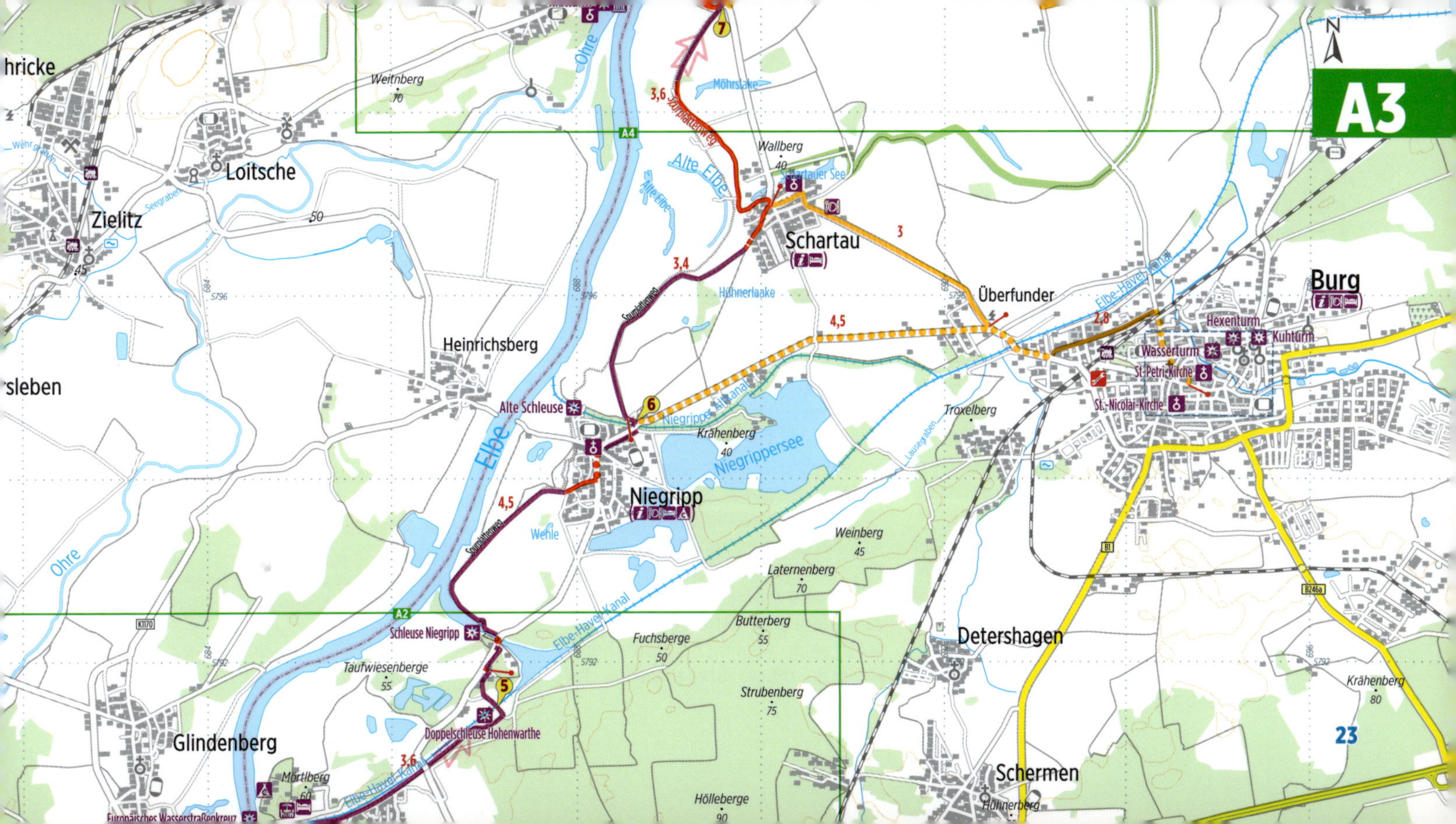

A3
hricke
Loitsche
Zielitz
Heinrichsberg
sleben
Alte Schleuse
Niegripp
Glindenberg
Mörtlberg
Europäisches Wasserstraßenkreuz
Schleuse Niegripp
Doppelschleuse Hohenwarthe
Taufwiesenberge
Fuchsberge
Butterberg
Strubenberg
Hölleberg
Hühnerberg
Schermen
Detershagen
Weinberg
Laternenberg
Troxelberg
Krähenberg
Niegrippersee
Niegripper Altkanal
Überfunder
Schartau
Schartauer See
Wallberg
Weitnberg
Möhrslake
Alte Elbe
Ohre
Elbe
Wehle
Hühnerlaake
Krähenberg
Burg
Hexenturm
Kuhturm
Wasserturm
St.-Petri-Kirche
St.-Nicolai-Kirche
Elbe-Havel-Kanal
Lausegraben
Scharpfentenweg
Wehr graben
Seegraben
5
6
7
3,6
3
3,4
4,5
4,5
3,6
2,8
70
40
50
45
5796
698
684
5792
5792
696
55
50
75
90
40
45
70
80
60
A4
A2
B1
B246a
K1170
23

Hohenwarthe

PLZ: 39291; Vorwahl: 039222

- **ℹ️ Gemeindeverwaltung Hohenwarthe**, Möserstr. 2, ☎ 2662
- Die **Romanische Kirche** besitzt einen zur Elbe gerichteten Schaugiebel mit offener Glockenarkade.
- **Bockwindmühle** auf dem Weinberg, von dem aus sich dem Betrachter ein herrlicher Blick über die angrenzenden Landschaften mit Börde und Fläming bietet.
- **Schiffshebewerk Rothensee**. Das bedeutende technische Denkmal verbindet Elbe und Mittellandkanal und überwindet einen Höhenunterschied von 18,5 m.
- Europäisches **Wasserstraßenkreuz Magdeburg** (2003). Das Bauwerk ermöglicht die ganzjährige wasserstandsunabhängige Elbquerung für Großmotorgüterschiffe und Schubverbände.
- Die **Doppelschleuse Hohenwarthe** verbindet den Mittellandkanal mit dem Elbe-Havel-Kanal. Sie verhindert durch ihre im Wasserverbrauch sparsame Konstruktion das Trockenfallen des Kanals.

Bei der Trogbrücke nach rechts und hinauf zur Brücke 〰 direkt am Kanal entlang weiter 〰 **5** an der Schleuse den Kanal überqueren 〰 auf dem Radweg kurz durch ein Waldstück, dann an der Vorfahrtstraße nach rechts 〰 hinter der **Schleuse Niegripp** links und auf dem Spurplattenweg nach Niegripp.

Niegripp

PLZ: 39288; Vorwahl: 03921

- **ℹ️ Gemeindeverwaltung Niegripp**, Elbwiesenweg 2a, ☎ 994320
- **Kreuzkirche** (1732), vom Landesbaumeister Fiedler erbaut
- Die **Schleuse Niegripp** (1936-38) wird seit dem Bau des Wasserstraßenkreuzes nur noch von Sportschiffern genutzt.
- Ein Naturlehrpfad an der Südseite des Niegripper Sees führt durch dieses **Vogelschutzgebiet**.

Auf der Straße **Zum Deich** geradeaus in den Ort 〰 an der Gabelung rechts vor zur **Hauptstraße** und dort links 〰 **6** nach der Brücke über den **Niegripper Altkanal** links.

AUSFLUG Für einen Ausflug ins Städtchen Burg folgen Sie an dieser Stelle weiter der Vorfahrtstraße.

Folgen Sie der **L 52** 〰 kurz nach dem **Elbe-Havel-Kanal** links in die **Nethestraße** 〰 immer dem straßenbegleitenden Radweg folgen 〰 in einem Rechtsbogen über die Gleise 〰 auf der **Blumenthalerstraße** bis zur Kirche und ins Zentrum von Burg.

Burg

PLZ: 39288; Vorwahl: 03921

- **ℹ️ Burg-Information** in der Stadtbibliothek, Berliner Str. 38, ☎ 484490
- **ℹ️ Stadt Burg**, In der Alten Kaserne 2, ☎ 9210
- **Unterkirche St. Nicolai**. Die dreischiffige, spätromanische Basilika stammt aus dem 12. Jh.
- **Oberkirche Unser lieben Frau** (1289-1455). Die dreischiffige, spätgotische Hallenkirche zieren u. a. Sandsteinarbeiten des Bildhauers Michael Spies aus der Zeit von 1607-11.
- **St. Petri Kirche**. Der romanische Feldsteinbau stammt aus dem 15. Jh.
- Der **Berliner Torturm** ist der größte Wehrturm der ehemals 30 Türme umfassenden Stadtbefestigung des 14. Jhs.
- Der **Flämingturm** (auch Bismarckturm) wurde 1906 zur Erinnerung an die Reichsgründung durch Bismarck erbaut.
- **Freiheitsturm** (16. Jh.), auch Kuhturm genannt.
- Der **Hexenturm** ist der kleinste erhaltene Wehrturm aus dem 11.-12. Jh. und wurde später als Frauengefängnis genutzt.

- Der **Wasserturm** (1902) fasste ca. 400 m³ Wasser.
- **Historische Gerberei,** Hainstr. 12, ÖZ: Mi 10-15 Uhr und n. t. V. unter ☏ 984432. Mit Schauwerkstatt des Gerberhandwerks und der Schuhindustrie.
- **Zweirad-Haase,** Martin-Luther-Str. 25, ☏ 5303

Auf demselben Weg nun zurück zur Gabelung in **Überfunder** ⌇ dann an der Gabelung rechts halten nach Schartau ⌇ in Schartau auf der Vorfahrtstraße rechts halten.

Auf der Hauptroute biegen Sie gut 100 m nach der **Schleuse Niegripp** halbrechts auf den Weg zwischen den Feldern ab ⌇ an der Vorfahrtstraße links in den Landwirtschaftsweg ⌇ rechts auf den Dammweg ⌇ am Ende nach rechts auf den Wiesenweg ⌇ dann links auf den gekiesten Radweg nach Schartau.

Schartau

PLZ: 39288; Vorwahl: 03921

- **Gemeindeverwaltung,** Bergstr. 8, ☏ 5275
- Die **Romanische Kirche** in Schartau stammt aus dem 12. Jh.

Den Ort in Richtung Fähre Rogätz verlassen ⌇ **7** Sie erreichen die Straße zur Fähre.

Die Hauptroute wechselt mittels der Fähre das Ufer und verläuft linkselbisch auf dem Hauptweg von Rogätz über Grieben nach Tangermünde. Sie können auch auf ruhiger Strecke weiter der rechtselbischen Route folgen und gelangen vorbei am NABU-Erlebnispark Blumenthal über Parchau nach Parey. Danach lässt sich ab Ferchland die Alternativroute zum Kloster Jerichow anschließen, ohne ein weiteres Mal übersetzen zu müssen.

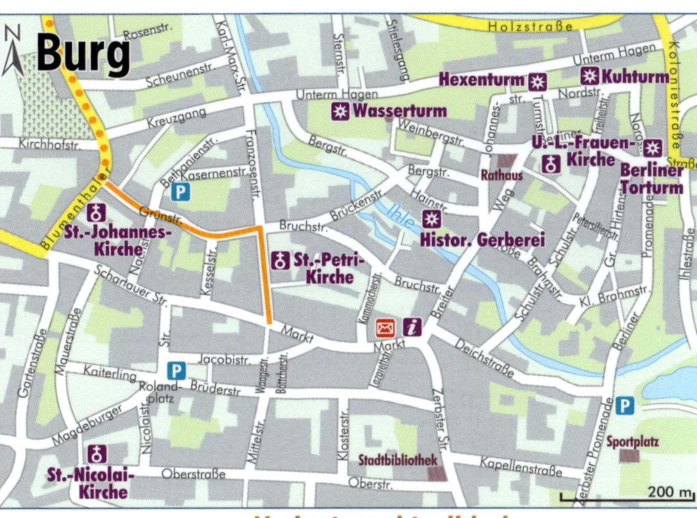

Variante rechtselbisch nach Grieben — *33 km*

Beim Abzweig zur Fähre biegen Sie rechts ab ⌇ nach dem Rechtsbogen der Straße links und auf dem gut befahrbaren Spurplattenweg über die Felder ⌇ gut 3 km weiter nach dem Rechtsbogen an den Elbauen dem Weg nach rechts folgen, jetzt wieder zwischen den Fel-

Schleuse Parey

dern entlang ~ an der Baumreihe links und schnurgerade nach Blumenthal.

Blumenthal

* **NABU-Erlebnispark**, Blumenthal 30, ☎ 9330. ÖZ: Mo-Fr 7.30-17 Uhr, März-Okt. auch Sa/So 10-18 Uhr. Führungen n. V. Der Park befindet sich auf einem 8 ha großen, nach ökologischen Gesichtspunkten sanierten Gelände – einem ehemaligen Schweinemastbetrieb. Sie können dort verschiedene Biotopkomplexe, einen Kräutergarten und den kleinen Nutztierzoo ansehen.

Nach dem Rechtsbogen auf der Straße aus dem Ort ~ noch vor den nächsten Häusern nach links ~ nach 1,2 km an der Wegkreuzung links, dann wenig später am Waldrand nach links abzweigen und durch den Wald ~ am Querweg rechts, dann geradeaus nach Parchau.

Parchau

An der Vorfahrtstraße links ~ der **Chausseestraße** durch den Ort folgen ~ am Ortsende links und am Feld entlang ~ nach knapp 700 m an der Gabelung rechts auf dem Spurplattenweg bleiben ~ auf diesem Weg in Kurven über die Felder ~ am Querweg links und gleich wieder rechts ~ nach gut 2 km links und nun auf dem teils schlechten Deichweg in Richtung Parey ~ am Rastplatz rechts dem Plattenweg bis zum Kieswerk folgen, optional können Sie auch links auf dem Deichweg über die Zweikammerschleuse fahren ~ rechts in Richtung Windmühle ~ hinter der Mühle links auf den kleinen Weg ~ rechts von Ihnen liegt Parey.

Parey

PLZ: 39317; Vorwahl: 039349

* *i* **Gemeinde Elbe-Parey**, E.-Thälmann-Str. 15, ☎ 9330
* **Dreifaltigkeitskirche** (1698). Die im barocken Baustil errichtete Kirche birgt eine prächtige hölzerne Innenausstattung.
* Die Form der 1995 neu aufgebauten **Paltrockwindmühle** soll an den langen Faltenrock eines Geistlichen erinnern. Bei dieser Art der Mühle dreht sich das gesamte Gebäude mit Hilfe der Windrose in den Wind.
* **Zweikammerschleuse Parey** (1891)

AndersRum (Karte A 4): Von **Sandfurth** auf oder entlang der Straße bis nach **Bertingen** ~ links auf den Deich ~ in **Sandkrug** an der Kreisstraße nach links und sogleich wieder links auf den Deich ~ auf dem Deich nach **Rogätz**, hier mit der Fähre übersetzen ~ Variante rechtselbisch: Vom **Rastplatz** 3 km am Deich entlang und dann links ab ~ überwiegend auf einem Spurplattenweg weiter, es geht durch **Parchau** und **Blumenthal** ~ bei der **Fähre Rogätz** wieder auf die Hauptroute.

* **Erlebnisdorf Elbe-Parey**, mit Biergartenfloß, Mühlenbaude, Strandhaus, Mühlenfloß

Vor dem Pareyer Verbindungskanal rechts ~ an der Straße links über den Kanal und auf dem Radweg nach **Derben** ~ weiter nach Ferchland, zum Teil müssen Sie im Verkehr radeln ~ Sie erreichen Ferchland.

A4
N
Zibberick
Uetz
Angern
Sandkrug
Bertingen
Schifferdenkmal
Sandfurth
Schloss Zerben
Zerben
Biosphäre
Alte Elbe
5804
4
Elbe
Haken
A5
5
5804
Biosphärenreservat Mittelelbe
Havelsche Mark
Wiesental
8
Kehnert
5,5
Johnnenhof
Bertingersee
Ihleburg
5
Bullenberg
Kleiner Scheineringaberg
40
Galgenberg
55
NABU-Erlebnispark
Blumenthal
Parchauer See
Parchau
Rogätz
5,7
5800
Elbe-Havel-Kanal
5800
6,5
692
700
Schwarze Berg
55
688
700
5800
A3
0,8
Klutturm
Ohre
7
27
3,6
Möhrslake

 Sie können jetzt entweder nach Grieben übersetzen, um dort auf der Hauptroute weiterzufahren, oder Sie nehmen die Variante über Jerichow und stoßen dann erst wieder kurz hinter Tangermünde auf die Hauptroute.

Am Ortseingang von Ferchland links zur Fähre nach Grieben abbiegen.

Ferchland

- **Fähre** Ferchland-Grieben, ✆ 0171/3022591, Betriebszeiten: April-Okt., Mo-Fr 6-20 Uhr, Sa, So/Fei 8-20 Uhr, So/Fei 10-20 Uhr, letzte Überfahrt 19.45 Uhr, Fahrzeit bei Hoch- und Niedrigwasser eingeschränkt, ggf. veränderte Fahrzeiten in den Wintermonaten

In Grieben an der Vorfahrtstraße rechts, Sie sind nun wieder auf der Hauptroute.

Rogätz

PLZ: 39326; Vorwahl: 039208

- **Fähre Rogätz**, ✆ 0172/5427827, Betriebszeiten: Mo-Fr 6-20 Uhr, Sa, So, Fei 9-11.45 Uhr und 12.30-19 Uhr
- **Schifffahrtsmuseum**, im Klutturm, ÖZ nur n. V. unter ✆ 27431 od. 01520/5642309
- **Herrenhaus** (1896/97) im neugotischen Stil direkt neben dem Klutturm.
- **Klutturm**, Magdeburger Straße. Der mächtige Wohnturm aus Findlingsquadern hat eine Höhe von rund 30 m.

Von Rogätz nach Grieben · 24,5 km

Auf der Hauptroute setzen Sie mit der Fähre nach Rogätz über ∼ von der Fähre hinauf zur **L 44** und nach rechts ∼ nach 80 m in der Linkskurve geradeaus weiter ∼ auf der **Steintorstraße** bis zum Ortsende ∼ geradeaus auf dem Radweg weiter ∼ nach 3,5 km in **Sandkrug** auf dem Radweg nach rechts wenden ∼ vorbei am Feriendorf ∼ in **Bertingen** rechts und entlang der Vorfahrtstraße und weiter nach Kehnert.

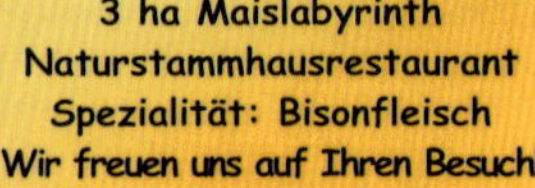

Kehnert

PLZ: 39517; Vorwahl: 039366

- **Verwaltungsgemeinschaft Tangerhütte Land**, Bismarckstr. 5, 39517 Tangerhütte, ✆ 03935/93170
- **Dorfkirche** von 1830
- **Schloss** (1802/03), im Stil des deutschen Klassizismus erbaut von Langhans d. Älteren, der auch das Brandenburger Tor in Berlin erbaute.

Im Ort links in die **August-Bebel-Straße** und schnurgerade durch den Ort ∼ **8** weiter auf dem rechtsseitigen Radweg in die Ortschaft Sandfurth.

Sandfurth

🏛 **Schifferdenkmal**

In Sandfurth geradeaus in die Sackgasse ⤳ in den Wald hinein und in einem Linksbogen zurück zur Hauptstraße ⤳ dort rechts auf den straßenbegleitenden Radweg nach Ringfurth.

Ringfurth

🏛 **Heimatstube Ringfurth**, Bittkauer Weg 26, ☏ 039366/494, ÖZ: n. V.

🏛 **Dorfkirche** aus dem 16. Jh. Gehört zu den offenen Radwegekirchen am Elberadweg.

Gerade durch den Ort auf der **Bittkauer Straße** ⤳ weiter auf dem Radweg in das Dörfchen **Polte** ⤳ danach weiter entlang der Straße ⤳ **9** am Ende des Waldes rechts abbiegen und auf dem asphaltierten Damm-Radweg entlang der Elbe weiter nach Bittkau.

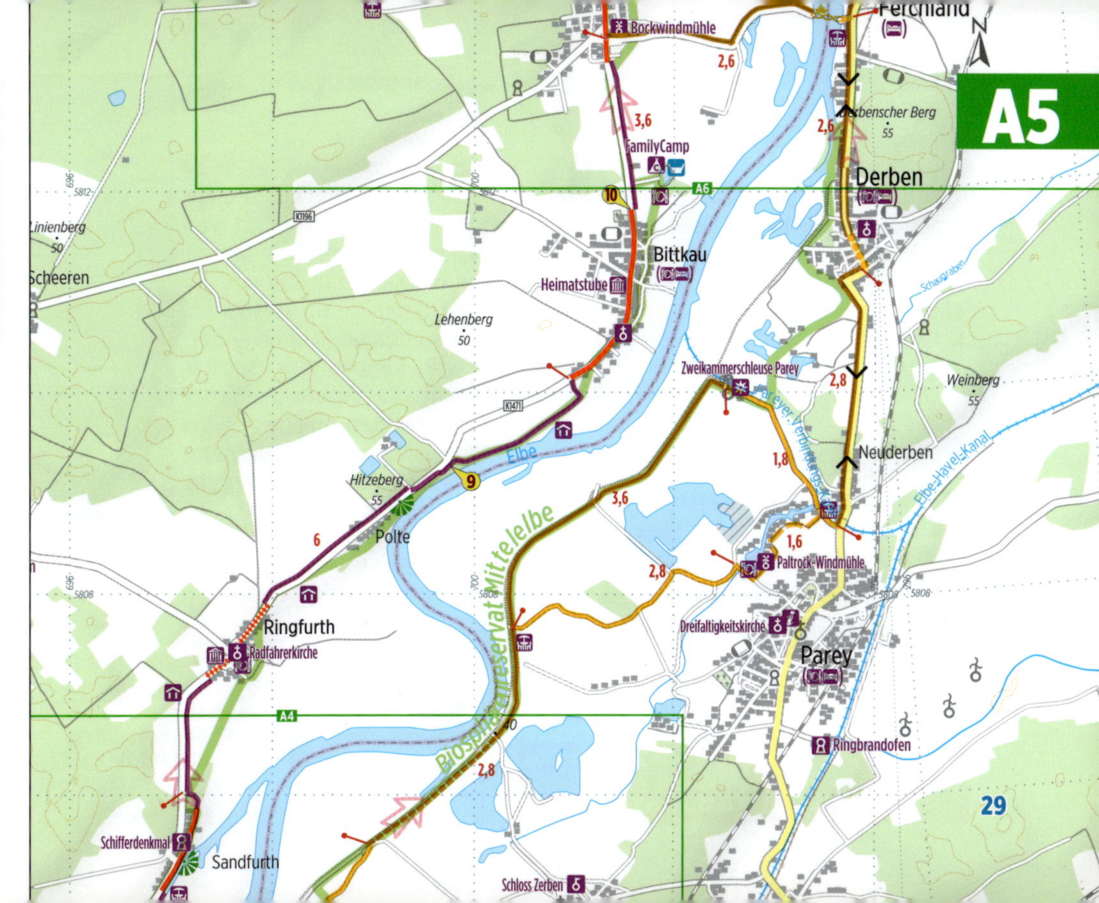

Bittkau

PLZ: 39517; Vorwahl: 039362

🏛 **Heimatstube Bittkau**, Poststr. 4, ✆ 81595

⛪ **Dorfkirche** um 1200 erbaut

In Bittkau immer geradeaus auf der Vorfahrtstraße bleiben ➳ **10** am Ortsende weiter auf dem Radweg nach Grieben.

Grieben

PLZ: 39517; Vorwahl: 039362

⛴ **Fähre Ferchland-Grieben** ✆ 0171/3022591, Betriebszeiten: Mo-Fr 6-19.45 Uhr, Sa 7-20 Uhr, So/Fei 8-19.45 Uhr

⛪ **Dorfkirche**. Die ältesten Teile von Schiff und Turm stammen aus dem 13. Jh.

Family-Camp-Kellerwiehl

- Direkt am Elbe-Radweg
- Übernachtungsmöglichkeit im Biber-Camp
- großzügige Stellplätze für Zelte • Frühstück oder Brötchen, Mittag- und Abendessen von 8.00-21.00 Uhr

39517 Tangerhütte OT Bittkau / direkt an der Elbe
Tel.: 039362/81610
WWW.KELLERWIEHL.DE

⚙ **Bockwindmühle**, Bittkauer Weg 8, ✆ 81230

Von Grieben nach Tangermünde — 16 km

Sie können jetzt nach Ferchland übersetzen und von dort nach Jerichow fahren, um die Klosteranlage aus der Spätromanik zu besuchen. Die weitgehend unveränderte Ausprägung des Baustils macht die Einmaligkeit der sehenswerten Anlage aus. Sie stoßen kurz nach Tangermünde wieder auf die Hauptroute.

Variante rechtselbisch über Jerichow — 21,5 km

Auf dem Radweg radeln Sie geradeaus durch Ferchland.

Touristenstation Ferchland
Haus "Kiefernblick" 🚲 -freundliche Unterkunft

Genthiner Straße 37
39317 Ferchland/Elbe
Tel.: 039349/9410
Funk: 0175/1411087
Internet: www.qsg-genthin.de

Romanische Klosterkirche, Jerichow

Ferchland

PLZ: 39317; Vorwahl: 039349

ℹ **Verwaltungsgemeinschaft Parey**, E.-Thälmann-Str. 15, ✆ 9330

⛪ Die **Fachwerkkirche** wurde 1729 von Baumeister August Martini geplant und 1955 rekonstruiert.

Auf dem Radweg aus dem Ort hinaus, dann auf dem Deichweg nach **Klietznick** ➳ durch den kleinen Ort ➳ links auf den Radweg durch den Wald ➳ kurz auf die Straße und gleich wieder links auf dem neuen Radweg um Jerichow herum fahren ➳ durch den Deichdurchbruch zum Kloster.

Jerichow

PLZ: 39319; Vorwahl: 039343

Poeges Hotel
Johannes-Lange-Str. 1
39319 Jerichow
Tel./Fax: 039343/444
info@poeges-hotel.de
www.poeges-hotel.de

AndersRum (Karte A 6): In **Buch** an der Querstraße links abbiegen ⌁ über **Schelldorf** der Hauptstraße nach **Grieben** folgen ⌁ Variante rechtselbisch: vom Ausflug nach Jerichow kommend entlang der Hauptstraße nach **Klietznick** ⌁ rechts auf den Deich bis nach **Ferchland** und entlang der Straße weiter nach **Derben**.

ℹ Tourist-Information, Karl-Liebknechtstr. 55, ☎ 34988

🏛 Klostermuseum im Kloster Jerichow, ☎ 285

⛪ Kloster Jerichow, Am Kloster 1, ☎ 285, Besichtigung: April-Okt. 9-17 Uhr, Nov.-März 10-16 Uhr. Führungen ab 10 Personen n. V.

⛪ Die Klosterkirche (1148 bis ca. 1200) war bis 1552 die Kirche des Prämonstratenserklosters. Die dreischiffige romanische Säulen-basilika mit Querschiff und Vierung ist das älteste und wertvolls-te märkische Backsteingebäude. Die gotischen Türme stammen aus dem 15. Jh. Bedeutende Schätze sind die Krypta mit den kunsthistorisch wertvollen Kapitelen und der romanische Oster-leuchter. Gehört zu den offenen Radwegekirchen am Elberadweg.

⛪ Stadtkirche. Der spätromanische Backsteinbau stammt aus dem 13. Jh., der Fachwerkturm aus dem 17. Jh. Der Innenraum wurde im Barockstil und mit dem prächtigen Renaissance-Epitaph aus Marmor und Alabaster (1609) ausgestattet.

⚙ Die Holländer-Windmühle (Ende 19. Jh.) ist die letzte der ehemals sieben in Jerichow erbauten Windmühlen.

✳ Der Burgberg war Standort einer slawischen Wallanlage. Im 12. Jh. wurde hier eine deutsche Burg mit Wehrturm, doppelter

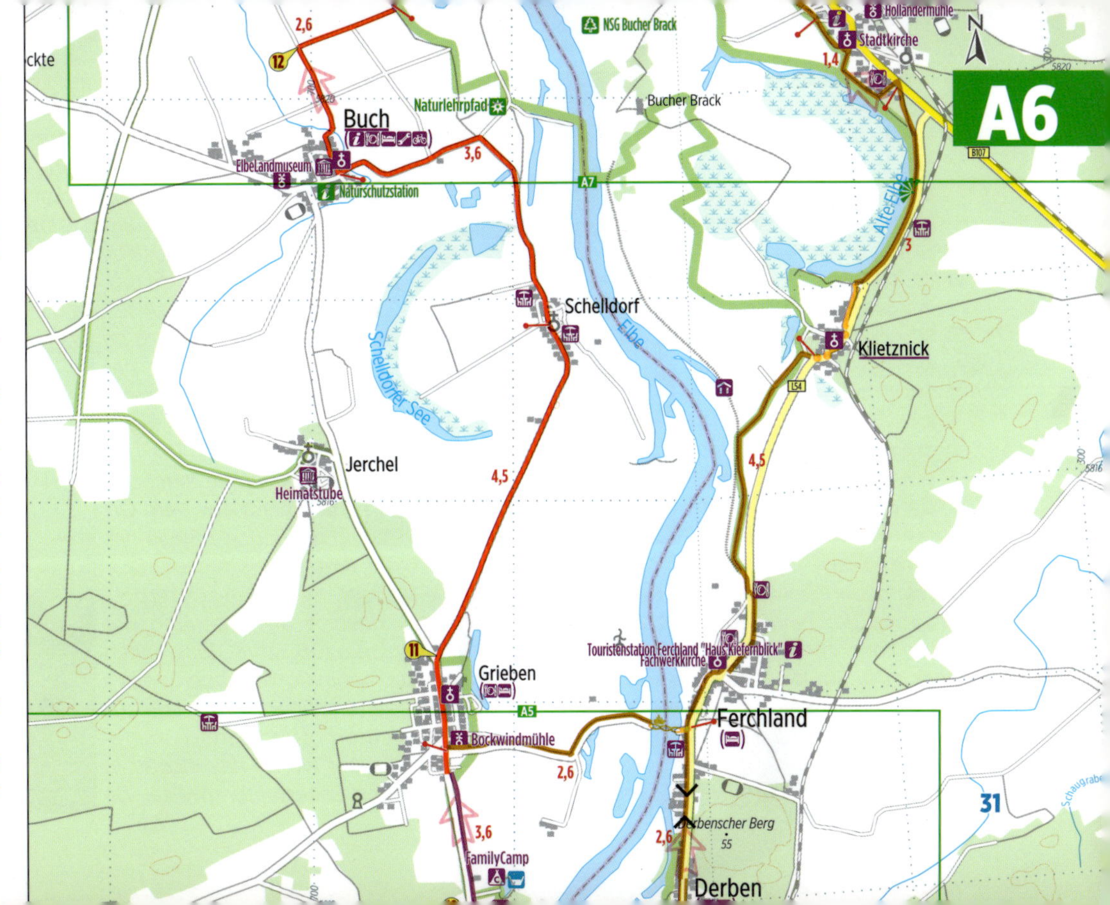

Ringmauer und Wassergraben (Elbeabzweig) errichtet. Im Dreißigjährigen Krieg wurde die Burg zerstört. In der Mitte des 18. Jh. wurden alle verbliebenen Gebäude abgerissen. Seit dem Ende des 19. Jhs. befindet sich auf dem Burgberg ein Park.

✳ Der **Topfmarkt** ist der älteste Marktplatz der Stadt.

♲ **Naturschutzgebiete Bucher Brack und Alte Elbe**. Seltene Vögel und Pflanzen sind hier im Überflutungsgebiet und in den Altwassern zu finden. Ein Naturlehrpfad führt vom Stadtzentrum entlang der Alten Elbe bis nach Klietznick. Von einem Hochstand überblickt man die Weite der Elbniederungen bis Tangermünde.

Der Name Jerichow deutet auf den slawischen Ursprung der heutigen Kleinstadt hin (von jeri = keck, forsch und chow = Burg, Versteck). Die Stadt entwickelte sich aus einem slawischen Fischerdorf, das in der Nähe der heutigen Stadtkirche lag. Seit Jahrhunderten zählten Handwerk, Gewerbe und Braurechte zu den wichtigsten Erwerbszweigen Jeri-

Jerichow, In der Klosterkirche

chows. Urkundlich erwähnt wird Jerichow erstmalig 1144 in der Gründungsurkunde des Klosters Jerichow. König Konrad III. stattete das Prämonstratenserstift mit Grundbesitz aus und unterstellte es dem Bistum Havelberg. Zunächst siedelten sich Chorherren aus dem Kloster Unser Lieben Frauen in Magdeburg im Zentrum Jerichows unweit einer Burg an. Bereits vier Jahre später zogen sie dem bunten Treiben und der Unruhe Jerichows entfliehend aus dem Ort an die heutige Stelle des Klosters.

Begleitet von längeren Unterbrechungen dauerte die Erbauung der Klosteranlage 100 Jahre. Eine einen Kilometer lange Klostermauer umgab das mittelalterliche Bauensemble aus Kirche, Klausurhof und Wirtschaftsgebäuden. Erbaut wurde das Kloster in romanischer Backsteinbauweise. Da

natürliches Baumaterial im Jerichower Land fehlte, wurden Backsteine aus den Baumaterialien Lehm und Schlick hergestellt, die an der Elbe reichlich vorhanden waren. Bis zu 12.000 Backsteine wurden pro Brand in den Feldbrandöfen hergestellt, die auf freiem Gelände erbaut wurden. Die technischen Vorzüge des Materials trugen zu einer weiten Verbreitung dieser neuen Bauweise bei. Deshalb gilt das Jerichower Land als Wiege des norddeutschen Backsteinbaus. Allein im Jerichower Land sind 30 Backsteinkirchen nachweisbar, deren Grundriss streng in Westturm, Gemeinderaum, Chor und Apsis gegliedert ist. Die Gestaltungsmöglichkeiten des Backsteins ließen eine klare Gliederung der Außenwände und eine Schlichtheit der Innenräume zu, wie sie den

Jerichow, Klosterkirche

reformkirchlichen Bauvorstellungen der Prämonstratenser entsprachen.

Im Zuge der Lutherischen Reformation des 16. Jahrhunderts wurde das Kloster geschlossen. Die Bemühungen des Bischofs Busso von Alvensleben, das Kloster dem Bistum Havelberg auf lange Sicht zu erhalten, blieben erfolglos. Vier Jahre nach seinem Tod wurde 1552 der Ritter Hans von Krusemark weltlicher Verwalter, und aus dem ehemaligen Klosteramt entstand später die brandenburg-preußische Domäne. Der Versuch, das Kloster in den

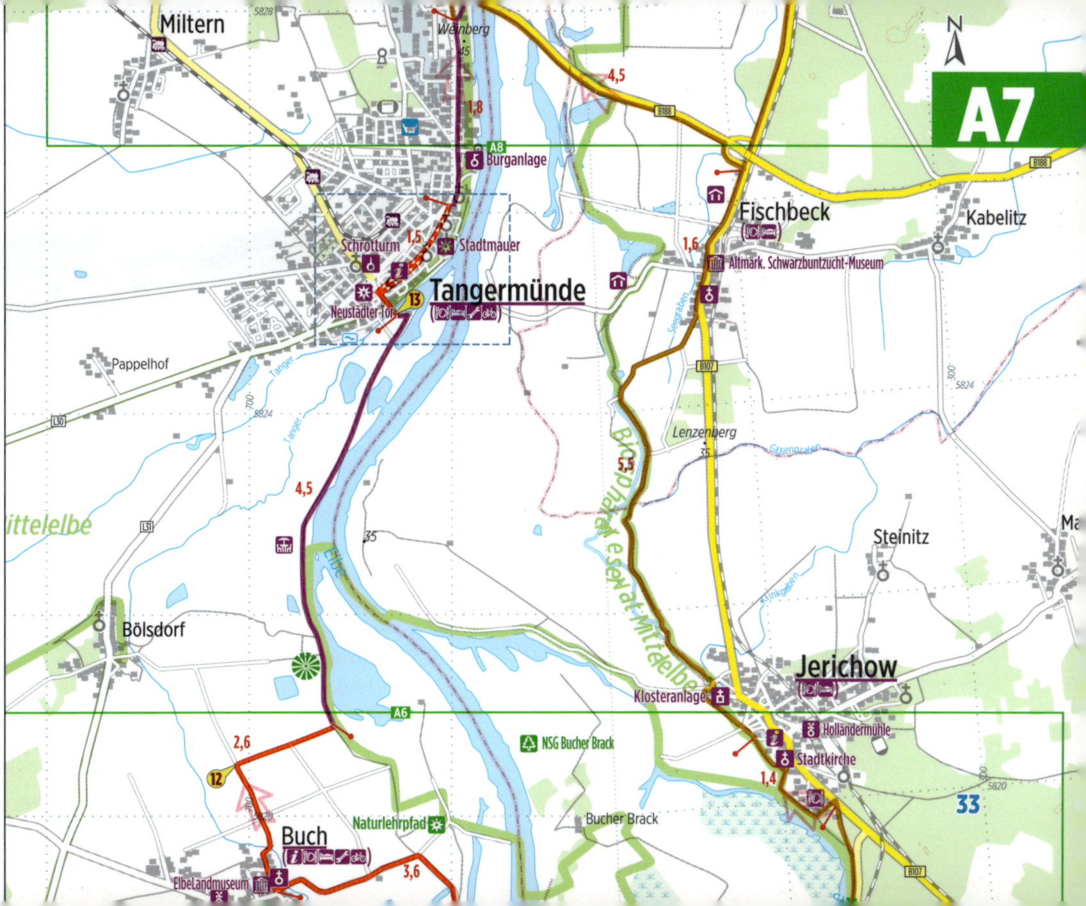

Jahren 1629-31 wiederzubesetzen, scheiterte in den Wirren des Dreißigjährigen Krieges an den schweren Verwüstungen kaiserlicher und schwedischer Truppen im Jahre 1631. Nach der Instandsetzung erzielten die Domänepächter besonders mit der Bier- und Branntweinherstellung lukrative Einnahmen.

Die Klosterkirche, zunächst als evangelisch-lutherische Amtskirche benutzt, war nach der Instandsetzung 1685 durch den Kurfürsten Friedrich Wilhelm von Brandenburg Sitz der neugegründeten Reformierten Gemeinde aus französischen und süddeutschen Emigranten, später dann der evangelisch-unierten Kirchengemeinde. In den Jahren 1853-56 und 1955-60 wurden umfassende Restaurierungsarbeiten an der Kirche notwendig. Die schrittweise Freilegung und Restaurierung der Klausurräume, des Kreuzganges und des Innenhofes wurden seit 1965 durchgeführt. Die romanischen Innenräume konnten 1977, als das Museum Kloster Jerichow eröffnet wurde, einer breiten Öffentlichkeit zugänglich gemacht werden. Heute ist das Kloster nicht nur Museum, sondern auch Ort verschiedenster Kunstausstellungen, Tagungen zur

mittelalterlichen Backsteinbauweise und der Konzertreihe Jerichower Sommermusiken. Als eines der Tore entlang der Straße der Romanik ist das Kloster Jerichow mit seinem über Jahrhunderte unverändert erhalten gebliebenen Baustil eines der unverwechselbaren Beispiele romanischer Backsteinbaukunst Norddeutschlands.

Von Jerichow geht es weiter am Deich entlang ~ an der B 107 links auf den Radweg ~ durch **Fischbeck** ~ vor der Unterführung links auf den Radweg entlang der B 188 ~ bis zur Brücke über die Elbe.

VARIANTE Wenn Sie hier geradeaus fahren, können Sie alternativ über Schönhausen und Sandau nach Havelberg radeln. Zwar ist Tanger-

münde äußerst sehenswert, doch auch ein Abstecher nach Schönhausen, der Geburtsstadt Otto von Bismarcks, lohnt sich. Im Bismarck-Museum (℡ 039323/874, ÖZ: April bis 3. Okt., Di-So 10-18 Uhr, 4. Okt.-März, Di-So 10-17 Uhr) wird nicht nur das Lebenswerk des „Eisernen Kanzlers" gewürdigt, es werden auch Details aus dem Privatleben des ersten Reichskanzlers gezeigt.

Dem Radweg links über die Brücke folgen ~ nach einer Linkskehre hinab zur Arneburgrer Straße treffen Sie wieder auf die Hauptroute.

11 Auf der Hauptroute am Ortsende von Grieben gabelt sich die Straße, fahren Sie hier rechts nach **Schelldorf** ~ kurz am Deich entlang, dann links nach Buch.

Buch

PLZ: 39517; Vorwahl: 039362

ℹ Landerlebnis Elbtalauen e. V., Querstr. 22, ℡ 90009 od. ℡ 81673

- Ⅲ **Elbelandmuseum und Elbe-Zentrum Buch**: NABU-Elbe-Landmuseum, Querstr. 22, ☏ 81673, ÖZ: Mai-Okt. 10-17 Uhr. Attraktive Ausflüge ins Biosphärenreservat Flusslandschaft Elbe, Naturlehrpfad und Naturbeobachtungsturm, Färber-, Kräuter- und Duftgarten, alte Gemüsesorten der Altmark, Streuobstwiese mit über 40 Obstsorten
- **Dorfkirche** (13. Jh.)
- **Holländerwindmühle**
- **Rolandfigur**

In Buch auf die erste Straße nach rechts 〰 **12** ein paar hundert Meter nach Ortsende rechts zur Elbe abbiegen 〰 hoch zum Dammweg und auf diesem bis zum Hafenbecken in Tangermünde 〰 **13** über die Brücke in die **Stendaler Straße** 〰 rechts in die **Kirchstraße**, das Zentrum von Tangermünde.

Tangermünde

PLZ: 39590; Vorwahl: 039322

- **Tourist-Information**, Markt 2, ☏ 22393, www.tourismus-tangermuende.de
- **Fahrgastschifffahrten**, Goethestr. 21, ☏ 3654 od. ☏ 0171/4218162
- **Burgmuseum Schlossfreiheit**, Schlossfreiheit 5, ☏ 92844
- **Stadtgeschichtliches Museum**, Altes Rathaus, ☏ 42153
- Die **Nikolaikirche** wurde als romanischer Feldsteinbau im 12. Jh. erbaut.
- **St. Stephan** (1184-88). Im 14./15. Jh. wurde die im romanischen Stil erbaute Kirche zu einer gotischen Hallenkirche umgebaut.

Tangermünde

Sie ist der größte Sakralbau der Altmark. Das Kirchenschiff wurde durch den großen Stadtbrand von 1617 vollständig zerstört. Nur wenig von der ursprünglichen Ausstattung konnte vor den Flammen gerettet werden, darunter das bronzene Taufbecken von 1508. Die Scherer-Orgel aus dem Jahr 1624, die seit 1994 nach umfangreichen Restaurierungsarbeiten wieder in St. Stephan erklingt, ist eine der 10 wertvollsten Orgeln Europas. Die Stephanskirche gehört zu den offenen Radwegekirchen am Elberadweg.

- **St. Elisabethkapelle** (Salzkirche). Ursprünglich zum gleichnamigen Hospital gehörend, das 1678 durch den Stadtbrand zerstört wurde, diente die Kapelle vom Ende des 17. bis ins 19. Jh. als Salzlager. Heute wird sie als Konzert- und Ausstellungshalle genutzt.
- **Burganlage**. Hier sind die Überreste der Burg zu finden, die im 14. Jh. von Karl IV. um- und ausgebaut wurde. Teile der Ringmauer und der Gefängnisturm (1480) sind erhalten geblieben.
- **Schrotturm**. In diesem ehemaligen Wehrturm wurden im 19. Jh. Schrotkugeln hergestellt.
- Das **Neustädter Tor** ist eine der schönsten mittelalterlichen Toranlagen des norddeutschen Raumes.
- Das **Rathaus** ist ein Beispiel spätgotischer Architektur. Der Ostflügel mit seiner prächtigen Schauwand wurde um 1430 errichtet. Später wurde das Gebäude um die Gerichtslaube erweitert. In der oberen Etage befinden sich das Trauzimmer und der Rathausfestsaal, im Erdgeschoss und in den Kellerräumen ist das Heimatmuseum untergebracht.

✳ **Fachwerkhäuser** in der Kirchstraße. Das Straßenbild prägen reich verzierte Fachwerkhäuser aus dem 17. Jh. und jüngeren Datums. Eines der schönsten Tangermünder Fachwerkhäuser ist die Nr. 23, das durch seine kunstvollen Flachschnitzereien besticht.

✳ Der **Buhnenkopf** ist ein Fachwerkhaus aus dem 17. Jh. Den Namen erhielt dieses Gebäude aufgrund seiner Lage. Es ragt wie ein Buhnenkopf der Uferbefestigung in die Straße hinein.

✳ **Stadtmauer** (um 1300). Im 18. und 19. Jh. wurden umfangreiche Erneuerungsarbeiten durchgeführt.

✳ **Steigberg**. Diese Treppe führt von der Elbe hinauf in die Stadt und wurde zum Schutz mit einem Wehrturm überbaut.

✳ **Rossfurt mit Elbtor** (15. Jh.). Es handelt sich um einen von hohen Futtermauern eingefassten und etwa 100 m langen Hohlweg, der vom Elbtor zur Stadt hinaufführt. Die Rossfurt war bis ins 19. Jh. der einzige Zugang zur Stadt von der Elbseite her. Eine Messlatte am Torbogen zeugt von den Höchstwasserständen der vergangenen Jahrhunderte.

✳ **Hühnerdorfer Tor**. Von der ehemaligen Doppeltoranlage ist noch der 24 m hohe Wehrturm erhalten.

✳ Die **Schlossfreiheit** war Ort der Burgmannensiedlung. Hier befindet sich das älteste Wohnhaus Tangermündes (Haus Nr. 5). Das Untergeschoss stammt aus dem Jahre 1543, das Obergeschoss aus dem 17. Jh. In diesem Gebäude befindet sich das Burgmuseum.

✳ **Kanzlei** (1373). Dieses einzige erhaltene Gebäude des inneren Burghofes aus der Zeit Kaiser Karl IV. wurde einst als Tanzsaal, im 17. Jh. als Schreiberei genutzt.

✳ Der **Bergfried** (Kapitelturm 1376, heute Aussichtsturm) war Teil der Ringmauer und wurde zeitweise als Getreidespeicher des Berliner Domkapitels genutzt.

🏊 **Freibad**, Friedensstr. 25, ☎ 73084

🛁 **Aqua Fun**, Kirchstr. 31, ☎ 92000. Mit Saunalandschaft.

🔧 **Service-Center Gerike**, Stendaler Str. 45, ☎ 72660

🔧 🚲 **Fahrradersatzteile Budnik,** Lange Str. 34, ☎ 0175/8070250 od. 72418

Tangermünde wird erstmalig 1009 von Bischof Thietmar von Merseburg urkundlich erwähnt. Demnach war „Tongeremuthi" Burgwardshauptort innerhalb des Verteidigungssystems an der Elbe, das zum Schutz vor den ostelbischen Slawen errichtet worden war. Vom 12. bis zum 13. Jahrhundert entwickelte sich Tangermünde von einem Marktort, der 1136 als Elbzollstelle genannt wird, zu einer Stadt. Die älteste schriftliche Erwähnung der Stadt Tangermünde geht auf das Jahr 1275 zurück. Zu Beginn des 14. Jahrhunderts bildet sich der Rat als Verwaltungsbehörde heraus, der

von wenigen Veränderungen abgesehen bis 1693 bestand. Im 14. Jahrhundert erwarb der römisch-deutsche Kaiser Karl IV. die Mark Brandenburg und damit auch die Hansestadt Tangermünde, deren Mitgliedschaft im hansischen Städtebund spätestens seit 1368 bestand. Er wählte die Burg in Tangermünde als Nebenresidenz zum Hradschin in Prag. Von hier aus wollte er den Handel zwischen seiner Residenzhauptstadt Prag und den Handelszentren in England, in Skandinavien, im Baltikum und Nowgorod über die verbündeten Häfen der Hansestädte Hamburg und Lübeck fördern. Nach seinem Tod residierten über einige Jahrzehnte die Hohenzollern auf der Burg von Tangermünde, bis sie Mitte des 15. Jahrhunderts ihren Kurfürstensitz endgültig nach Berlin/Cölln verlegten. Im 15. Jahrhundert florierte der Handel mit Tuchen, Bier und Getreide. Diese Zeit der wirtschaftlichen Blüte

Tangermünde

und der damit verbundene Reichtum spiegelt sich in den prächtig verzierten Bauwerken wie dem spätgotischen Rathaus mit seinem prächtigen Schaugiebel und den mächtigen Stadttoren wider.

Ein Brand zerstörte 1617 zwei Drittel aller Häuser und Scheunen innerhalb der Stadtmauern. Die angeblich Schuldige, Grete Minde, wurde mit anderen Beschuldigten zum Tode auf dem Scheiterhaufen durch „Schmöchen" verurteilt. Erst im 19. Jahrhundert wurde ihre Unschuld herausgefunden. Ihr Schicksal inspirierte einige Schriftsteller zu literarischen Werken wie beispielsweise Theodor Fontane, der ihr eine Novelle widmete. Nach dem Brand wurden neben den erhaltenen Gebäuden der Backsteingotik

AndersRum (Karte A 8): Dem Radweg von **Billberge** durch **Storkau** folgen ～ im Rechtsknick geradeaus unter den Bahnschienen hindurch nach **Hämerten** ～ am Deich entlang unter der Elbbrücke durch nach **Tangermünde**.
Ausflug nach Jerichow: die Brücke unterqueren ～ rechts dem Radweg über die Brücke folgen.

kunstvoll verzierte zweigeschossige Fachwerkhäuser errichtet, von denen einige besonders schöne Häuser in der Kirchstraße stehen. Da die Stadt seit mehr als fünf Jahrhunderten keine bedeutende politische Rolle spielte und sich die Industrialisierung des 19. Jahrhunderts überwiegend im Norden Tangermündes vollzog, ist das historische Stadtbild Tangermündes nahezu unverändert erhalten geblieben.

Von Tangermünde nach Arneburg   16 km

Entlang der **Hünerdorfer Straße** aus dem Stadtzentrum von Tangermünde hinaus ～ in der Linkskurve geradeaus in die **Arneburger Straße** bis zur Elbbrücke.

VARIANTE Sie können von Tangermünde nach Havelberg auch die rechtselbische Alternativroute nutzen. In Schönhausen kommen Sie am Geburtshaus Bismarcks vorbei (siehe auch Karten A 8-11).

14 Vor der Elbbrücke rechts abzweigen und diese unterqueren ⌁ Sie folgen dem Radweg neben dem Deich gut 2 km ⌁ vor Hämerten rechts auf den Wirtschaftsweg ⌁ nach links durch den Ort.

Hämerten

St. Johannes. Die ev. Kirche gehört zu den offenen Radwegekirchen am Elbe-Radweg.

 Vom Bahnhof Hämerten haben Sie Anschluss nach Stendal und Berlin.

Auf der **Dorfstraße** durch Hämerten ∿ an der Gabelung am Ortsende rechts in den **Storkauer Weg** ∿ vor der Bahnlinie links halten und durch die Unterführung ∿ auf dem schnurgeraden Asphaltweg erreichen Sie in 1,5 km Storkau ∿ **15** am Ortsanfang rechts auf den Radweg entlang der **K 36**.

Storkau (Elbe)

Die **Storkauer Kirche** ist ein für die Gegend untypischer Backsteinbau. Mit dem im Osten stehenden Kirchturm zählt diese Kirche zu den sieben „verkehrten" Kirchen der Altmark.

Im **Schloss**, reizvoll an der Elbe gelegen, ist heute ein Seminar-Hotel untergebracht. Von Storkau geradeaus weiter nach **Billberge** ∿ rechts in die Ortschaft mit dem Gutshof ∿ hügelig geht es auf dem Hochplateau über der Elbe nach Arneburg.

 Wenn Sie nach rechts in Richtung Fähre abbiegen, können Sie auf der rechtselbischen Variante weiterradeln.

Hämerten

Arneburg

PLZ: 39596; Vorwahl: 039321

Tourist-Information Arneburg-Goldbeck, Breite Str. 14a, ☎ 5180 od. Tourismusbüro Arneburg, ☎ 51817

Fähre, ☎ 0172/8024115, Betriebszeiten: Mo-Fr 7-18 Uhr, Sa, So/Fei 10-19 Uhr

Heimatmuseum, Breite Str. 16, ☎ 51817, ÖZ: Mai-Okt. 10-18 Uhr. Das Museum ist im Schwarzen Adler untergebracht. Themen sind die Früh- und Ortsgeschichte sowie die Dokumentation der Fischerei und Schifffahrt.

Die **Pfarrkirche St. Georg** (13. Jh.) ist eine einschiffige spätromanische Feldsteinkirche. Gehört zu den offenen Radwegekirchen am Elberadweg.

Auf dem **Burgberg** finden sich mittelalterliche Umfassungsmauerreste aus Feld- und Backstein sowie Reste einer dreireihigen Palisadenbefestigung.

Schillgedenkstein

Buchholz, Bahnhofstr. 1, ☎ 2337

Arneburg liegt auf einer nach Osten hin kaum merklich an-

steigenden Hochfläche, die in einem jähen Steilhang zur Elbe hin endet. Von hier aus ist das Elbtal weithin überschaubar. Direkt am angrenzenden Elbtal entstand Arneburg im Schutz der gleichnamigen ottonischen Reichsburg, die im 10. Jahrhundert zur Sicherung der Reichsgrenze gegen Übergriffe der östlich benachbarten slawischen Stämme diente. Heute sind nur noch die Mauerreste aus dem 13. Jahrhundert und ein Park auf dem Burgberg vorhanden.

Für das Jahr 978 ist eine Stiftung des Benediktinerordens durch den Burggrafen Bruno und seiner Gemahlin belegt. Ein Schutzbrief gegen die ostelbischen Slawen

St. Georg, Arneburg

wurde 983 von Papst Benedikt VII. ausgestellt. Ungefähr gleichzeitig wurde die Stadt mit einem palisadenbewehrten Wall und einem Wassergraben befestigt.

Im 14. Jahrhundert entwickelte sich Arneburg zu einem Flecken, einem kleinen Mediatstädtchen mit adligem Stadtherren. Die Altstadt wurde nach dem großen Stadtbrand 1767 mit finanzieller Unterstützung des Königs Friedrich II. wieder aufgebaut. Das bedeutendste Bauwerk Arneburgs, die Kirche St. Georg, wurde um 1200 auf dem Steilufer der Elbe erbaut. Heute zählt sie zu den ältesten romanischen Kirchbauten in der Altmark.

Von Arneburg nach Räbel   35,5 km

Am Marktplatz links in die **Breite Straße** 16 an der nächsten Kreuzung rechts in die **Bahnhofstraße**.

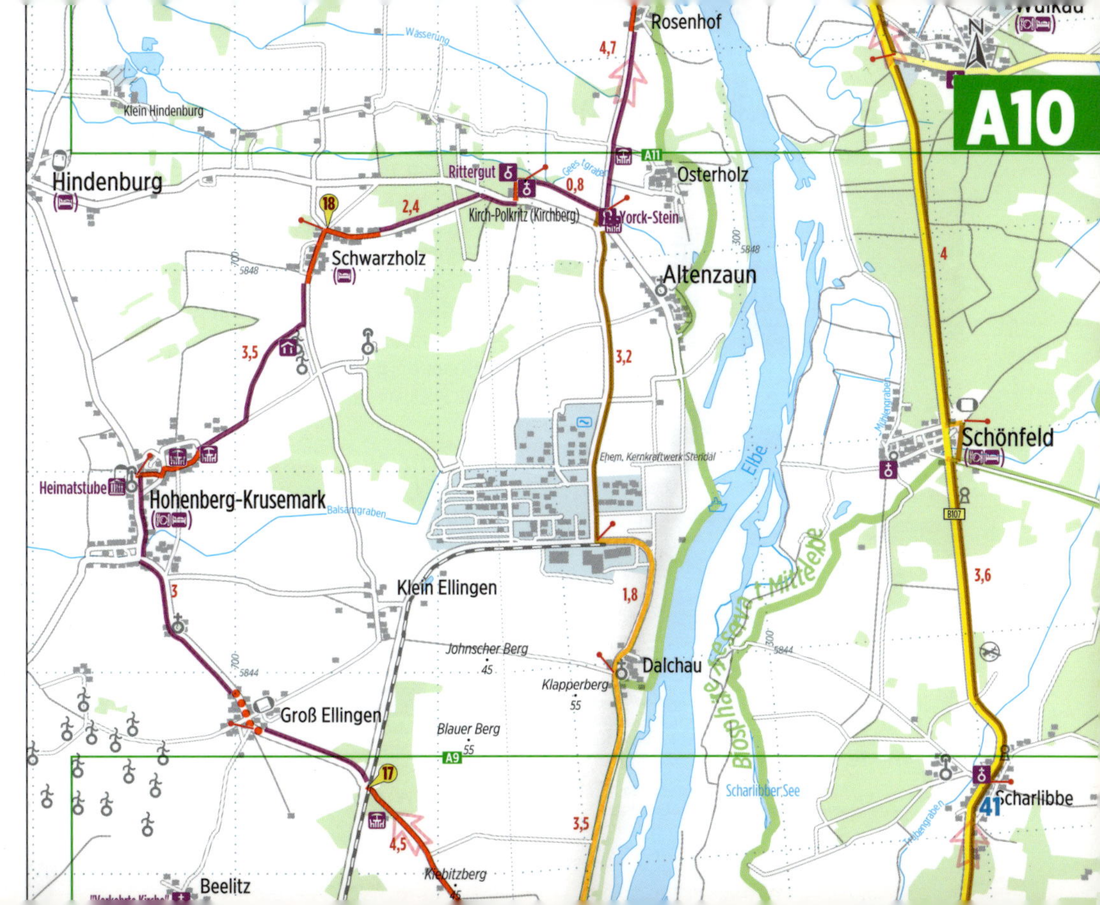

 Wollen Sie nicht nach Hohenberg-Krusemark, dafür aber 5 km abkürzen, können Sie hier auf ruhigen Straßen und Radwegen entlang der Elbauen und durch das einstige Kraftwerksgelände fahren.

Auf der Hauptroute folgen Sie der Hauptstraße Richtung Groß Ellingen und Werben ~ **17** über die Landstraße und schnurgerade auf dem Radweg nach **Groß Ellingen** ~ Sie erreichen Hohenberg-Krusemark.

Hohenberg-Krusemark
PLZ: 39596; Vorwahl: 039394

Heimatstube, Hauptstr. 46, ☎ 81339

Am Ortsanfang rechts Richtung Osterburg ~ auf der **Hauptstraße** durch den Ort ~ nach 850 m rechts in die **Pappelstraße** abzweigen ~ beim „Vorfahrt beachten" links in die **Hohenberger Straße** und vor dem Teich rechts in die **Parkstraße** ~ dem Straßenverlauf folgend aus Hohenberg hinaus ~ der Radweg führt nach **Schwarzholz** ~ **18** vor dem kleinen Platz rechts und weiter durch das Dorf ~ auf einem gepflasterten Radweg nach **Kirch-Polkritz**.

Kirch-Polkritz

Rittergut

Hier sehen Sie den Gedenkstein und die Schautafel, welche an die Schlacht des General York von Wartenberg gegen die Truppen Napoleons erinnert.

Sobald der Radweg endet, nach links wenden und am **Rittergut** und dem Friedhof vorbeifahren ~ weiter auf dem Radweg nach **Rosenhof** ~ auf dem Weg zum Büttnershof die Backsteinkirche und das ehemalige Gut passieren.

Büttnershof
PLZ: 39606; Vorwahl: 039390

Gut Käcklitz. Guthaus mit weitläufiger Parkanlage. Mit Tiergehegen, gastronomischen Angeboten und schönem Biergarten.

AndersRum (Karte A 11): Von **Berge** auf der Straße nach **Kannenberg** links durch den Sumpf auf den Radweg nach **Büttnershof** über die Vorfahrtstraße und dann rechts in Richtung Kirche vorbei am **Gutshaus** auf dem Radweg durch **Rosenhof** linkselbisch: von **Havelberg** entlang der **B 107** nach **Sandau** rechts geht es zur Fähre weiter entlang der **B 107** nach **Wulkau.**

Die **Kirche** ist ein Backsteinbau der Frühgotik. Ende des 19. Jhs. wurde sie im Inneren restauriert. In den 1950er Jahren des 20. Jhs. wurden die Innenräume neu geweißt und mit Bibelsprüchen verziert. Die Kirche hat ihre eigentliche Funktion verloren, die Ruine wurde als Aussichtsturm ausgebaut.

Gutshaus Büttnershof, Dorfstr. 38, ☎ 81046

In Büttnershof rechts **19** nach links über die Vorfahrtstraße, die **L 9**, in eine Kopfsteinpflasterstraße.

VARIANTE Wenn Sie auf der durchgehend asphaltierten Variante über Sandau nach Havelberg fahren, kürzen Sie 13 km ab. Allerdings ist diese Route verkehrsreicher als die linkselbische Tour.

Variante über Sandau nach Havelberg   7,5 km

An der Vorfahrtstraße nach rechts auf die mäßig befahrene **L 9** einbiegen und mit der **Fähre Sandau** die Elbe überqueren.

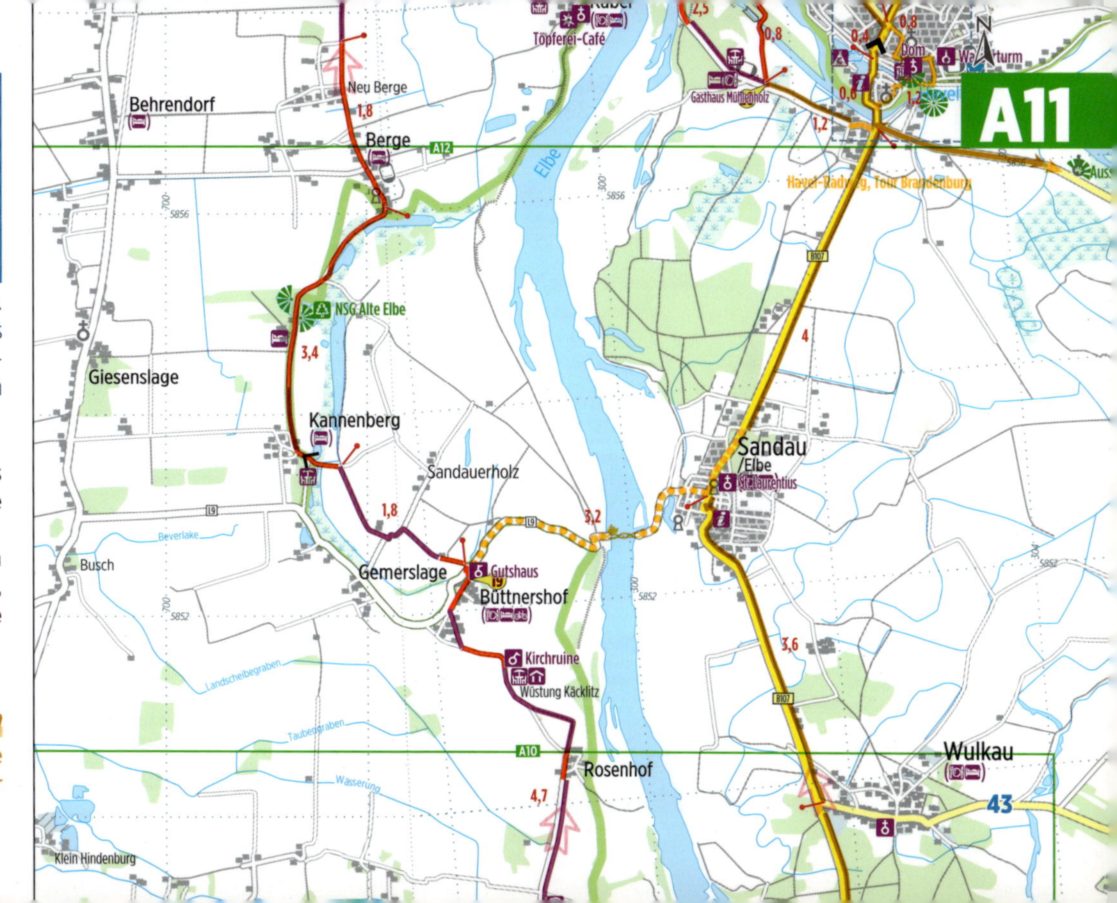

Weiter auf der L 9 nach Sandau.

Sandau

PLZ: 39524; Vorwahl: 039383

ℹ️ **Tourist-Information**, Marktstr. 2, ☎ 60915

⛪ Der **Kirchturm** der dreischiffigen **Basilika** wirde nach der Zerstörung im Zweiten Weltkrieg in den vergangenen Jahren nach und nach wieder aufgebaut. Möglich ist dies durch einen tüchtigen Förderverein und zahlreiche Handwerker.

An der Vorfahrtstraße links auf den Radweg an der **B 107** und nach Havelberg radeln.

Havelberg · s. S. 46

Auf der linkselbischen Hauptroute ist es nur kurzzeitig holprig, denn schon bald taucht linker Hand ein Radweg auf ∿ an der T-Kreuzung links auf dem Radweg bleiben ∿ an der nächsten T-Kreuzung links ∿ zwischen Teichen hindurch und leicht hinauf ∿ rechts auf den Dammweg ∿ an **Kannenberg** vorbei ∿ durch das Dorf Berge hindurch ∿ nach 4,5 km an der **L 2** links einbiegen ∿ nach links in die **Kirchstraße** ∿ nach rechts in die **Marktstraße** und über den **Marktplatz**.

Hansestadt Werben

PLZ: 39615; Vorwahl: 039393

ℹ️ **Tourismusbüro der Hansestadt Werben (Elbe)**, Marktpl. 1, ☎ 92755

🏛️ **Heimatmuseum** im Elbtor, ☎ 92755

⛪ **St. Johannis** (12.-15. Jh.), dreischiffige Hallenkirche, Führungen: Herr Schultze, ☎ 5649

⛪ **Bockwindmühle** (1824), Führungen: Familie Schnelle, ☎ 92980

✳️ **Rathaus**, mit mittelalterlichem Gewölbe. Das Erdgeschoss ist aus dem Jahre 1793.

✳️ **Reste der Stadtbefestigung** mit Salzkirche, Hungerturm und dem Elbtor aus dem 15. Jh.

✳️ **Kanu-Verleih**, Kirchpl. 6, ☎ 0179/4587377

✉️ **Freibad**, ☎ 0172/3146179, ÖZ: Mai-Sept. 10-20 Uhr

🚲 **NABU Werben**, Marktpl. 1, ☎ 5252

🔧 **Bergmann**, Seehäuser Str. 15, ☎ 449

🔧 **Ratskeller**, Marktpl. 1, ☎ 969997, mit Radfahrerservice, Internet und Bistro

Das 1.000 Jahre alte Werben ist die kleinste Hansestadt Deutschlands und hat nur knapp

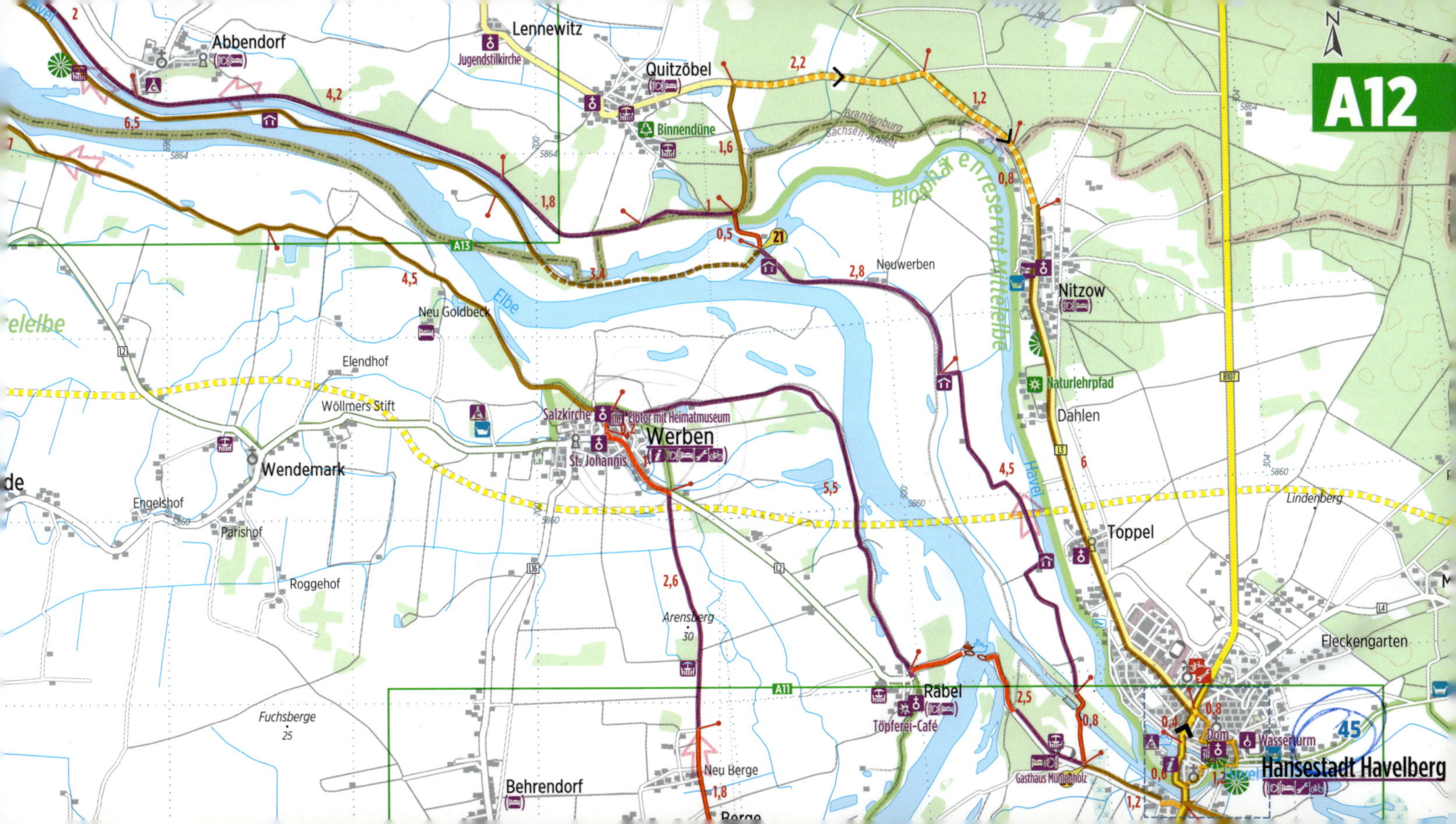

A12
N
Abbendorf
Jugendstilkirche
Lennewitz
Quitzöbel
Binnendüne
Brandenburg
Sachsen-Anhalt
Biosphärenreservat Mittelelbe
Neuwerben
Nitzow
Dahlen
Naturlehrpfad
Elbe
Neu Goldbeck
Elendhof
Wöllmers Stift
Salzkirche
Elbtor mit Heimatmuseum
Werben
St. Johannis
Wendemark
Engelshof
Parishof
Roggehof
Arensberg
30
Toppel
Havel
Lindenberg
Fleckengarten
Fuchsberge
25
Räbel
Töpferei-Café
A11
Gasthaus Mühlenholz
Neu Berge
Behrendorf
Berge
Hansestadt Havelberg
Dom
Wasserturm
45
2
4,2
6,5
7
1,8
2,2
1,2
0,8
1,6
1
0,5
21
3,4
2,8
4,5
5,5
2,6
4,5
6
2,5
0,8
0,4
0,8
1,2
1,8
Neu-elbe
elelbe
L2
L16
L12
L13
L4
B107
596
5864
5860
304
300

800 Einwohner. In Werben sind die ältesten Wurzeln des Johanniterordens in Deutschland zu finden. Nach einer Pilgerfahrt übertrug Markgraf Albrecht der Bär dem Orden die Kirche St. Johannis, die zum Hauptsitz des Johanniter-Ritterordens wurde. Noch heute sind in der Storchenstadt die Bauwerke der mittelalterlichen Blütezeit und Fachwerkhäuser zu bewundern.

Von Werben bis Wittenberge besteht die Möglichkeit, beide Seiten der Elbe zu befahren. Die Wege sind in diesem Bereich ausgeschildert. Rund 18 km kürzer ist die unkommentierte linkselbische Variante über Beuster. Im Gegenzug bietet die rechtselbische Variante, hier im Buch die Hauptroute, eine Vielzahl an Sehenswürdigkeiten wie die Hansestadt Havelberg (optional), das Storchendorf Rühstädt und darüber hinaus auf den Inseln zwischen Havel und Elbe einen der schönsten Abschnitte des Elbe-Radwegs. Kurz nach rechts in die **Lange**

Hansestadt Werben

Straße ⮀ gleich danach links in die **Fischerstraße** ⮀ auf den Deich-Radweg und nach rechts ⮀ weiter auf dem Deich ⮀ an der Straße nach links zur Fähre Räbel.

Räbel

- 🚢 **Fähre**, ✆ 0173/2486795, Betriebszeiten: Mo-Fr 6-18 Uhr, Sa, So/Fei 7-18 Uhr
- 🛈 Die **Kirche** wirkt wie von der Zeit vergessen und schmiegt sich in den Elbdeich hinein.

Von Räbel nach Wittenberge 38,5 km

Der Elbe-Radweg verläuft entlang der **Elbstraße** größtenteils auf einem Radweg ⮀ **20** vorbei am Gasthaus und wenig später links Richtung Schleuse.

Empfehlenswert und zudem hochwassersicher ist ein Abstecher über das wunderschöne mittelalterliche Städtchen Havelberg.

Variante über Havelberg 16,5 km

Auf dem Radweg weiter geradeaus entlang der L 2 ⮀ an der

Havelberg

Querstraße links in die B 107, **Genthiner Straße** ⮀ geradeaus auf die Stadtinsel Havelberg fahren.

Von Havelberg aus können Sie einen Abstecher in die Prignitz machen. Die vielen ausgeschilderten Radrouten finden Sie auf der **bikeline-Radkarte Prignitz**.

Hansestadt Havelberg

PLZ: 39539; Vorwahl: 039387

- 🛈 **Tourist-Information Havelberg**, Uferstr. 1, ✆ 79091
- 🚢 **Personenschifffahrt**, Informationen: Reederei Bolz, Semliner Str. 6e, 14715 Stechow, ✆ 033874/60321 od. 0171/5262272 sowie bei der Tourist-Information; Reederei Kaiser, Goethestr. 21, 39590 Tangermünde, ✆ 039322/36540

Prignitz-Museum, Am Dom, ✆ 21422, ÖZ: April-Sept, Di-So 10-12 Uhr und 13-18 Uhr, Okt.-März, Mi-So 10-12 Uhr und 13-17 Uhr. Im ehemaligen Prämonstratenser-Domherrenstift sind Ausstellungen zur Ur- und Frühgeschichte der Westprignitz, zur Bistums- und Stadtgeschichte sowie zur Dombaugeschichte und Kirchenkunst untergebracht.

Der **Dom St. Marien** wurde 1170 geweiht und nach einem Brand in einen gotischen Gewölbebau umgewandelt. Der Dom gehört zu den offenen Radwegekirchen am Elbe-Radweg.

Pfarrkirche St. Laurentius. Die dreischiffige Hallenkirche in Backsteinbauweise stammt aus der 2. Hälfte des 13. Jhs. Umbau und Renovierung erfolgten im Jahre 1913.

Wasserturm

Erlebnisbad, Am Lindenweg, ✆ 88033

Art Hotel, Schönberger Weg 6, ✆ 595151

Hotel am Hafen, Bahnhofstr. 39a/b, ✆ 72870

Hubeny, Pritzwalker Str. 43, ✆ 88797

Erlebnispädagogisches Centrum, Schulstr. 2, ✆ 79325

Jugendzentrum Elb-Havel-Winkel, Uferstr. 2, ✆ 88220

Das Bistum Havelberg wurde 948 erstmalig urkundlich erwähnt. Damit zählt es neben Brandenburg zu den ältesten Bistümern östlich der Elbe. Im 12. Jahrhundert errichteten Chorherren des Prämonstratenserordens den Dom St. Marien und das dazugehörende Kloster auf einer eiszeitlichen Anhöhe über der Havel unweit deren Mündung in die Elbe.

In mehreren Etappen entstand bis ins 15. Jahrhundert hinein eine romanisch-gotische Domanlage, die heute als Kleinod ostelbischer Backsteinarchitektur einen der reizvollsten Anziehungspunkte längs der „Straße der Romanik"

Radeln durch die altmärkische Wische zwischen den Hansestädten Werben (Elbe) und Seehausen (Altmark)

Von Werben flussabwärts geht es vorbei an Schönberg über die Ortsteile der Hansestadt Seehausen Beuster und Losenrade bis Aulosen. Hier erlebt man weite naturbelassene Landschaften. Abseits des Elberadweges warten verträumte Dörfer auf interessierte Besucher. Von Werben über Wendemark und Neukirchen gelangt man direkt in die Hansestadt Seehausen. In Seehausen und Umgebung erwarten Sie radlerfreundliche Hotels, Pensionen und Privatvermieter. Für das leibliche Wohl unterwegs ist in Gaststätten und bei Privatanbietern stets gesorgt. Das Gebiet der altmärkischen Wische und der Elbtalaue kann weiter per Rad auf dem Altmarkrundkurs oder mit dem Boot als Wasserwanderer über den Aland bis zur Elbe erkundet werden.

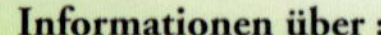

Informationen über :

Touristinformation Hansestadt Seehausen (Altmark)
Tel.: 039386-54783 und info@stadt-seehausen.de
Homepage: **www.stadt-seehausen.de**
Touristinformation Hansestadt Werben(Elbe)
Tel.: 039393-92755 und
touristinfo-werben@t-online.de

darstellt. Darüber hinaus stellt der Dom mit seinem Museum und den zahlreichen Musikveranstaltungen das kulturelle Zentrum der Stadt und der Region dar.

Die Stadt Havelberg selbst entwickelte sich zu den Füßen dieser Anlage auf einer Insel in der Havel. Säulen des wirtschaftlichen Lebens waren Handwerk, Viehzucht, Ackerbau und Fischerei. Zum bedeutendsten Wirtschaftszweig entwickelte sich im Mittelalter der Schiffsbau, von der Lage an der Havel und der Nähe zur Elbe profitierend. Gegen Ende des 17. Jahrhunderts wurden hier sogar seetüchtige Schiffe gebaut, die international viel Beachtung erlangten. Die Altstadt zeugt mit ihrer wertvollen Architektur noch heute von der Blütezeit Havelbergs. Am 1. Juni 2008 erhielt Havelberg

AndersRum (Karte A 13): Von **Hinzdorf** auf der Straße über **Scharleuk** nach **Bälow**, dort geradeaus auf den Deich ⤳ links auf den Weg nach **Rühstädt** ⤳ im Rechtsbogen auf einen Radweg zum Deich ⤳ dort links nach **Gnevsdorf** ⤳ in Gnevsdorf links auf dem Deich zwischen Elbe und Havel ⤳ linkselbisch: immer dem Deichradweg folgen.

den Beinamen Hansestadt. Im Jahr 2015 ist die Stadt eine Station der Bundesgartenschau, die in der Region Havelberg-Brandenburg unter dem Motto „Von Dom zum Dom" veranstaltet wird.

In Havelberg links auf den Radweg der Uferstraße und den zweiten Havelarm überqueren ⤳ an der Ampelkreuzung links in die **Wilsnacker Straße** ⤳ auf der Landstraße 10 km über Toppel und Nitzow in Richtung Quitzöbel fahren ⤳ vor **Quitzöbel** links in den Radweg einbiegen ⤳ beim Abzweig zu den Wehren bleiben Sie auf dem Sträßchen und sind nun wieder auf der Hauptroute.

Auf der Hauptroute fahren Sie 600 m nach dem Abzweig von der L 2 über den Schleusenkanal ⤳ weiter auf der Insel zwischen Elbe und Havel ⤳ vor **Neuwerben** auf den Deich hinauf und durch die Siedlung ⤳ **21** Sie fahren über das erste der drei Wehre.

A13
49
Losenrade
0,5
Steinfelde
Schadebeuster
Hinzdorf
23
3
Scharleuk
Sandkrug
2
Gross Lüben
Wunderblutkirche St. Nikolai
Bad Wilsnack
Naturlandschaft Elbe-Brandenburg
Elbe
Biosphärenreservat Mittelelbe
Brandenburg
Sachsen-Anhalt
Alte Elbe
Taube Elbe
2,8
Beuster
Werder
Scharpenlohe
Bälow
Aussichtsplattform
1,8
Karthane
St. Nikolaus
Blaulichtmuseum
Alte Schmiede
3,8
Esack
A14
5868
Unterkamps
5868
5868
Ostorf
Betonspurbahn
Storchendorf
NABU-Besucherzentrum
Wegenitz
2,2
Schlosspark
Quitzowkirche
Legde
Oberkamps
Rühstädt
Voßhof
22
1,5
Gnevsdorf
2,5
4
Aland
Elbe
K1454
Schönberg am Deich
Havel
A12
2
Abbendorf
Lennew
Nienfelde
Klein Holzhausen
Jugendstilkirche
4,2
6,5
Beustertor
Salzkirche
5,7
Herzfelde
5864
5864
5864
Rathaus
St. Petri
Seehausen
(Altmark)
Turmührenmuseum
1,8

Der Elberadweg führt hier geradeaus zum rechten Havelufer. Wir empfehlen an dieser Stelle die Variante über die schmale Insel zwischen Havel und Elbe bis zur Havelmündung bei Gnevsdorf – es ist eine der schönsten Passagen am Elbe-Radweg.

Auf der Hauptroute queren Sie über die anderen beiden Wehre die Havel und fahren knapp 100 m dahinter links in den Radweg, der nach einigen Kilometern wieder entlang des Ufers verläuft~ entlang der Havel fahren Sie über **Abbendorf** Richtung Richtung Gnevsdorf ~ vorbei am Wehr kurz vor der Mündung der Havel in die Elbe ~ auf der Straße weiter nach Gnevsdorf.

Gnevsdorf

Nach etwa 1 km links halten auf den Deich ~ **22** rechts nach Rühstädt abbiegen.

Flusslandschaft Elbe

Die Biosphären- und Naturschutzgebiete im Elbeverlauf sichern den Erhalt der einzigartigen und – obwohl als Wasserstraße genutzt – immer noch ursprünglichen Flusslandschaft. Dies ist auch ein Resultat der jahrelangen Funktion als innerdeutsches Grenzgebiet.

Insgesamt 3.750 Quadratkilometer und über 400 Kilometer Flusslänge umfasst das sich über fünf Bundesländer erstreckende, 1997 ins Leben gerufene UNESCO-Biosphärenreservat „Flusslandschaft Elbe". Vor allem im mittleren Elbeverlauf werden Sie ein geschlossenes Naturschutzgebiet mit all seiner natürlichen Schönheit durchradeln. Die intakten Auenwälder als artenreichste natürliche Lebensräume Mitteleuropas, Überflutungsflächen und dann auch wieder trockenen Dünen bieten vielen seltenen Pflanzen und Tieren letzte Rückzugsräume. Die Ruhe auf Ihrer Tour wird nur manchmal vom Geklapper der vielen Störche, wie hier im Dorf Rühstädt, und dem Geplätscher der Elbebiber in den Abendstunden unterbrochen.

Rühstädt

PLZ: 19322; Vorwahl: 038791

NABU Storcheninformationszentrum, Neuhaus 9, ✆ 980-24, ÖZ: April-Sept. 10-18 Uhr, Okt.-März n. V. Ausstellung zum Thema Weltenbummler Adebar.

Quitzowkirche. Auch hier befindet sich auf dem Dach ein Storchennest.

Das **Schloss** im Rokokostil wird heute als Hotel genutzt. Mit schönem Schlosspark.

Rühstädt in der Prignitz ist mit seinen 30 Storchennestern das storchenreichste Dorf Deutschlands. Vor etwa 40 Jahren haben die Bewohner des Dorfes begonnen, Nisthilfen für Störche auf Ihren Dächern anzubringen. Seit den 1970er Jahren wurden Statistiken erstellt und die Jungstörche zur Wiedererkennung beringt. Schon Mitte der 80er Jahre begannen sich immer mehr Menschen für das Storchendorf zu interessieren, und im Rahmen des kleinen Grenzverkehrs kamen auch immer mehr Menschen nach Rühstädt. Seit 1990 gibt es einen Storchenclub, der derzeit etwa 80 Mitglieder zählt. Jedes Jahr im Juli wird hier das Storchenfest gefeiert.

Links auf die Vorfahrtstraße ~ an der Gabelung nach dem Schloss links ~ links in die

AndersRum (Karte A 14): Von der **B 189** nach links, über die Bahnschienen ～ links auf die Landstraße ～ linkselbische Variante: rechts abbiegen und immer dem Deichradweg folgen ～ über die Brücke nach **Wittenberge** ～ rechts auf die Straße nach **Garsedow** ～ geradeaus über den Deich nach **Hinzdorf** ～ im Ort auf die Straße, rechts halten nach **Scharleuk**.

Straße **Am Brink** ～ dem Weg am Schlosspark entlang folgen ～ dann rechts zum Deich ～ am Querweg rechts nach **Bälow** ～ am Deich weiter entlang nach **Hinzdorf** ～ **23** in der Rechtskurve schräg links in die Pflasterstraße, die dann in einen gekiesten Radweg übergeht ～ vor **Garsedow** links weiter auf die Asphaltstraße bis zur Brücke.

Wittenberge s. S. 73

VARIANTE Die Radroute des Elbe-Radweges führt ab der Brücke vor Wittenberge beiderseits der Elbe weiter. Für die rechtselbische Variante nutzen Sie die Karten ab C 1. Die Route auf der linken Elbuferseite wird nachfolgend beschrieben, s. Karte B 1.

Linkselbisch von Wittenberge nach Hamburg

Je weiter Sie nach Norden vordringen, um so mehr verändert sich die Landschaft. Die Elbdämme werden höher, und sehenswerte Fachwerkstädte wie Hitzacker säumen die Ufer des Stroms. Nach Westen dehnt sich das beschauliche Wendland aus, und die ersten und einzigen Hügel auf Ihrer Tour begegnen Ihnen auf diesem Wegstück bis nach Hamburg. Eindrucksvoll sind vor allem die stillen und erholsamen Elbauen, eine Wonne für jeden Naturliebhaber und Erholungsuchenden. Um so kontrastreicher ist dann der Übergang in die Hafenmetropole Hamburg, dem krönenden Höhepunkt dieses zweiten Abschnitts.

Die Radroute verläuft zum Großteil neben oder auf dem Elbdeich, doch unbefestigte Wald- und Feldwege oder kurze Wegstücke auf Landstraßen mit etwas mehr Verkehr bleiben nicht ganz aus.

B1
Wittenberge
Waldmeden
Lindenberg
Wentdorf
Gefahr durch Eichenprozessionsspinner (Juli-Sept.)
B195
Hermannshof
Siedlung Eigene Scho
Müggendorf
B189
Aland
Gummern
Wüstung Stresow
Gedenk- und Begegnungsstätte Stresow
P
Friedensteich
Polder Stresow
Klein Wanzer
Biosphärenreservat Flusslandschaft Elbe
Rathaus
Stadtmuseum Alte Burg
Altstadt
Uhrenturm
hem. Grenzübergang "Königsbrücke"
2,2
Bockwindmühle
3,5
Wanzer
Eiserner Vorhang 2
Naturschutzstation
Aulosen
Aland
Elbehof
Brandenburg
Elbe
Bömenzieh
Galgenberg
25
0,4
1,2
1,6
L2
Wahrenberg
Drösede
3,4
3,5
4,2
0,5
L2
2,6
Eickerhöfe
Pollitz
5872
Losen
Deutsch
0,5
Steinfe
Zehrengraben
Aland
Gollensdorf
Geesgottberg
53
Scharpenhufe
Biosphärenreservat Mittelelbe

AndersRum (Karte B 1): An der Grenzanlage vorbei nach links ↝ in **Aulosen** Ausschilderung **Wanzer** folgen ↝ ab Ortsausgang auf dem Deichverteidigungsweg am **Aland** entlang ↝ bei **Pollitz** über Deich und Aland ↝ auf dem Radweg nach **Wahrenberg** ↝ vor den ersten Häusern links, dann rechts links und auf der Straße Am Elbdeich um den Ort herum ↝ rechts auf den Deich ↝ an der Kreuzung geradeaus ↝ an der **B 189** rechts und gleich wieder links.

Wittenberge s. S. 73

Von Wittenberge nach Schnackenburg   25,5 km

1 Fahren Sie auf dem Radweg links entlang der Gleise über die Elbe ↝ bei **Eickerhöfe** auf die **Dorfstraße** und den Schildern folgend rechts über die Gleise ↝ rechts auf die **B 189** und gleich in die erste Straße wieder links ↝ auf der asphaltierten Straße bis nach Wahrenberg ↝ auf der Hauptstraße erreichen Sie den Ort.

VARIANTE Sie können bei den ersten Häusern rechts auf den Deich hinauf und direkt entlang der Elbe fahren.

In der Linkskurve geradeaus und am **Elbehof**, später an der Kirche vorbei.

Wahrenberg
PLZ: 39615; Vorwahl: 039397

ℹ️ **Fremdenverkehrsverein Wahrenberg e. V.**, Kirchweg 21, ☎ 367 od. 225

✳️ **Elbehof**, Am Elbdeich 69, ☎ 41551. Das einstige Fährgasthaus im anhaltinischen Storchendorf steht heute im Zeichen der Bildung. Mit Café.

🚲 **Statt-Flucht**, Am Elbdeich 68, ☎ 41469

Wahrenberg ist das storchenreichste Dorf Sachsen-Anhalts. Storchentafeln in der Nähe der Horste geben Auskunft über das Ankunfts- und Abflugsdatum und über die Anzahl der aufgezogenen Jungstörche.

Der Ort Wahrenberg selbst ist ein Haufendorf. Sehenswert sind die Fachwerkhäuser und die noch erhaltenen Dreiseitenhöfe, die z. T. auf künstlich angelegten Warften gebaut wurden, um sie vor dem Elbhochwasser zu schützen.

Am Deich nach links der Straße **Am Elbdeich** folgen ↝ nach knapp 300 m links in die

AndersRum (Karte B 2): Von **Vietze** links hoch in den Wald ↝ rechts hinunter auf die Straße über **Brünkendorf** nach **Restorf** ↝ auf die **L 258** ↝ rechts auf den Radweg ↝ in einem Bogen um den See ↝ in **Gartow** der **B 493** folgen ↝ links über **Holtorf** nach **Schnackenburg** ↝ vor der Fähre rechts auf die Hauptstraße ↝ links auf den Radweg in Richtung **Grenzanlage**.

Brunnenstraße ↝ kurz rechts und wieder links in den **Lindenweg** ↝ **2** rechts in den **Pollitzer Weg** ↝ ein Betonplattenweg führt aus Wahrenberg hinaus und zum Deich hin ↝ über den Deich, es folgt ein kurzes Stück Wiesenweg, und danach auf dem Brücklein über den **Aland** ↝ auf dem Spurplattenweg weiter ↝ am Querweg links und nach 80 m rechts auf den Deichweg abzweigen ↝ auf dem gepflasterten Weg an **Pollitz** vorbei ↝ Sie folgen dem Deichverteidigungsweg bis Wanzer ↝ geradeaus auf die **Dorfstraße**, Sie radeln zwischen Gehöften und den Auwiesen.

Wanzer

🏛️ Die wiederaufgebaute **Bockwindmühle** (2007) lädt an Festtagen zum Schaumahlen und Brotbacken ein.

An der **L 2** rechts und nach 80 m erneut rechts auf einem gepflasterten Weg durch den Ort ↝ gegen

B2
55
Lenzen
(Elbe)
Gandow
Schlosspark
Babekuhl
Lanz
Wustrow
Stumpfer Turm
St. Katharina
Burg
Besucherzentrum
Ehem. Wachturm
Gedenksteine
Vietze
Aussichtsturm
Höhbeck
77
Heimatmuseum
lich
Höhbeck
Pevestorf
Brünkendorf
Brandenburg
Niedersachsen
Elbholz
Elbholz
Deichrückverlegungsgebiet
Ehem. Wachturm
Biosphärenreservat Flusslandschaft Elbe-Brandenburg
Elbe
Jagel
Lütkenwisch
chow
Finkenberg
Laasche
Laascher See
Restorf
Elbe
Alter Postweg
Grenzlandmuseum
Schnackenburg
Holtorf
Siedlung Binnenfeld
Biosphärenreservat Niedersächsische Elbtalaue
Aland
Gartower See
Wassererlebnispark
Quarnstedt
St. Georg
Skulpturenpark
Gartow
Kapern
Gummern
Wüstung Stresow
Niedersachsen
Sachsen-Anhalt

Ortsende bei der Bockwindmühle in einer Links-Rechts-Kombination auf die Vorfahrtstraße.

Aulosen

Dem Verlauf der Vorfahrtstraße folgen ⌇ im Ort links an der Kirche vorbei ⌇ **3** ca. 500 m nach Ortsende rechts ab.

> **TIPP**
> Geradeaus verläuft an dieser Stelle der Deutsch-Deutsche-Radweg.

Nach knapp 2 km in einem Linksbogen am Hof vorbei.

> **TIPP**
> An der Begegnungsstätte Stresow können Sie ein Freiluftmodell der ehemaligen innerdeutschen Grenzanlage mit Originalteilen besichtigen sowie die Aussicht von einem Turm genießen.

Am See rechts auf den Deich hinauf ⌇ dem Deichradweg folgen ⌇ **4** an der **B 493** rechts und weiter nach Schnackenburg ⌇ vorbei am Hafen und dahinter links halten.

Schnackenburg

PLZ: 29493; Vorwahl: 05840

ℹ **Tourist-Information Gartow**, Nienwalder Weg 1, 29471 Gartow, ☎ 05846/333

⛴ **Fähre Schnackenburg**, ☎ 03877/564362 od. 0173/8847145, Fährbetrieb: 15. April-14. Sept., Mo-Fr 5.45-21 Uhr, Sa, So/Fei 8-21 Uhr; ab 15. Sept., Mo-Fr 5.45-21 Uhr, Sa, So/Fei 8-19.30 Uhr

🏛 **Grenzlandmuseum Schnackenburg**, Am Markt 4, Auskünfte über die Stadt Schnackenburg, ☎ 210 od. bei der Tourist-Information, ÖZ: Mo-Fr 9-16 Uhr, Sa 13-17 Uhr, So 10-17 Uhr

♲ **Grenz- und Naturlehrpfad** mit Informationstafeln, Beobachtungsturm und Sichtwand. Infos bei der Tourist-Information.

> **VARIANTE**
> Alternativ zur Hauptroute über Gartow können Sie dem Radweg unterhalb des Deiches folgen, der ganz wunderschön durch die Elbtalauen verläuft. Fahren Sie dazu im Linksknick der Elbstraße am kleinen Parkplatz geradeaus.

Von Schnackenburg nach Gorleben   23,5 km

Vorbei am Markt und weiter auf der **Elbstraße** ⌇ auf der **Bürgermeister-Schamp-Straße**, die in den **Alten Postweg** übergeht, Schnackenburg nach Westen in Richtung Holtorf verlassen ⌇ die Straße wendet sich von der Elbe ab ⌇ an

AndersRum (Karte B 3): Geradeaus auf der **K 27** nach **Grippel** ⌇ rechts in den Deichweg ⌇ kurz auf die Straße und gleich links auf den Deich ⌇ rechts auf den Radweg wechseln nach **Gorleben** ⌇ links in die Burgstraße ⌇ rechts in den **Wiesengrund** ⌇ links in den **Gleinkedamm** ⌇ auf der **K 28** nach **Vietze** ⌇ durch den Ort.

der T-Kreuzung in **Holtorf** rechts auf die Straße nach Gartow abbiegen ⌇ **5** rechts auf den straßenbegleitenden Radweg an der **B 493**.

Gartow

PLZ: 29471; Vorwahl: 05846

ℹ **Tourist-Information Gartow**, Nienwalder Weg 1, ☎ 333

⛪ **St. Georg** (1724), Barockkirche

✳ **Paddel oder Pedale**, Kanustation/Verleih Gartower See, Nordufer, ☎ 980366, www.kanustation-gartow.de. Vom Wasser aus können die Elbtalauen erst ihre gesamte beeindruckende natürliche Vielfalt zeigen. Es werden diverse Führungen angeboten.

✳ **Skulpturenpark Seegeniederung** mit Seeadlerbeobachtungsturm und Biberlehrpfad

✳ **Wassererlebnispark** mit Wasserspielgeräten am Campingplatz Gartow

♲ **Biotop und Umweltgarten Gartow**

🛁 **Badesee**, Gartower- und Laascher See.

🛁 **Wendlandtherme**, Am Helk 1, ☎ 444

🔧 **FDNF Fahrradtouristik**, Hauptstr. 19, ☎ 9310

B3
Kacherien
Elbtalaue
2,6
9
Langendorf
B4
K27
Mühlenberg
40
sborn
Wentorfer Berg
40
L256
4,5
Gaarz
Aussichtsturm
Rhinowkanal
Baarz
Besandten
Aussichtsturm
Ausstellung Grünes Band
Unbesandten
Grippel
8
Pretzetze
Elbe
Laase
Kietz
Siemen
Laaser Graben
Gedämkanal
Lange Berg
20
5880
5,5
Gorleben
L256
7
2,2
Biosphärenreservat Flusslandschaft Elbe-Brandenburg
Lenzer Wische
Köcknit
Wasserburg
Seed
Baekern
Breetz
656
5884
Dannenberg
20
Wootz
660
5884
Mödlich
B195
B195
Vietze
Aussichtsturm
1,2
Höhbeck
77
1,4
6
1,4
Höhbeck
Heimatmuseum
Seege
K28
B2
4
Glenkendamm
Gorlebener
Meetschow
Laascher Jeg
660
5880
Laasche
3,2
Brünkendorf
2,2
57
Resto
Ehem. Wachturm

Gorleben

In der Linkskurve in der Ortsmitte leicht links versetzt auf die **L 256** ⤳ nach 50 m rechts und an der Schutzgebietsverwaltung vorbei ⤳ vor dem Ufer links auf den asphaltierten Deichweg ⤳ am Ende des Sees rechts auf den unbefestigten Weg ⤳ an der Vorfahrtstraße links nach **Restorf** ⤳ am Ortsende im Rechtsknick der Vorfahrtstraße geradeaus zur K 28 und weiter entlang der Straße.

Für einen Abstecher nach Lenzen oder dem Wechsel ans andere Elbufer folgen Sie der Vorfahrtstraße über Pevestorf zur Elbfähre.

Höhbeck OT Pevestorf

🚢 **Fähre Pevestorf-Lenzen**, Fährbetrieb: Mai-Aug., Mo-Fr 6-21 Uhr, Sa, So/Fei 8-21 Uhr; Sept.-April, nur bis 19.30 Uhr, 📞 038792/7665

Auf der Hauptroute nach **Brünkendorf** ⤳ am Ende des Radwegs rechts in den **Kleiweg**, dann an der **Dorfstraße** links und gleich wieder rechts in die Straße **Zum Berge** ⤳ Sie folgen der Straße bergauf ⤳ **6** kurz vor dem Aussichtsturm links auf den unbefestigten Forstweg.

Bei guter Sicht sollen Sie unbedingt geradeaus zum 300 m entfernten Aussichtsturm fahren, es lohnt sich.

Aussichtsturm Schwedenschanze

Vom hölzernen Aussichtsturm auf dem 77 Meter hohen Höhbeck haben Sie einen imposanten Blick über den Elbstrom weit in die Lenzener Wische hinein. Nach Westen schweift der Blick über den Gartower Forst. Im Osten sieht man das Elbholz.

Im Wald auf dem Forstweg wieder bergab ⤳ am Waldende rechts auf die asphaltierte Straße nach Vietze hinein ⤳ rechts abbiegen in die Straße **Zum Heidberg**, dann links in die Straße **Am Elbufer** ⤳ rechts auf die **Bergstraße**.

Höhbeck OT Vietze

PLZ: 29478; Vorwahl: 05846

ℹ️ **Tourist-Information Gartow**, Nienwalder Weg 1, 📞 333

🏛️ **Heimatmuseum Höhbeck**, H. Hingst, Hauptstr. 1, 📞 1439, ÖZ: April-Okt., Mi, Sa, So/Fei ab 16 Uhr (Führungen); Nov.-März, Führungen n. V.

🌼 **Aussichtsturm Schwedenschanze**

Von der Bergstraße fahren Sie geradeaus auf die Vorfahrtstraße **K 28** ⤳ ab Ortsausgang dem Radweg folgen ⤳ am Radwegende die Straße queren und rechts in die kleine Straße ⤳ kurz rechts und wieder links ⤳ in **Meetschow** rechts und noch einmal links ⤳ **7** an der nächsten Abzweigung rechts abbiegen ⤳ auf dem **Gleinkendamm** nach Gorleben ⤳ noch vor der Hauptstraße rechts und hinter der Kirche entlang.

Gorleben

Gorleben erlangte bundesweite Bekanntheit durch die mit hohem Polizeiaufgebot gesi-

B4
Herrenhof
Brandstade
Hitzacker
Laake
Bohnenburg
Jasebeck
Wilkenstorf
Raffatz
Strachau
Strachauer Rad
Archäologisches Zentrum
Hitzacker See
Wussegel
Nienwedel
Penkefitz
Seerau
Grabau
Predöhlsau
Dambeck
Kähmen
Seedorf
Sipnitz
Breese
in der Marsch
Gümse
Pisselberg
Streetz
Tripkau
Dannenberg
Nebenstedt
Infostelle Biosphärenreservat
Museum im Waldemarturm
Lüggau
Splietau
Schlosspark
Neue Löcknitz
4,7
Rüterberg
Ehem. Wachturm
Landsatz
Heimatstube
Barnitz
Aussichtsturm
Festung Dömitz
Döm
Elbe
Mecklenburg-Vorpommern
Niedersachsen
Damnatz
Zerstörte Eisenbahnbrücke
Kaltenhof
Kamerun
Brandleben
Quickborn
Kacherien
Biosphärenreservat Niedersächsische Elbtalaue
Langendorf
Schwarzer Berg
Mühlenberg
Jeetzel
7,5
1,8
4,5
2,4
3,5
2,6
2,6
5,7
5,2
9,6
1
11
10
9
12
59
N

Dannenberg (Elbe)

cherten Castor-Transporte zum nahegelegenen Atommüllzwischenlager. Im gesamten Landkreis sehen Sie die von Atomkraftgegnern aufgestellten gelben Kreuze.

Von Gorleben nach Hitzacker　33,5 km

In Gorleben rechts auf die **Hauptstraße** abbiegen, dann weiter auf dem Radweg ~ die Straße queren und auf den befestigten Deichweg ~ in **Laase** rechts auf die Landstraße, kurz darauf links und gleich wieder rechts parallel zur L 256 ~ **8** in **Grippel** rechts Richtung

Langendorf, bald weiter auf dem linksseitigen Radweg ~ vorbei am Abzweig zum Aussichtsturm am Elbufer.

Langendorf

Im Ort vor der Kirche rechts ~ nach 400 m erneut rechts ~ **9** nach 200 m links und auf der kleinen Straße über die Wiesen nach **Brandleben** ~ in Brandleben rechts und kurz darauf links auf den asphaltierten Deichweg.

VARIANTE An der B 191 können Sie nach rechts über die Elbbrücke ins mecklenburgische Städtchen Dömitz gelangen.

10 Unter der B 191 hindurchfahren und auf dem betonierten Weg am Deich nach Damnatz radeln.

Damnatz

AUSFLUG Von Damnatz aus lässt sich ein Abstecher nach Dannenberg (Elbe) einschieben. Die historische Altstadt lädt mit ihren Fach-

Markt in Dannenberg

werkhäusern und Geschäften zum Bummeln und Verweilen ein.

Dannenberg/Elbe

PLZ: 29451; Vorwahl: 05861

Gäste-Information, Altes Rathaus, Am Markt 5, ✆ 808545

Museum im Waldemarturm, ✆ 808-117 od. -545, ÖZ: April-Okt., Di-So Fei 10-12 Uhr und 14-17 Uhr, Führungen n. V., wechselnde Sonderausstellungen zum Thema Kunst, Programm bei der Gäste-Information und im Museum.

Infostelle Biosphärenreservat, Altes Rathaus, Am Markt 5, ✆ 808545. Ausstellung „Sei (k)ein Frosch" zum Thema Elbauen-Gewässer. Es werden auch **naturkundliche Führungen** angeboten.

Marionettentheater Dannenberg, Am Waldemarturm. Termine, Informationen und Anmeldungen für Gruppen und Einzelpersonen: Renate Wojahn, ☎ 05865/483 od. ☎ 2452

- 🏊 **Freibad Dannenberg**, Am Bäckergrund, ☎ 7280
- 🔧 **Fahrraddiele Schröder**, Marschtorstr. 25/26, ☎ 8439

Von Damnatz auf dem asphaltierten Deichweg weiterfahren ～ an **Barnitz** und **Landsatz** vorbei ～ weiter nach **Jasebeck** ～ parallel zur **Elbuferstraße** geht es mit Blick ins Elbvorland auf dem Deich weiter Richtung Penkefitz ～ der Deichweg ist kurz vor **Strachauer Rad** geschottert ～ **11** bei der Linkskurve der Straße weiter parallel zur Elbe ～ vor dem Gasthof in **Wussegel** auf die **K 36** ～ nach 800 m links auf dem betonierten Weg ～ vor Hitzacker geradeaus über die K 36 auf der **Marschtorstraße** in die Stadt ～ im Zentrum am Markt links in die **Hauptstraße**.

Wollen Sie die teils sehr starken Steigungen auf der folgenden Strecke umgehen, sollten Sie in Hitzacker auf die andere Elbseite übersetzen.

Hitzacker/Elbe
PLZ: 29456; Vorwahl: 05862

Hitzacker/Elbe

- ℹ️ **Tourist-Information**, Am Markt 7, ☎ 96970
- ⛴️ **Fähre Hitzacker** für Personen und Fahrräder, Hr. Jahnke, ☎ 0160/5960668 od. ☎ 96970, Fährzeiten: April-15. Okt., tägl. 9-18 Uhr u. n. V. Tipp: Bei morgendlichem Tourstart anfragen, denn Hitzacker ist empfindlich für Niedrigwasser!
- ⛴️ **Elbrundfahrten**, Frau Paulin, Bahnhofstr. 6, ☎ 0171/3626000 od. ☎ 7791

- 🚢 **Rundfahrten** auf dem ehem. Zollboot Hitzacker, Infos über Tourist-Information
- 🚢 **Elbe-Schifffahrtsbüro** für Rundfahrten und Fahrbuchungen, ☎ 969717
- 🏛 **Archäologisches Zentrum Hitzacker**, Am Hitzacker See, ☎ 6794, ÖZ: April, Okt., Di-Fr 10-16 Uhr, Sa, So/Fei 10-18 Uhr; Mai-Sept., Di-So 10-18 Uhr
- 🏛 **Das Museum im Alten Zollhaus**, Zollstr. 2, ☎ 8838, ÖZ: Di-Fr 10-17 Uhr, Sa, So/Fei 10-17 Uhr und n. V.
- ⛪ **St.-Johannis-Kirche** (13. Jh.). Die bemalten Glasfenster wurden nach dem 1. Weltkrieg von Hitzacker Bürgern in Auftrag gegeben.
- 🗼 **Aussichtsturm** Klötzie
- ✳ Die **Historische Altstadt** liegt auf der vom Fluss Jeetzel umflossenen Stadtinsel.
- ✳ **Hochseilgarten**, Infos unter ☎ 9770 und ☎ 959100, Klettern in luftigen Höhen.
- ♲ Auf dem **Weinberg** wurde seit 1528 Wein angebaut, bis im Jahr 1713 ein Hagelsturm alle Weinstöcke vernichtete. Seit 1983 wird diese alte Tradition am nördlichsten Weinberg Deutschlands fortgeführt.
- 🛏 **Freibad Hitzacker**, Hiddo-Bad, Rieselweg 3, ☎ 7287, ÖZ: Mai-Sept., Mo-Fr 10-20 Uhr, Sa, So 9.30-19 Uhr
- 🔧 **R. Reibe**, Lüneburger Str. 2, ☎ 1602

Die Altstadt von Hitzacker ist wegen ihres sehenswerten Stadtensembles eines der

Hitzacker/Elbe

attraktivsten Ziele entlang der „Deutschen Fachwerkstraße", die mit einer Länge von 2.000 Kilometern von der Elbe bis zum Bodensee reicht und die verschiedenen Arten der fachwerkgeprägten Baukultur zeigt.

Das Straßenbild der Altstadt prägen kunstvoll verzierte Fachwerkhäuser und einige Massivbauten im Klinkermauerwerk. Die Fachwerkhäuser sind meist giebelständig, teils mit Erkern oder Utluchten versehen, einige mit Ausfachungen verputzt oder Sichtklinkern ausgefacht. Zwei große Brände, 1548 und 1668, zerstörten Hitzacker fast völlig. Deshalb sind aus der Zeit vor dem ersten Brand keine und aus der Zeit zwischen diesem und dem zweiten Brand nur sehr wenige Häuser erhalten. Hierzu zählt das Alte Zollhaus mit Steilgiebel,

AndersRum (Karte B 5): Auf der **K 19** über **Glienitz**, **Drethem** nach **Bahrendorf** ⌇ vor dem Ort links in eine Forststraße ⌇ auf der **Triftstraße** durch **Tiesmesland** ⌇ links der **K 36** folgen ⌇ kurz vor **Hitzacker** links auf den Weg entlang der **Jeetzel** einbiegen ⌇ in Hitzacker rechts in die Straße **Am Weinberg** ⌇ am Ende links auf die **Hauptstraße**.

das 1589 errichtet wurde. Vermutlich aus zwei Häusern entstanden, handelt es sich hier um ein zweigeschossiges Fachwerkhaus in Stockwerkskonstruktion, dessen starke Ständer mit kräftigen Fußbändern einzeln ausgesteift sind. Aus der Zeit zwischen den Bränden stammt auch die Drawehner Torschenke (1635), die erste Gastwirtschaft im Ort. Dieses malerische zweigeschossige Fachwerkhaus in Stockwerkskonstruktion wird von einem Krüppelwalmdach gekrönt.

Im Herbst 2008 ist in Hitzacker die Hochwasserschutzanlage, eines der größten Bauwerke Europas, fertiggestellt worden.

Von Hitzacker nach Neu Darchau   17,5 km

TIPP Auf dem Abschnitt von Hitzacker nach Neu Darchau befinden Sie sich auf einer Nebenroute des offiziellen Elberadweges.

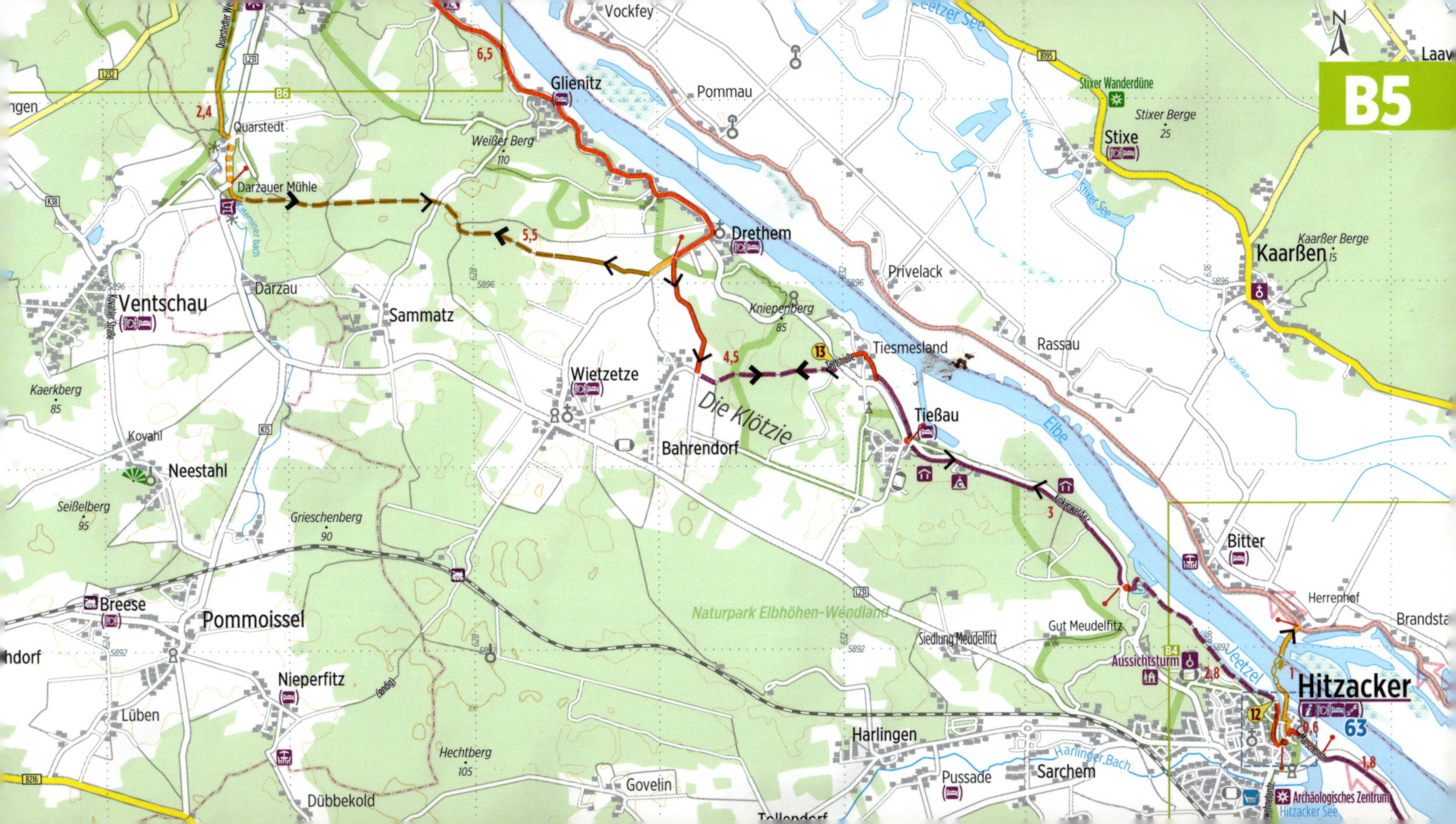

B5
N
Laav
Vockfey
Leetzer See
B195
Stixer Wanderdüne
Stixer Berge
Pommau
Stixe
25
Glienitz
6,5
Weißer Berg
110
Kaarßer Berge
2,4
Quarstedt
B6
Kaarßen
15
Darzauer Mühle
Drethem
5,5
Privelack
Elbe
Ventschau
Darzau
Kniepenberg
85
Rassau
Sammatz
628
5896
632
5896
636
5896
Kaerkberg
85
Tiesmesland
13
Griffstraße
Wietzetze
4,5
Kovahl
Die Klötzie
Tießau
K15
Neestahl
Bahrendorf
Seißelberg
95
Grieschenberg
90
Lankenwerder
3
Bitter
Breese
Naturpark Elbhöhen-Wendland
Herrenhof
Pommoissel
632
5892
Siedlung Meudelfitz
Brandsta
dorf
624
5892
Gut Meudelfitz
L251
Nieperfitz
(entlg)
B4
Herrenhof
Aussichtsturm
2,8
Jeetzel
1
Hitzacker
Lüben
12
0,6
63
Hechtberg
105
Harlingen
Govelin
Pussade
Harlinger Bach
1,8
Sarchem
Dübbekold
Archäologisches Zentrum
Hitzacker See
Tollendorf
B216

Nach der Überquerung der Jeetzel rechts abbiegen in die Straße **Am Weinberg** ⤳ dieser bis zum Ende folgen ⤳ **12** an der T-Kreuzung links weiter auf den flussbegleitenden Radweg ⤳ nach der Kläranlage zur **K 36** und dort rechts auf den straßenbegleitenden Radweg nach **Tießau** ⤳ in Tießau rechts nach **Tiesmesland** ⤳ vor dem Ort in der Linkskurve der Straße rechts abzweigen ⤳ am Sackgassenschild links und auf der **Triftstraße** den Ort verlassen ⤳ **13** unter der K 36 hindurch, kurz darauf rechts auf einer unbefestigten Forststraße in den Wald hinein ⤳ über eine Anhöhe nach **Bahrendorf** ⤳ noch vor der Ortschaft rechts nach Drethem abzweigen.

Kurz vor Drethem haben sie die Möglichkeit, recht hügelig über Darzauer Mühle nach Neu Darchau zu fahren. Die nachfolgend beschriebene, nicht ausgewiesene Route verläuft bis zur Mühle auf naturbelassenen Wald- und Schotterwegen.

Biegen Sie links auf die **K 19** ab ⤳ nach 300 m rechts ⤳ die nächsten 4,5 km zuerst leicht bergauf radeln, dann im Wald steiler ansteigend auf dem Forstweg über eine Anhöhe und dann hinunter zur Darzauer Mühle.

Darzauer Mühle

Fischverkauf an den Forellenteichen Mühle Darzau, ✆ 05853/978936, ÖZ: tägl. 10-11 Uhr. An zwei Wochenenden im Juni und Juli werden jährlich die Forellentage gefeiert.

Rechts auf die befahrene **L 231** ⤳ am Ortsende von **Quarstedt** links über den Mühlenbach ⤳ nach der Brücke rechts ⤳ entlang des Mühlenbachs nach Neu Darchau.

An der Vorfahrtstraße gelangen Sie nach rechts zur Fähre Darchau, wo Sie zum rechten Elbufer wechseln können. Nach links geht es auf dem straßenbegleitenden Radweg am linken Elbufer weiter.

Neu Darchau

Auf der Hauptroute an der K 19 rechts Richtung **Drethem** ⤳ im Ort an der kleinen Dorfkirche links weiter auf der flussbegleitenden Kreisstraße ⤳ durch Glienitz und Klein Kühren hindurch ⤳ **14** an der T-Kreuzung rechts auf die Hauptstraße (L 232) in den Ort Neu Darchau hinein.

Neu Darchau

Fähre Darchau, ✆ 05853/1322, Fährzeiten: Mo-Sa 5.30-21 Uhr, So/Fei 9-21 Uhr

AndersRum (Karte B 6): In **Bleckede** dem Sanddeich folgen ⤳ an der **K 22** nach links ⤳ in der Rechtskurve geradeaus ⤳ dem Feldweg nach **Alt Garge** folgen ⤳ entlang der Hauptstraße nach **Neu Darchau** ⤳ rechts am **Mühlenbach** entlang aus **Neu Darchau** heraus ⤳ kurz links auf die **L 232** ⤳ rechts auf die **K 19**.

Von Neu Darchau nach Bleckede　15 km

Vor dem Ortsausgang rechts auf den rechtsseitigen Radweg der L 231 nach **Katemin** ⤳ dort hindurch und weiter auf dem Radweg entlang der Straße nach **Walmsburg** ⤳ ungefähr 2 km hinter Walmsburg zweigt der Radweg rechts in den Wald ab ⤳ hinab zum Elbufer ⤳ auf dem Weg nach Alt Garge hinein.

Alt Garge

Gedenkstätte für die Häftlinge des KZ-Außenlagers und Arbeitslagers Alt Garge, das dank Kriegsende nur ein knappes Jahr bestand.

Draisinentour, ✆ 05854/967187, Radfahren einmal anders: Fahren Sie 14 km auf einer ehemaligen Werksbahnstrecke durch die Elbtalaue. Abfahrt täglich um 10 und 14 Uhr vom Draisinenbahnhof Alt Garge, Anmeldung erbeten.

Freibad Bleckede, Am Waldbad 5, ✆ 05854/334, ÖZ: Mo 13.30-19.30 Uhr, Di-Fr 9.30-19.30 Uhr, Sa, So 8.30-19.30 Uhr

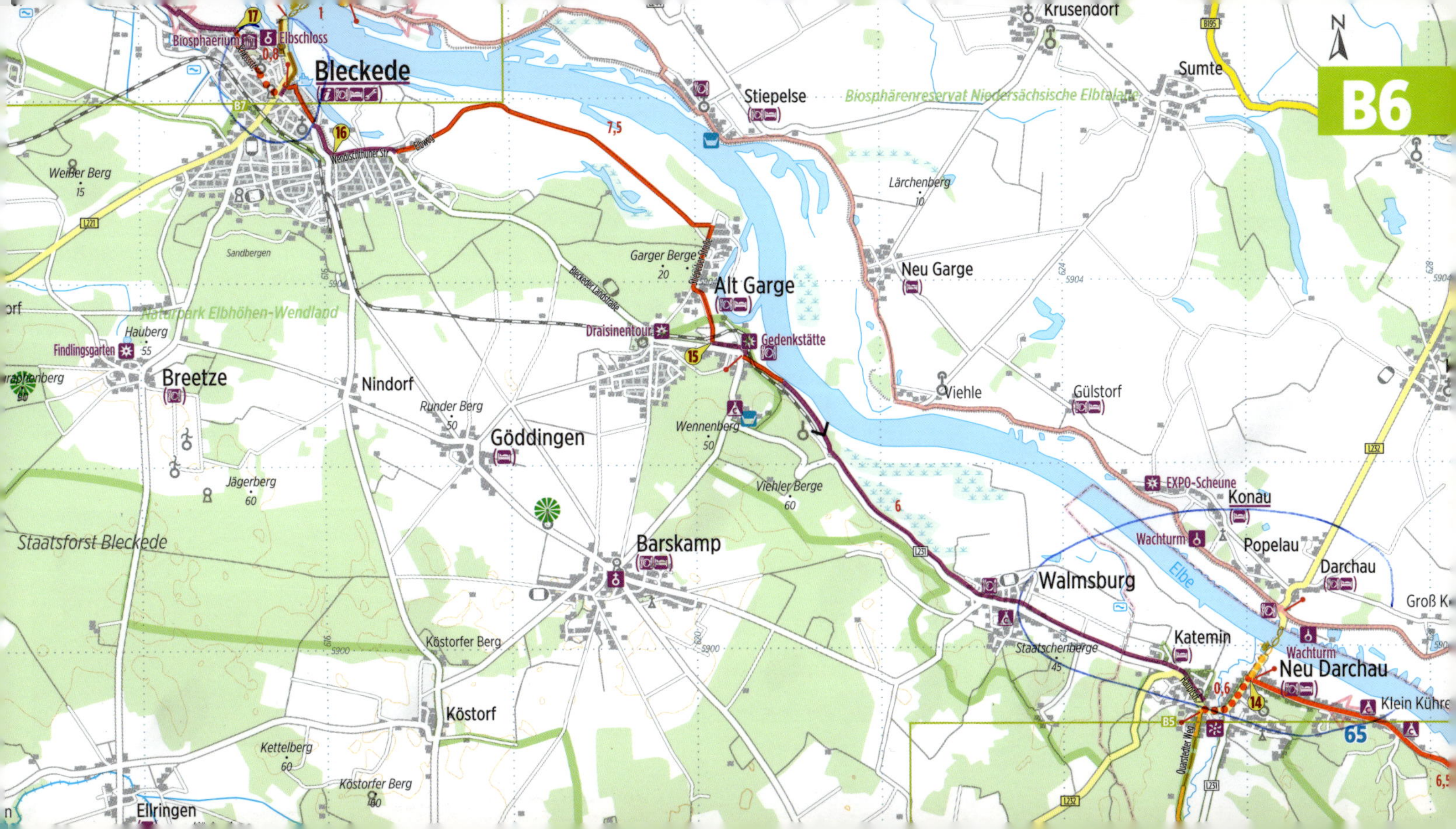

B6
N
Krusendorf
Sumte
B195
Bleckede
Biosphaerium Elbschloss
0,8
Elbschloss
17
16
Wendischthuner Str.
Elbberg
Weißer Berg
15
L221
Sandbergen
7,5
Stiepelse
Biosphärenreservat Niedersächsische Elbtalaue
Lärchenberg
10
Neu Garge
Garger Berge
20
Alt Garge
Stiepelser Allee
5904
Bleckeder Landstraße
Naturpark Elbhöhen-Wendland
Draisinentour
Gedenkstätte
15
Viehle
Gülstorf
Findlingsgarten
55
Hauberg
Breetze
Nindorf
Runder Berg
50
Göddingen
Wennenberg
50
EXPO-Scheune
Konau
Jägerberg
60
Viehler Berge
60
6
Wachturm
Popelau
Staatsforst Bleckede
Barskamp
Elbe
Darchau
L231
Walmsburg
Groß K
Köstorfer Berg
5900
Staatschenberge
45
Katemin
Köstorf
Wachturm
Neu Darchau
0,6
14
Klein Kühre
Kettelberg
60
B5
65
Köstorfer Berg
60
L231
Ellringen
L232
6,5

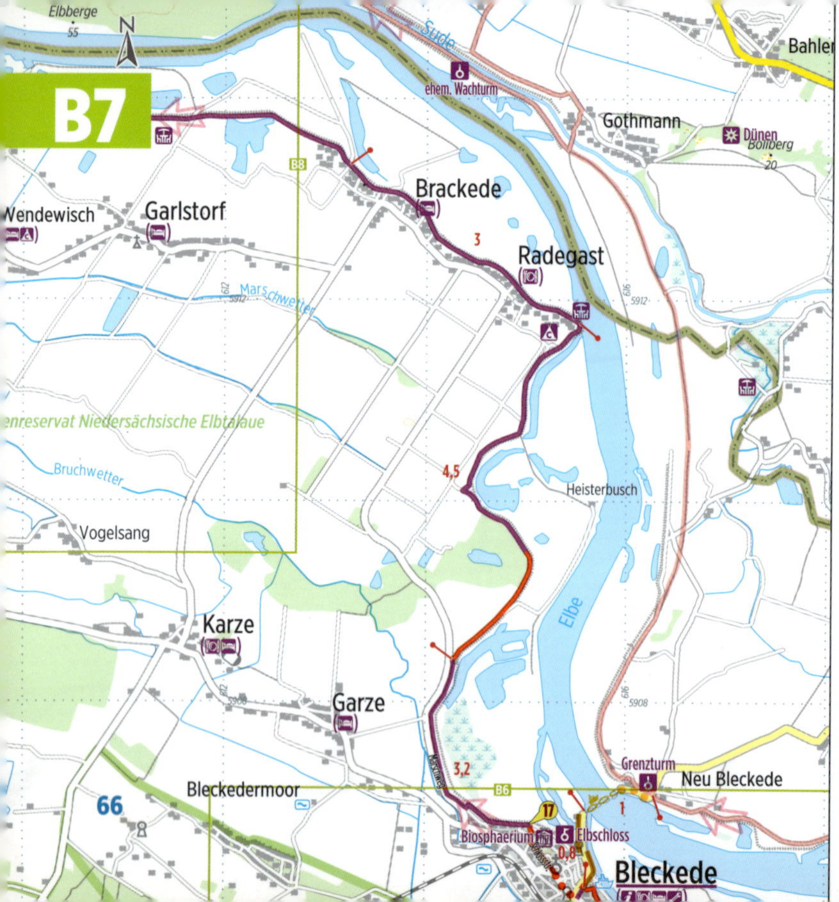

AndersRum (Karte B 7): Am Deich entlang über **Brackede** und **Radegast** nach **Bleckede** ⌁ vom Deich rechts in Richtung Biosphaerium Elbtalaue abzweigen ⌁ rechts am **Schloss** vorbei ⌁ links auf die **Lüneburger Straße**.

Im Ort rechts auf den Radweg entlang der Hauptstraße ⌁ **15** an der ersten Möglichkeit wieder rechts ab und über den einstigen Bahndamm ⌁ nach 1 km wieder rechts in die **Stiepelser Straße** bei den letzten Häusern nach links, dann nach rechts vom Wald weg ⌁ nördlich des Bauersees vorbei ⌁ auf dem Weg nach **Alt-Wendischthun** ⌁ hier rechts auf die **Wendischthuner Straße** ⌁ **16** vor der **L 222** rechts auf den Weg **Sanddeich** ⌁ vor dem Hafen links halten, an der Querstraße **Am Hafen** links und an der **Elbstraße** erneut links,

AndersRum (Karte B 8): In **Artlenburg** links am Deich entlang halten ⌁ die **B 209** zweimal kreuzen ⌁ geradeaus auf den Deich ⌁ die nächsten 12 km auf oder neben dem Deich entlang über **Hohnstorf** und **Barförde** fahren.

gleich danach rechts in die **Breite Straße**.

VARIANTE An der Elbstraße geht es rechts zur Fähre nach Neu Bleckede am rechten Elbufer. Die Route auf der rechten Elbseite verläuft zur Hälfte auf einem Radweg entlang der stark befahrenen **B 5**.

B8
Buchhorster Berg
Gehrum
Krüzen
Rensdorf
Bickhusen
NSG Hohes Elbufer
Lauenburg (Elbe)
Lanze
Schnakenbek
Buchhorst
Horst
Sandkrug
Glüsing
Erteneburg
Mühlenmuseum
Artlenburg
Glüsinger Weg
Fürstengarten
Berliner Str.
Palmschleuse
Elbschifffahrtmuseum
Hafenstraße
Elbstr.
Elbberge
Elbberg
Schleswig-Holstein
Niedersachsen
Mecklenburg-Vorpommern
Lauenburg (Elbe)
Barförde
Mecklenburg-Vorpommern
Niedersachsen
Hohnstorf
Sassendorf
Mienthal
Wendewisch
Garlstorf
Lüdershausen
Schneegraben
Bullendorf
Hittbergen
Echem
Elbe-Seitenkanal
Bruchwetter
Arthenschulter
Fischhausen
Reihersee
Fehlingsblecksee
Marschwetter
Hölzerne Klinke
Vogelsang
Biosphärenreservat Niedersächsische Elbtalaue
Elbe
6,5
19
2,4
3,5
2
5,5
5,2
18
B9
B209
B5
B7
67

Bleckede

PLZ: 21354; Vorwahl: 05852

- **ℹ Tourismusleitstelle Nord Elberadweg**, Im Biosphaerium Elbtalaue, Schlossstr. 10, ✆ 951495
- **🏛 Biosphaerium Elbtalaue - Schloss Bleckede**, Schlossstr. 10, ✆ 951414. Informationszentrum für das Biosphärenreservat Elbtalaue mit Blick in die Biberburg und ihre Bewohner, einer Aquarienlandschaft, die die Unterwasserwelt der Elbe zeigt und einer Live-Übertragung aus dem Storchennest. Eine 1.000 qm große Ausstellung widmet sich der Flusslandschaft und ihren natürlichen Bewohnern. Hinzu kommen ein Aussichtsturm, naturkundliche Aktivitäten und ein Schloss-Café.

- **🚢 Fähre Bleckede**, ✆ 2255, Fährzeiten: Mo-Sa 5.30-23 Uhr, So/Fei 9-20 Uhr
- **❉ Naturkundliche Führungen**, Biosphaerium Elbtalaue, ✆ 95140
- **🔧 Webers Fahrradshop**, Breite Str. 6, ✆ 1272

Von Bleckede nach Hohnstorf — 21 km

Hinter der Kirche entlang in die **Schlossstraße** 〜 am Schloss vorbei 〜 **17** vor dem Damm links 〜 nach 700 m rechts auf den straßenbegleitenden Radweg an der **K 27** 〜 nach knapp 2 km rechts Richtung Heisterbusch 〜 dem Verlauf des Elbdeiches folgen 〜 die nächsten 17 km verläuft der Radweg nun immer parallel zum Deich bis nach Lauenburg 〜 es geht vorbei an den Dörfern **Radegast**, **Brackede**,

AndersRum (Karte B 9): Die Brücke nach **Geesthacht** unterqueren 〜 immer geradeaus auf dem Deich entlang 〜 in **Tespe** kurz auf die **L 217** 〜 links auf den Deich 〜 weiter über **Avendorf** nach **Artlenburg**.

Barförde und **Sassendorf** und weiter nach **Hohnstorf**.

Hohnstorf

- **🏛 Fischereimuseum**, Elbdeich 35, Info: ✆ 04139/6632

TIPP Für einen Besuch der malerischen 800 Jahre alten Schifferstadt Lauenburg am anderen Elbufer zweigen Sie an der Kreuzung ca. 400 m vor der Elbbrücke nach links ab. Dann an der Vorfahrtstraße rechts, an der Bundesstraße erneut rechts. Sie queren die Elbe auf dem Radweg. Nach der Brücke über den Elbe-Lübeck-Kanal biegen Sie links ins Zentrum von Lauenburg ab. Einen detaillierten Stadtplan finden Sie auf S. 86.

Lauenburg — s. S. 85

Von Hohnstorf nach Marschacht-Rönne — 18 km

In Hohnstorf auf dem Elbdeich weiterfahren 〜 links am **Campingplatz** vorbei 〜 **18** am Parkplatz links über die B 209, dann die nächste Straße rechts 〜 den **Elbe-Seiten-**

B9
N
gamme
NSG Borghorster Elblandschaft
Ehem. Pulverfabrik
Elbbrücke mit Staustufe
3,8
1,5
Stove
Elbstorf
nnhausen
Rönne
Schwinde
B10
21
Marschacht
Krümse
5,7
Niedermarschacht
Obermarschacht
Eichholz
B404
Hunden
Fahrenholz
Oldershausen
Horburg
Museumsbahn Karoline
Berliner Str.
Wargenstr.
Steinstr.
Geesthacht Museum
St. Salvatoris
Geesthacht
Hansaviertel
Haferberg
95
75
Forst Hasenthal
Papersberg
95
Rappenberg
90
Neu Gülzow
Stausee
Energiepark
5920
Weinberg
75
Hochseilgarten
Krümmel
Steinberg
90
5920
Grünhof
Kernkraftwerk Krümmel
Tesperhude
Juliusburg
5920
Krukow
NSG Hohes Elbufer
Tespe
20
B8
Avendorf
6,5
19
Elbe
5916
Schnaker
40
Sandkrug
Glüsing
Ertheneburg
Artlenburg
592
5916
5916
Bütlingen
Kotnerberg
Klosterberg
10
Marienthal
2,4
69
B209

Kanal überqueren ⮑ in die erste Straße wieder rechts und hinter der Unterführung vorbei an der Windmühle ⮑ nun immer geradeaus nach Artlenburg hinein.

Artlenburg

Achteckige **Holländer-Windmühle**. Besichtigung n. tel. Vereinb. unter ☎ 04139/7043

Im Ort eher rechts so nahe wie möglich an der Elbe halten ⮑ erst wenn es rechts zum Campingplatz abgeht, geradeaus auf den unbefestigten Weg fahren ⮑ **19** vor der L 217 rechts in den asphaltierten Anliegerweg ⮑ parallel zum Damm und ab **Avendorf** auf dem Damm nach Tespe.

Tespe

20 Im Ort links hinunter vom Damm und rechts ein kurzes Stück auf der **Elbuferstraße**,

dann weiter auf dem Radweg ⮑ weiter auf dem Dammweg an **Marschacht** vorbei ⮑ **21** die Brücke unterqueren.

 Für eine Fahrt ans andere Elbufer nach Geesthacht fahren Sie links ab und im Bogen hinauf zur Brücke.

Marschacht Rönne

Von Marschacht-Rönne nach Kirchwerder — 17 km

Auf dem Damm weiter nach **Stove** ⮑ Sie bleiben immer am Damm nahe der Elbe.

Drage

Die Fensterbilder der Hallenkirche **St. Marien** (15. Jh.) sind besonders sehenswert.

Am Ende des Ortes rechts auf den Damm hochfahren ⮑ auf dem asphaltierten Dammradweg weiter bis Laßrönne ⮑ **22** hinter **Laßrönne** ⮑ an der Vorfahrtstraße geradeaus auf den linksseitigen Radweg der Kreisstraße

AndersRum (Karte B 10): Auf dem Deich durch **Fünfhausen** ⮑ nach 5 km rechts in Richtung **Fähre Hoopte** ⮑ auf der linken Elbseite weiter ⮑ am oder neben dem Deich über **Laßrönne** und **Drage** bis zur Brücke nach **Geesthacht**.

⮑ nach der Brücke über den **Ilmenaukanal** rechts auf den linksseitigen Radweg an der Landesstraße ⮑ **23** nach 300 m rechts zur Fähre Hoopte.

Die Betriebszeiten der Fähre Hoopte: März-Nov., Mo-Fr 6-20 Uhr, Sa, So/Fei 8.30-20 Uhr

Nach dem Übersetzen mit der Fähre am anderen Elbufer über die Vorfahrtstraße in den **Kirchenheerweg** und gleich in die nächste Straße nach links.

Lütjenburg

Nach 600 m im Ort rechts abbiegen ⮑ die Vorfahrtstraße queren ⮑ nach 600 m nach links auf den asphaltierten Dammweg abzweigen.

Die Fortsetzung der Route finden Sie auf Karte C 10 (s. S. 91) im Kapitel „Rechtselbisch von Wittenberge nach Hamburg".

N
B10
B404
Horstermoor
Düneberg
NSG Besenhorster Sandberge
Besenhorster Sandberge
Sanddüne
Borghorst
Museumsb
Ehem. Pulverfabrik
Curslack
Neuengamme
Altengammer Marschbahndamm
NSG Borghorster Elblandschaft
Elbbrücke mit Staustufe
3,8
Sandbrack
Fünfhausen
Holaake
Hitscherberg
KZ-Gedenkstätte
Altengamme
1,5
St.-Nicolai-Kirche
Stove
Seefelder See
NSG Kirchwerder Wiesen
Kirchwerder Hausdeich
Neuengammer Hausdeich
Wargerst.
Steinstr.
Rönne
5920
Warwisch
Hover See
6
Vier- und Marschlande
Lange Grove
Elbstorf
Schwinde
21
5
Wraust
Fortsetzung Karte C 10
Kirchwerder
Drennhausen
Rosenweide
Howe
Ohe
Gose-Elbe
Achterdeich
B9
Krümse
Fliegenberg
Sande
Riesen
Riepenburger Schöpfwerksgraben
Kraueler Elbe
Drage
St. Marien
6,5
Grünerdeich
Kraueler Sammelgraben
L217
Lütjenburg
2,6
Riepenburger Brack
Ost-Krauel
Großes Brack
Zollenspieker
West-Krauel
22
Kleines Brack
Norderelbe
Haue
Haue
Ille
Hoopte
23
Hafen Jachthafen
Stöckte
Schreyansee
Tiefenweg
Laßrönne
B404
Eichholz
Achterdeich
Neue Wettern
Alte Wettern
Grenzwettern
Hauptkanal Ilaugraben
NSG Winsener Marsch
Tönnhausen
71

Rechtselbisch von Wittenberge nach Hamburg *186 km*

Je weiter Sie nach Norden vordringen, desto breiter wird die Flusslandschaft. Im Gegensatz zum linken Elbufer sind auf dieser Route keine Hügel zu überwinden. Bevor Sie nach Niedersachsen gelangen, durchfahren Sie am rechten Ufer bei Dömitz und Boizenburg kurz das Land Mecklenburg-Vorpommern. Dann tauchen Sie in Schleswig-Holstein in die Elbtalaue ein und radeln am sehenswerten Lauenburg vorbei. Über Geesthacht führt die Reise in die lebendige Hafenmetropole Hamburg.

Die Radroute verläuft zum Großteil auf unbefestigten oder asphaltierten Wegen neben oder auf dem Elbdeich, auf straßenbegleitenden Radwegen und auch mal auf unbefestigten Wald- und Feldwegen. Nur selten gibt es Wegstücke auf normalen Landstraßen.

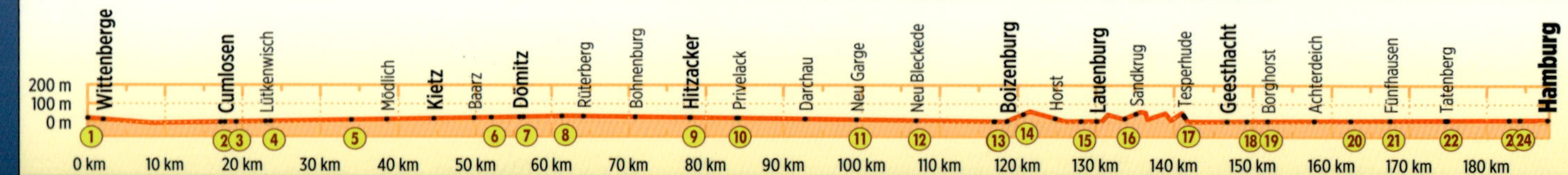

Wittenberge

PLZ: 19322; Vorwahl: 03877

Tourist-Information Wittenberge, Paul-Lincke-Platz 1, im Kultur- und Festspielhaus, ☎ 929181, www.wittenberge.de

Fahrgastschiff Wels, Anlegestelle Sporthafen, ☎ 79195

Stadtmuseum Alte Burg (17. Jh.), ÖZ: Di-So 11-17 Uhr. Restauriertes Fachwerk-Herrenhaus, einstiger Wohnsitz der Edlen Herren Gans zu Putlitz. Die Ausstellungen thematisieren die Expansion Wittenberges vom Ackerbürgerstädtchen zum bedeutenden Verkehrs- und Gewerbestandort, die Geschichte der Nähmaschine mit Exponaten von 1850 bis 1991 und deren Produktion sowie die Stadtgeschichte. Neben den Ausstellungsbereichen erwarten den Besucher die „Werkstatt Nähmaschine", individuelle Führungen, Sonderausstellungen etc.

Ev. Stadtkirche (1870-72), Kirchplatz, im neugotischen Stil erbaut. Nach Absprache mit dem Pfarrer kann der Kirchturm besichtigt werden, von dem ein Rundblick über die Stadt und die Elbauen für die Strapazen des Aufstieges entschädigt.

Uhrenturm, Bad-Wilsnacker-Str. 48. Das Wahrzeichen der Stadt auf dem Gelände des einstigen Singer-Nähmaschinenwerks ist eine der größten Turmuhren auf dem europäischen Festland. Führungen finden von Mai-Sept. jeden 1. Sa des Monats um 14 Uhr ohne Voranmeldung statt, Treffpunkt am Uhrenturm.

Kultur- und Festspielhaus, ☎ 929181, moderne multifunktionale Theater-, Konzert- und Kongressstätte; der aktuelle Spielplan ist bei der Tourist-Information erhältlich.

Rathaus (1912-14), August-Bebel-Str. 10. Die Fassade dieses Neobarockgebäudes ist mit Tuff- und Sandstein verblendet. Zur Innenausstattung gehören reich verzierte Repräsentationsräume mit üppigen Glasmalereien und kostbaren Schnitzarbeiten. Der Rathausturm (51 m) beherbergt ein mechanisches Uhrwerk und lässt den Besucher auf einer Aussichtsplattform in Höhe von 37,5 m einen herrlichen Blick über Wittenberge genießen. Turmbesteigungen von April-Okt., Führungen unter ☎ 929181.

Das Steintor (um 1300) ist das älteste und wichtigste Bauwerk der Wittenberger Alt-

stadt. Das ehemals nördliche Stadttor diente auch als Polizeigefängnis. Seit den 1920er Jahren befindet sich hier das Stadtmuseum, in dem die Ausstellung „Achtung alter Turm! Das Steintor und seine Geschichten" gezeigt wird. ÖZ: siehe Stadtmuseum.

❋ Haus „Zu den vier Jahreszeiten", Johannes-Runge-Str. 16. Dieses viergeschossige Mietshaus wurde um die Jahrhundertwende zusammen mit dem Stadtviertel um die Johannes-Runge-Straße erbaut. Die Charakteristik dieses Hauses wird durch Gestaltungselemente des Jugendstils geprägt.

❋ Siedlung „Eigene Scholle" (1914), im Norden Wittenberges zwischen Ahornweg und Lindenweg. Der Bauhaus-Architekt Walter Gropius (1883-1969) errichtete im Auftrag der Landesgesellschaft Eigene Scholle GmbH eine Siedlung mit den von ihm entwickelten Ideen zu rationell zu errichtenden Bauten.

Die Siedlung ist die größte der von ihm konzipierten Wohnanlagen.

❋ Die Altstadt wurde in Form eines Schiffes auf Schwemmsand erbaut. Die Tourist-Information bietet auf Anfrage sachkundige Stadtführungen durch die Altstadt an.

❋ Industriedenkmal Alte Ölmühle, Bad-Wilsnacker-Str. 52, ☏ 56799460-0. In der einstigen Mühle befindet sich ein Hotel mit Schaubrauerei, ferner eine Festspielbühne und ein Indoor-Kletterturm mit 2 Parcours. Uriges Café im Uferturm und Strandbar.

❋ Der Elbhafen wurde in den Jahren 1832-35 ausgebaut.

🛏 Friedensteich, Camping- und Übernachtungsmöglichkeiten in Blockhütten, Beachvolleyballanlagen

🛁 Prignitzer Badewelt, an der Schwimmhalle 5b, ☏ 403515, Sport und Erlebnishallenbad

🔧 Zweirad-Center Berger, Bahnstr. 18, ☏ 60244

🔧 🚲 Fahrradfachhandel Schukat, Rathausstr. 55, ☏ 61153

🚲 Fahrrad Raugsch, Stern 3, ☏ 9574826

Der Sage nach soll sich in Wittenberge eine Burg an der Mündung von Stepenitz und Karthane befunden haben, die ein betrogener Liebhaber aus Rache niederbrannte.

Der Hafen von Wittenberge, der größten Stadt der Prignitz, zählt zu den wichtigsten Häfen an der Elbe. Hier wurden nach seinem Ausbau

AndersRum (Karte C 1): Auf dem Deichweg an **Lütkenwisch** und **Cumlosen** vorbei ⌁ nach weiteren 5 km kommen Sie in **Müggendorf** an ⌁ durch den Ort und auf dem Deich 8 km bis nach **Wittenberge** ⌁ unter der **Eisenbahnbrücke** hindurch ⌁ rechts über die **Elb-Brücke**.

in den 1830er Jahren vor allem Petroleum, Steinkohle, Heringe und Getreide aus Hamburg umgeschlagen. Er bestimmt mit seinen großen Speichern noch heute das Panorama der Stadt. Mit der Industrialisierung im 19. Jahrhundert gelangte Wittenberge zu wirtschaftlicher Blüte. Den Grundstein hierzu legte der Berliner Kaufmann Salomon Herz, der mit der Ölmühle die erste Fabrik Wittenberges errichtete.

Vor allem das 1903 errichtete Singer-Nähmaschinenwerk wurde zur führenden Produktionsstätte und brachte der Stadt den Beinamen „Stadt der Nähmaschinen". Bis 1990 wurden hier die weltberühmten Singer, später Veritas Nähmaschinen, hergestellt. Seit den 1990er Jahren wurde viel gebaut und restauriert; die Altstadt wurde zu großen Teilen saniert. Außerdem bietet die Stadt jedes Jahr eine Reihe von Veranstaltungen, wie zum Beispiel

C1
N
3,2
Jagel
Lütkenwisch
2,8
2,8
3
Elbe
4
1,2
Grenzlandmuseum
Schnackenburg
Cumlosen
Heimatstube
2
Motrich
Waldfrieden
Bentwisch
Wentdorf
Lindenberg
Waldhaus
Gefahr durch Eichenprozessionsspinner (Juli–Sept.)
Siedlung Eigene Scholle4
4,5
Hermannshof
B195
Aland
Niederstadt
Sachsen-Anhalt
Müggendorf
2,2
mern
Wüstung Stresow
Gedenk- und Begegnungsstätte Stresow
Biosphärenreservat Flusslandschaft Elbe
B189
Friedensteich
6
Polder Stresow
Klein Wanzer
Rathaus
Wittenberge
Bockwindmühle
Stadtmuseum Alte Burg
Altstadt
0,4
Wanzer
1,2
Naturschutzstation
2,5
Aulosen
0,6
Uhrenturm
Galgenberg
25
1
L2
Lindenweg
Elbehof
Elbe
Schnackenburg
Garsedow
1
Biosphärenres
Wahrenberg
75
2,6
3,8

*die Elblandfestspiele, die zahlreiche Besucher
anlocker.*

Von Wittenberge nach
Lütkenwisch/Schnackenburg   23,5 km

1 Halten Sie sich an der Brücke rechts und
fahren Sie geradeaus weiter ~ dann links
durch den Eisenbahntunnel und immer der
Ausschilderung des Elbe-Radweges über die
Packhofstraße folgen ~ ins Zentrum von
Wittenberge ~ Sie verlassen Wittenberge
auf der Deichkrone ~ in Elbnähe auf einem
gekiesten Weg über **Müggendorf** nach Cumlosen ~ **2** noch vor der Ortschaft links auf den
Dammweg, der westlich am Ort entlangführt.

Cumlosen

PLZ: 19322; Vorwahl: 038794

🏛 **Heimatstube** Willi Westermann, 📞 30228

✳ **Galerie Rolandswurt** in der alten Küsterei, Dorfpl. 1, 📞 30228.
Wechselnde Ausstellungen regionaler Künstler

Nach dem Ort weiter entlang der Elbe auf dem
Dammweg ~ **3** am ehemaligen **Wachturm**
vorbei, alternativ können Sie auch innendeichs
auf Asphalt radeln ~ nach fast 3 km auf der Asphaltstraße am Rand von Lütkenwisch entlang.

Lütkenwisch

⛴ **Fähre Schnackenburg,** 📞 03877/564362 od. 0173/8847145. Fährbetrieb: Mo-Fr 5.45-19.30 Uhr, Sa, So/Fei 8-19.30 Uhr

Von Lütkenwisch/Schnackenburg nach Dömitz   33 km

Am Ortsende kurz auf die L 121 ~ **4** nach
200 m rechts abzweigen ~ immer weiter auf
dem Radweg am Elbdeich radeln.

AUSFLUG Nach gut 10 km zweigt nach rechts die
Straße nach Lenzen mit seinem schön re-
staurierten Innenstadtkern ab. Nach links
gelangen Sie zur Fähre Pevestorf-Lenzen.

Lenzen

PLZ: 19309; Vorwahl: 038792

ℹ **Lenzen-Information,** Berliner Str. 7, 📞 7302

⛴ **Fähre Pevestorf-Lenzen,** Erich Butchereit, Fährhaus Lenzen,
📞 7665. Fährbetrieb: Mai-Aug., Mo-Fr 6-21 Uhr, Sa, So/Fei
8-21 Uhr; Sept.-April, nur bis19.30 Uhr

AndersRum (Karte C 2): Am Abzweig **Lenzen** geradeaus
weiter auf dem Deich in den Ort **Lütkenwisch.**

⛪ **St. Katharinenkirche** (14. Jh.)

🏰 **Burg** (um 1200), Burgstr. 3, 📞 1221, ÖZ: April-Okt, tägl. 10-18 Uhr,
Nov.-März, Mi-So 10-17 Uhr u. n. V. Im **Besucherzentrum** Burg
Lenzen erhält der Gast wertvolle Informationen zur Landschaft,
zu Veranstaltungen und Sehenswürdigkeiten im UNESCO Biosphärenreservat Flusslandschaft Elbe. Die Dauerausstellung
gewährt faszinierende Einblicke in die Natur- und Kulturgeschichte der Flusslandschaft am „Grünen Band". Besondere
Attraktionen sind der virtuelle „Flug auf dem Graureiher" in der
Kuppel des 24 m hohen mittelalterlichen Burgturms und der
malerische Blick auf die über tausendjährige Stadt Lenzen. Die
historische Burganlage slawischen Ursprungs ist mit Restaurant,
Burghotel und romantischem Burgpark ein lohnenswertes
Ausflugsziel.

✳ **Filzschauwerkstatt,** 📞 92432, ÖZ: Mai-14. Okt., Mo-Fr 10-
17 Uhr, Sa/So 14-17 Uhr; 15. Okt.-April, Mo-Fr 10-16 Uhr u. n. V.
In der größten handwerklichen Filzschauwerkstatt Europas
wird über die Entstehung und Geschichte des Handfilzes
informiert.

♲ **Lenzer Wische,** Landschaft zwischen Lenzen und Dömitz mit
Niedersachsen-Häusern und Auenwald.

5 Weiter geradeaus über die Straße auf einem
gekiesten Radweg auf dem Elbdeich radeln

C2
N
Baekern
Finkenberg
Marienberg
40
Rudower
B195
Ferbitz
Lenzen
(Elbe)
Stumpfer Turm
St. Katharina
Burg
Besucherzentrum
0,8
0,8
Löcknitz
Gandow
B195
Gadow
Lenzersilge
Ehem. Wachturm
Schlosspark
Gedenksteine
5
Babekuhl
C3
Lanz
Löcknitz
1,2
Wustrow
Höhbeck
77
Brandenburg
Niedersachsen
Bernheide
1,4
7
beck
Pevestorf
Deichrückverlegungsgebiet
Ehem. Wachturm
Biosphärenreservat Flusslandschaft Elbe-Brandenburg
Elbholz
C1
ünkendorf
Elbholz
3,2
Elbe
Jagel
Restorf
Finkenberg
Alter Postweg
4
Lütkenwisch
2,8
Elbe
2,8
3
1,2
Cumlosen
Holtorf
Grenzlandmuseum
Schnackenburg
Heimatstube
77
Siedlung Binnenfeld
2
Biosphärenreservat Niedersächsische Elbtalaue
Gartower See
Aland

vorbei an **Mödlich**, **Wootz** und **Kietz** sowie **Besandten** ~ nach 18 km endet der Dammweg ~ **6** auf Höhe der Landesgrenze zwischen Brandenburg und Mecklenburg-Vorpommern an der **B 195** nach links ~ ab der Linkskurve auf dem Radweg nach Dömitz hinein.

Dömitz

PLZ: 19303; Vorwahl: 038758

- **Tourist-Information**, Rathauspl. 1, ☎ 22112
- **Tourismusverband Mecklenburg-Schwerin e. V.**, Alexandrinen-pl. 7, 19288 Ludwigslust, ☎ 03874/666922
- **Museum Dömitz**, Festung Dömitz, ☎ 22401, ÖZ: Mai-Okt., Di-Fr 9-17 Uhr, Sa, So/Fei 10-18 Uhr, Nov.-April, Di-Fr 10-16.30 Uhr, Sa, So/Fei 10-16.30 Uhr. Im Museum werden nicht nur verschiedene Ausstellungen u. a. zur Geschichte der Festung und der Stadt gezeigt, sondern es gibt auch eine Gedenkhalle für den niederdeutschen Schriftsteller Fritz Reuter.
- **Festung Dömitz** (1559-65), Flachlandfestung mit fünfeckigem Grundriss. Sie wurde errichtet zum Schutz der Landesgrenze und zur Kontrolle der Elbzolleinnahmen.

- **Wander-Binnendüne** in Klein Schmölen, Informationen bei der Naturparkverwaltung, ☎ 038847624840
- **Fahrrad Behncke**, Friedrich-Franz-Str. 21, ☎ 22543

Auf der Festung Dömitz wurde der Schriftsteller Fritz Reuter in den Jahren zwischen 1838 und 1840 gefangengehalten. Bekannt wurde Reuter mit seinem Buch „Ut mine Festungstied".

Von Dömitz nach Herrenhof   21,5 km

7 Unmittelbar nach der Brücke über die Müritz-Elde-Wasserstraße links auf den Damm auffahren ~ entlang der Wasserstraße bis vor zur Elbe ~ rechts weiter auf dem Damm bis zur Brücke, hier nach rechts.

VARIANTE Sie können das verkehrsreiche Stück auf der Bundesstraße umgehen, indem Sie ca. 400 m weiter geradeaus fahren und nach links auf den Radweg entlang der Neuen Löcknitz einbiegen.

An der Ampel links auf den Radweg entlang der **B 195** ~ **8** nach 1,8 km nach links in den breiten Forstweg abbiegen ~ dem Verlauf dieses breiten Weges folgen ~ nach gut 2 km geht es leicht bergauf nach Rüterberg.

AndersRum (Karte C 3): Vor **Baarz** von der Bundesstraße zum Deich, auf diesem 16 km über **Besandten** und **Mödlich** bis zum Abzweig nach **Lenzen**.

Rüterberg

- **Heimatstube**, im Hotel-Restaurant Elbklause, Am Brink 3, ☎ 038758/20333, ÖZ: April-Okt., nach tel. Vereinb. Hier befindet sich ein kleines Grenzmuseum.

Das mecklenburgische Dorf war seit einer Grenzstreitigkeit 1967 mit der BRD durch einen zweiten Grenzzaun auch von der ehemaligen DDR abgetrennt. Die Bewohner benötigten einen Passierschein um ihr Dorf zu verlassen und durften keinen Besuch empfangen. Am 8. November 1989 riefen die Dorfbewohner die Freie Dorfrepublik aus und dürfen seit 1991 den Zusatz „Dorfrepublik 1967-1989" offiziell auf ihren Ortsschildern führen.

TIPP Wenn Sie auf den Holzturm steigen, haben Sie eine wunderbare Aussicht auf die Elbauenlandschaft.

C3
N
Moor
Polz
Eldenburg
Voßberg
30
Wasserburg
Seedorf
Löcknitz
Brandleben
Löcknitz
Gaarz
Aussichtsturm
Rhinowkanal
Breetz
Finkenberg
Baekern
C4
4,5
Langendorf
Baarz
Biosphärenreservat Flusslandschaft Elbe-Brandenburg
Lenzer Wische
Stumpfer Turm
St. Katharina
K27
652
Besandten
C2
Aussichtsturm
C2
Ehem. Wachturm
0,8
Gedenksteine
B195
4,5
Ausstellung Grünes Band
Mödlich
5884
5
Unbesandten
Dannenberg
20
5,7
2,8
1,2
L256
Grippel
Vietze
Aussichtsturm
Höhbeck
77
Elbe
B195
Kietz
Wootz
Heimatmuseum
1,4
Pretzetze
Laase
Seege
K28
Höhbeck
1,5
Pevestorf
79
Laaser Graben
Brünkendorf
5884
5888
656
660
658
660
656
5888
5884

Auf einer Pflasterstraße bergab ⌇ am Ortsausgang von Rüterberg vor dem Wald links auf einem gekiesten Weg zu einem Hof ⌇ nach dem Hof rechts in den Waldweg ⌇ an der B 195 links über die **Neue Löcknitz** und gleich wieder links auf den Dammweg ⌇ nach 800 m bei **Wehningen** links auf den Radweg auf dem Elbdeich einbiegen.

Wehningen

PLZ: 19273; Vorwahl: 038845

🅰 **Schlosspark Wehningen**, mit Schlossteich. Das Schluss wurde abgerissen, Sie sehen noch den Torbogen des ehem. Schlosses.

Von Wehningen weiter auf dem Radweg, der zwischen der Elbwiesen und der Straße verläuft ⌇ auf der Elbstraße an **Strachau** vorbei ⌇ im Rechtsbogen der Straße nach links und weiter auf dem Deichweg ⌇ Sie erreichen Herrenhof.

Sie können mit der Fähre an das andere Elbufer übersetzen, um das sehenswerte Hitzacker zu besuchen.

Hitzacker   s. S. 61

Herrenhof

⛴ **Fähre Hitzacker** für Personen und Fahrräder, Hr. Jahnke, ☎ 0160/5960668 od. ☎ 96970, Fährzeiten: April-15. Okt., tägl. 9-18 Uhr u. n. V.

Von Herrenhof nach Darchau   14,5 km

9 Am Abzweig der Fähre Hitzacker geradeaus am Damm entlang über **Bitter** nach **Privelack**.

Bei Stixe etwas östlich befindet sich die Stixer Wanderdüne, die nach der Eiszeit vor etwa 10.000 Jahren entstand und heute ein beliebtes Ausflugsziel ist.

10 Nach Privelack die nächsten 7 km immer am Deich entlang weiter ⌇ hinter **Groß Kühren** den Bögen des Deiches bis nach Darchau folgen.

Darchau

⛴ **Fähre Darchau**, ☎ 05853/1322, Fährzeiten: Mo-Sa 5.30-21 Uhr, So/Fei 9-21 Uhr

Von Darchau nach Neu Bleckede   14,5 km

Auf dem asphaltierten Dammradweg durch die Elbaue vorbei an Konau.

AndersRum (Karte C 4): Von **Herrenhof** dem Deichweg 12 km bis nach **Wehningen** folgen ⌇ über die Brücke gleich rechts durch **Rüterberg** ⌇ rechts auf die **B 195** ⌇ an der Ampel rechts dem Radweg 2,5 km folgen ⌇ in **Dömitz** entlang der **B 195** und über die Müritz-Elde-Wasserstraße ⌇ weiter auf dem Radweg, nach der Rechtskurve auf der Bundesstraße im Verkehr.

Konau

🏛 **EXPO-Scheune**, ☎ 038841/20747. Ausstellung zur Deutsch-Deutschen Geschichte und grenzhistorischer Rundgang.

✳ Ehemaliger **Grenzwachtturm** der DDR

Konau ist eines der wenigen Elbedörfer, das die einst typische Siedlungsform an der Elbe als Marschhufendorf erhalten hat. Seit 1994 steht das Dorf unter Denkmalschutz, war Expo-Projekt 2000 und ist mit seinen wunderschön hergerichteten reetgedeckten Fachwerkhäusern ein Kleinod in der Elbtallandschaft.

An den letzten Häusern von Konau links auf den asphaltierten Dammweg ⌇ **11** Sie kommen nach **Neu Garge** ⌇ weiter auf dem Deich fahren ⌇ auf diesem nun vorbei an **Stiepelse**, einer der ältesten Siedlungsstellen an der Elbe, nach Neu-Bleckede radeln.

C4
N
Tripkau
Pinnau
B195
Biosphärenreservat Niedersächsische Elbtalaue
Leitgraben
Wehningen
Park der Sinne
Heidhof
Heid
B191
Schlosspark
Neue Löcknitz
4,7
4,5
2,8
B195
8
Bohnenburg
C5
Jasebeck
3,4
Ehlenstraße
Uhlenhorststraße
589
640
5892
Ehem. Wachturm
Rüterberg
B192
Wilkenstorf
Laake
Landsatz
Heimatstube
0,8
1,8
0,4
Raffatz
Barnitz
3,5
0,6
Strachau
Aussichtsturm
4,5
Elbe
Festung Dömitz
Dömitz
Strachauer Rad
2,5
Mecklenburg-Vorpommern
Niedersachsen
Elbe-Seitenkanal
Floßgraben
Floßgraben
1
7
Wussegel
K36
Damnatz
Zerstörte Eisenbahnbrücke
2
Nienwedel
Penkefitz
Kaltenhof
B195
Klein Sch
Grabau
Kamerun
B191
1,2
Gümser Schleusengraben
Wanderdüne
640
5888
Predöhlsau
Löcknitz
Dambeck
Seedorf
644
Hauptabzugsgraben
648
5888
6
Sipnitz
81
Aussichtsturm
Pisselberg
Breese
in der Marsch
Gümse
Quickborn
Kacherien
Gaarz

An der Vorfahrtstraße geht es links zur Fähre, mit der Sie auf die andere Elbseite wechseln können, um die Stadt Bleckede zu besuchen oder um die Tour linkselbisch fortzusetzen.

Neu Bleckede

- **Fähre Bleckede**, ℰ 05852/2255, Fährzeiten: Mo-Sa 5.30-23 Uhr, So/Fei 9-20 Uhr

Von Neu Bleckede nach Boizenburg — 12 km

12 Am ehemaligen Grenzturm queren Sie die Straße und fahren am Deich entlang ~ nach 7,5 km vorbei an der Brücke über die Sude.

Wollen Sie durch Boizenburg fahren, können Sie hier ans andere Sude-Ufer wechseln. Nach 1,3 km zweigen Sie rechts in die Stadt ab. Auf der Straße Altendorf gelangen Sie zur Marktstraße, die sie links ins Zentrum bringt.
Der offizielle Elbe-Radweg verläuft links der Sude, vorbei am ehemaligen Grenzwachturm ~ **13** am Wehr rechts auf die andere Seite der Sude ~ nach dem Rechtsbogen gelangen Sie am entlang der Boize zum Hafen.

Boizenburg

PLZ: 19258; Vorwahl: 038847

- **Tourist-Information**, Markt 1, ℰ 62666
- **Fahrgastschifffahrt**, Reederei Helle, ℰ 04136/403; Reederei Wilcke, ℰ 04139/6285; Raddampfer Kaiser Wilhelm, Informationen bei der Tourist Info De-OpenDoor ℰ 520267
- **Heimatmuseum**, Markt 1, ℰ 52074
- **Fliesenmuseum**, Reichenstr. 4, ℰ 53881, ÖZ: Di-Fr 10-12 Uhr und 14-16 Uhr, Sa-So 14-16 Uhr. Im ersten deutschen Fliesenmuseum werden künstlerisch gestaltete Fliesen gesammelt und präsentiert.
- **Elbbergmuseum**, am westlichen Stadtrand über die B 5 erreichbar, ℰ 52074, ÖZ: Mai-Sept., Sa, So 14-17 Uhr. An diesem zweifach historischen Ort gab es zur Zeit des Nationalsozialismus ein Außenlager des ehemaligen KZ Neuengamme und später zu DDR Zeiten den Transit-Vorkontrollposten der innerdeutschen Grenze. Die Ausstellungen zu diesen Themen werden im ehemaligen Küchenkeller des KZ-Außenlagers gezeigt.
- **Naturerlebnisbad**, Boizestr. 5, ℰ 33245
- **M. Strauß**, Am Mühlenteich, ℰ 53016

Von Boizenburg nach Lauenburg/Elbe — 12 km

Am Hafen nach links und über den **Hafenplatz** ~ rechts zur Kreuzung, an dieser links auf die **Hamburger Straße** ~ auf dem Radweg gelangen Sie zur **B 5** ~ **14** neben

---

 Von **Vockfey** dem Deichradweg 11 km nach **Herrenhof** folgen.

der Bundesstraße an der Siedlung **Vier** vorbei ~ die nächsten 7 km fahren Sie entlang der B 5 bis nach Lauenburg ~ **15** an der **Hafenstraße** links ~ im Linksknick geradeaus auf Kopfsteinpflaster ins Zentrum von Lauenburg.

Weiter der B 209 folgend können Sie auf dem straßenbegleitenden Radweg über die Brücken bis ans linke Elbufer fahren.

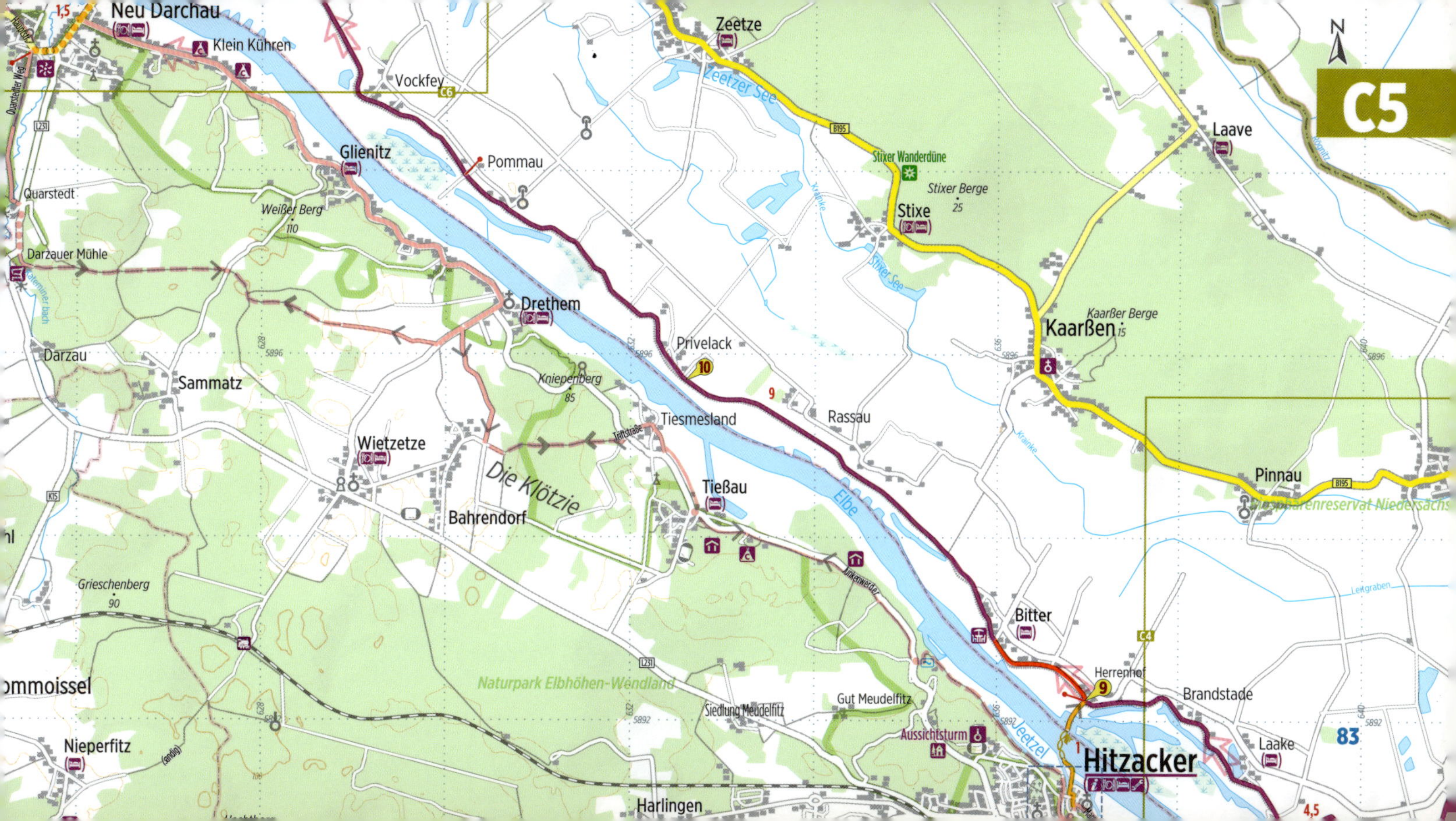

C5
N
Neu Darchau
1,5
Klein Kühren
Vockfey
C6
Glienitz
Pommau
Quarstedt
Weißer Berg
110
Darzauer Mühle
Drethem
Darzau
Sammatz
Privelack
10
Kniepenberg
85
Tiesmesland
9
Rassau
Wietzetze
Die Klötzie
Triftstraße
Tießau
Bahrendorf
Grieschenberg
90
Zeetze
Laave
Stixer Wanderdüne
Stixer Berge
25
Stixe
Kaarßer Berge
Kaarßen
15
Pinnau
B195
Elbe
Biosphärenreservat Niedersächs
Bitter
Herrenhof
9
Brandstade
Naturpark Elbhöhen-Wendland
Siedlung Meudelfitz
Gut Meudelfitz
Aussichtsturm
Jeetzel
Hitzacker
83
Laake
Nieperfitz
mmoissel
Harlingen
4,5

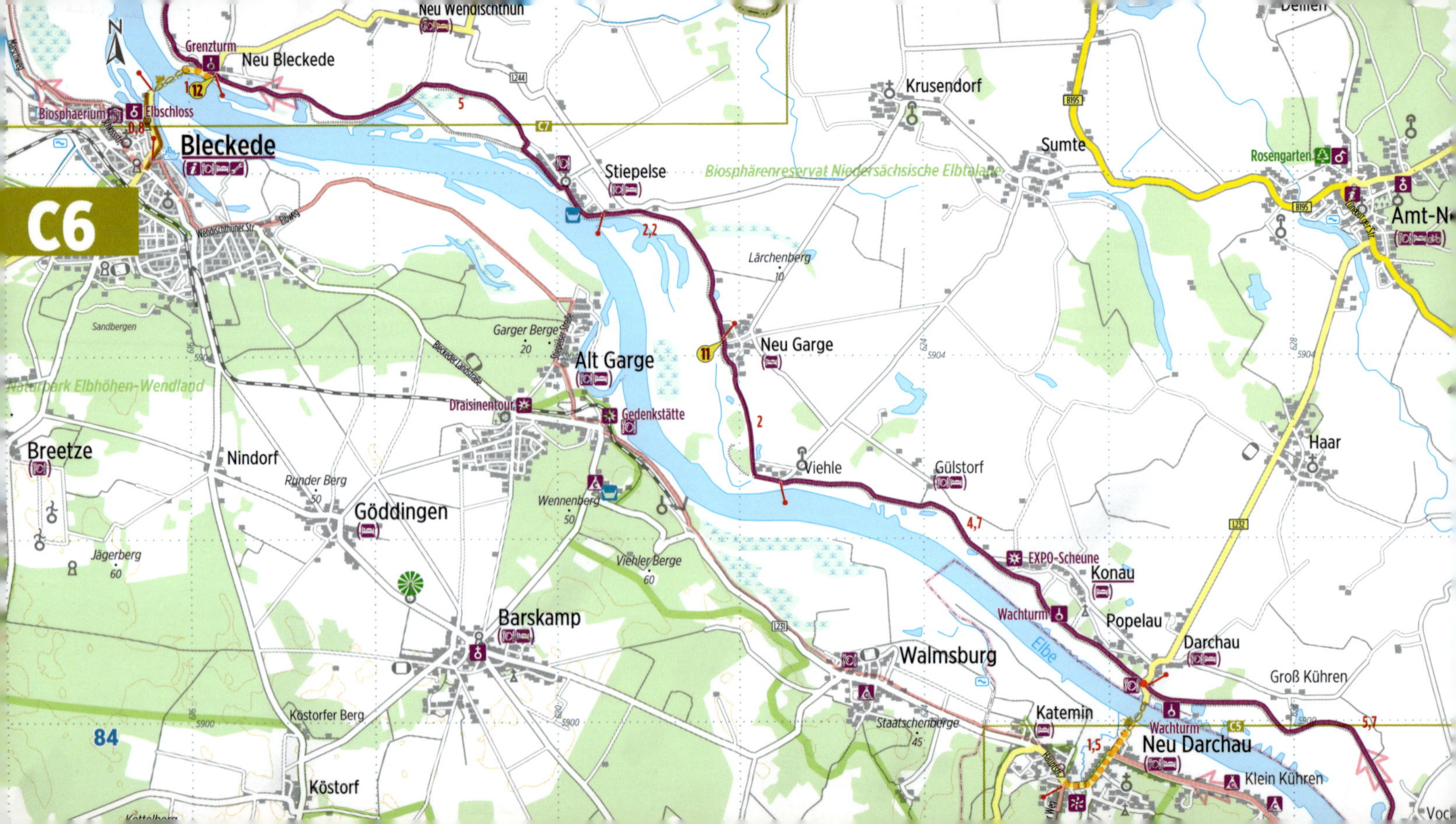

C6
84
Neu Wendischthun
Grenzturm
Neu Bleckede
Biosphaerium
Elbschloss
0,8
Bleckede
Wendischthuner Str.
Elbweg
Sandbergen
Bleckeder Landstraße
Garger Berge
20
Stiepelser Straße
Alt Garge
Draisinentour
Gedenkstätte
Breetze
Nindorf
Runder Berg
50
Göddingen
Jägerberg
60
Wennenberg
50
Viehler Berge
60
Barskamp
Köstorfer Berg
Köstorf
Kettelberg
L244
Krusendorf
B195
Sumte
Rosengarten
Biosphärenreservat Niedersächsische Elbtalaue
Stiepelse
Lärchenberg
10
Neu Garge
5904
Viehle
Gülstorf
EXPO-Scheune
Konau
Wachturm
Popelau
Walmsburg
Staatschenberge
45
Katemin
Wachturm
Neu Darchau
1,5
Klein Kühren
Elbe
Darchau
Groß Kühren
Haar
L232
B195
Amt-N
Dellen
N
5
2,2
2
4,7
5,7
12
11
1
C7
C5
Naturpark Elbhöhen-Wendland
L231
L233
L234
624
628
5904
5900

Lauenburg/Elbe

PLZ: 21481; Vorwahl: 04153

- **Tourist-Information**, Amtspl. 4, ☏ 51251, www.lauenburg.de
- **Raddampfer Kaiser Wilhelm**, ☏ 520267, Fahrten 14-tägig an Wochenenden von Mai-Sept.
- **Elbschifffahrtsmuseum**, Elbstr. 59, ☏ 599935, ÖZ: März-Okt. 10-17 Uhr, Nov.-Feb., Mi, Fr, Sa, So 10-13 Uhr u. 14-16.30 Uhr
- **Mühlenmuseum**, Lauenburger Mühle, Bergstr. 17, ☏ 5890, ÖZ: täglich 10-18 Uhr. Ein ehemaliger Müller führt sachkundig durch die Mühle und berichtet vom Leben und Arbeiten seines Standes.

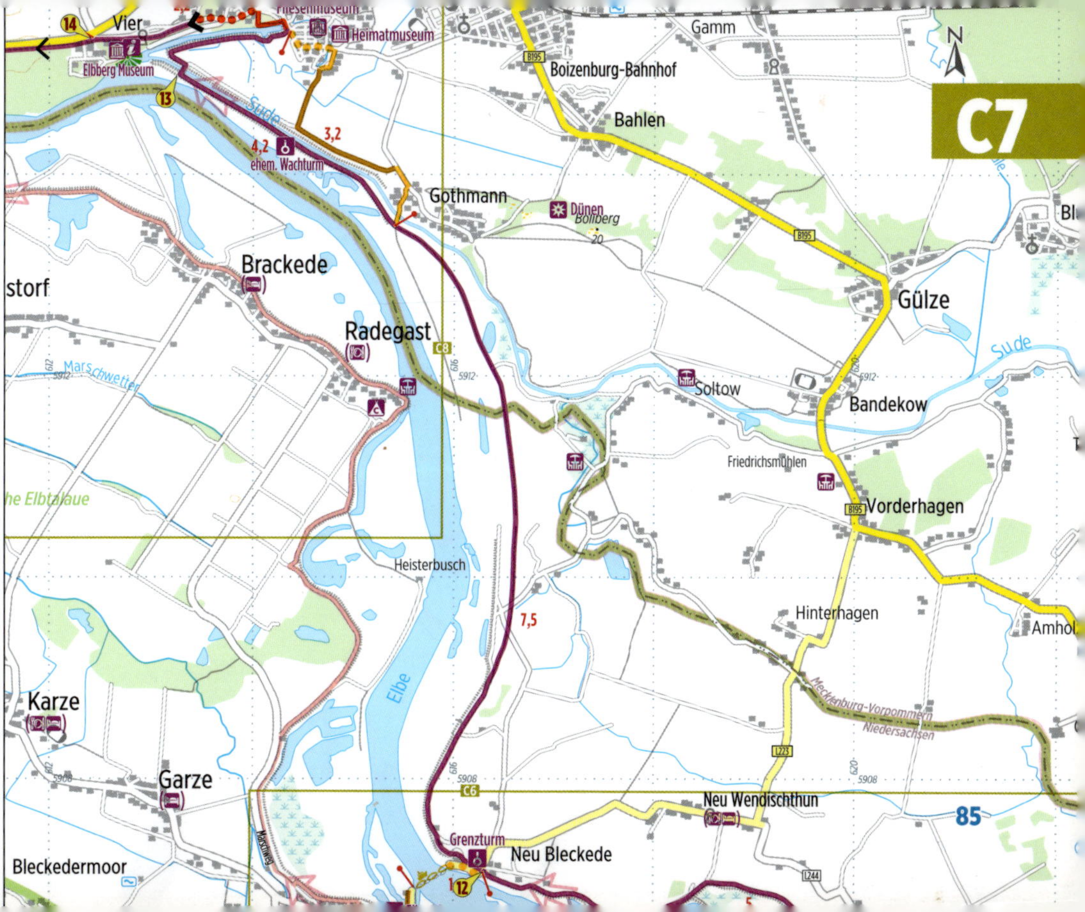

AndersRum (Karte C 8): In **Lauenburg** an der Jugendherberge vorbei und rechts steil hinab zum Ufer ∿ weiter auf der Uferpromenade ∿ auf der **Elbstraße** zur Brücke, hier geradeaus entlang der **Hafenstraße** ∿ nach rechts über die Brücke und entlang der **B 5** auf einem Radweg ∿ auf der **Hamburger Straße** nach **Boizenburg** ∿ im Ort um den Hafen herum zum **Deichweg**.

Findorff-Museum, Hohler Weg 3, ☎ 54246, ÖZ: Mo-Sa 10-18 Uhr, So 12-18 Uhr. Das im Jahr 1607 erbaute Haus zeigt Exponate über die Brüder Findorff. Der eine war Kunstmaler, der andere hat als Moorkommissar in 20 Jahren 90.000 ha Moorland erschlossen und erwarb sich so den Namen „Vater der Moorbauern".

Der **Schlossturm** ist das älteste Bauwerk der 1182 errichteten Askanierburg.

Die **Palmschleuse** ist die älteste erhaltene Kammer-Schleuse Nordeuropas.

Fürstengarten und Grotte

Freibad Am Kuhgrund, ☎ 5950 od. 4115

Zweirad Sandmann, Hamburger Str. 39, ☎ 582000

1182 ließ Bernhard von Askanien die Lavenburg (Lave – slawisch: Elbe) errichten. Nach einem Brand wurde die Burg in der Mitte des 15. Jahrhunderts unter Herzog Johann IV. wieder aufgebaut und um einen runden Turmbau, das Wahrzeichen der Stadt, erweitert. Ähnlich wie

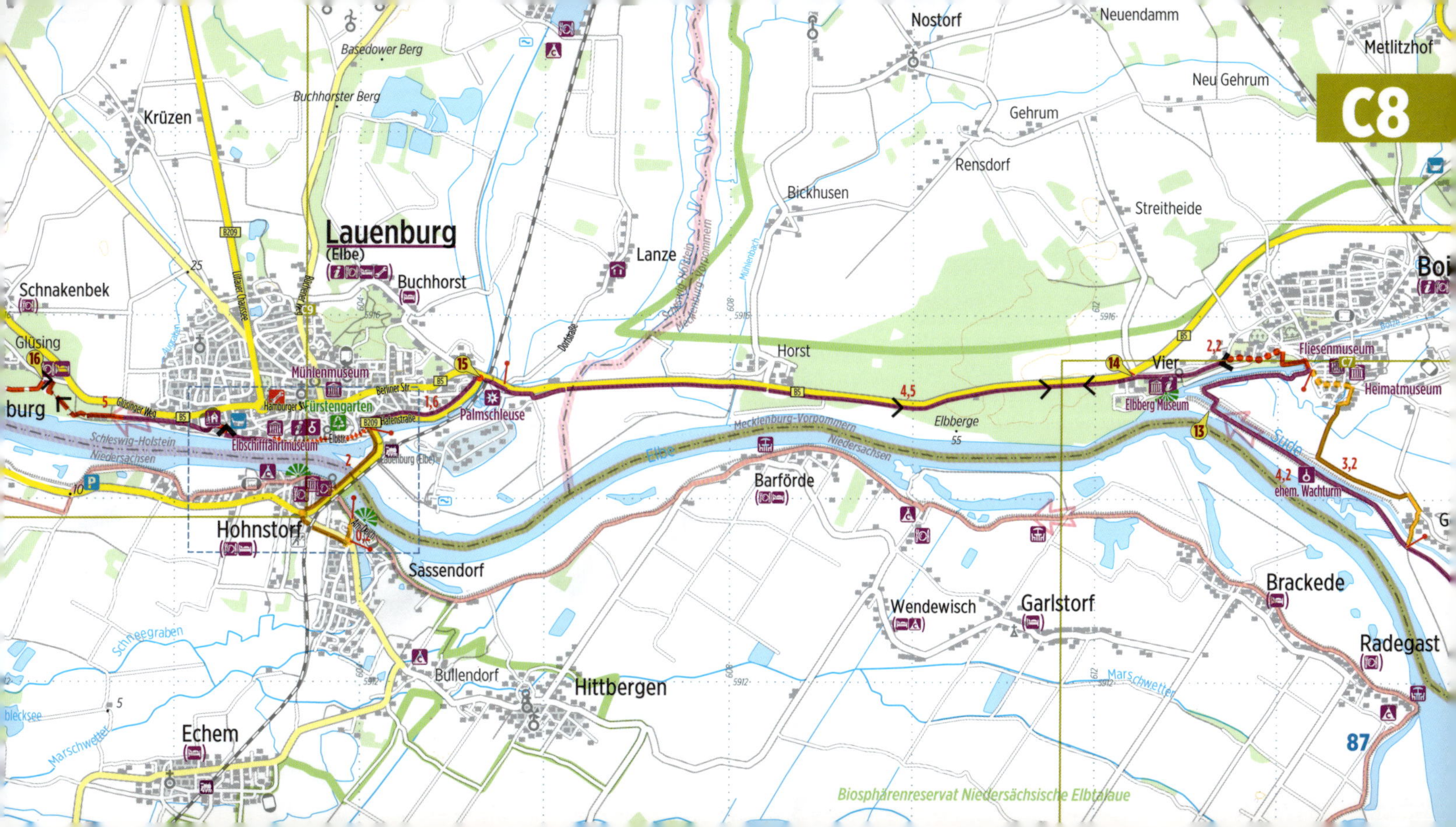
C8
87
Neuendamm
Metlitzhof
Neu Gehrum
Nostorf
Gehrum
Rensdorf
Streitheide
Bickhusen
Basedower Berg
Buchhorster Berg
Krüzen
Lanze
Boi
Schnakenbek
Lauenburg
(Elbe)
Buchhorst
Horst
Fliesenmuseum
Glüsing
Vier
Heimatmuseum
burg
Mühlenmuseum
Elbberg Museum
Elbberge
Hamburger SV
Fürstengarten
Palmschleuse
Berliner Str.
Elbschifffahrtmuseum
Hafenstraße
Lauenburg (Elbe)
Elbe
ehem. Wachturm
Hohnstorf
Barförde
Altenhaus
Sassendorf
Brackede
G
Wendewisch
Garlstorf
Radegast
Bullendorf
Hittbergen
Echem
blecksee
Schneegraben
Marschwetter
Marschwetter
Schleswig-Holstein
Niedersachsen
Mecklenburg-Vorpommern
Biosphärenreservat Niedersächsische Elbtalaue
B209
B5
B209
16
15
14
13
2,2
4,5
5
2
1,6
3,2
4,2

Lauenburg

die Türme des Lübecker Holstentores diente der neue Schlossturm als Geschützturm, von dem aus die strategischen Punkte der Stadt mit schwerem Geschütz unter Beschuss genommen werden konnten. Nach Umbauten im 18. Jahrhundert diente der Turm ausschließlich der Gefangenenunterbringung. Das großzügige Schloss, in dem einst so bekannte Persönlichkeiten wie Wallenstein, König Wilhelm I. oder Bismarck weilten, wurde 1616 durch einen Brand stark zerstört. Erhalten blieben nur der Ostflügel sowie der Schlossturm.

Direkt an der Salzstraße gelegen, profitierte Lauenburg im Mittelalter vom Salzhandel. Auf dem Handelsweg gelangte das Salz aus der Lüneburger Saline, die mit 400 Beschäftigten eine der größten Produktionen des Mittelalters darstellte, von Lüneburg über Lauenburg bis in die Hansestadt Lübeck. Von dort aus wurde das Salz über die Ostsee in ferne Länder verschifft.

Die reichverzierten und malerischen Fachwerkhäuser in der historischen Altstadt zeugen von einem über die Jahrhunderte andauernden, blühenden Geschäftsleben Lauenburgs. Entlang der Elbstraße, Lauenburgs ältester Straße, und des Hohlen Weges, dem ehemaligen Burggraben, stammen die Häuser überwiegend aus dem 16. und 17. Jahrhundert. Eine geschlossene historische Bebauung aus

AndersRum (Karte C 9): Durch **Geesthacht** nahe der Elbe auf dem Radweg, diesem weiter nach **Tesperhude** folgen ∿ rechts in den **Ringweg** ∿ hügelig 11 km durch den Wald nach **Lauenburg**.

dem 17. und 18. Jahrhundert ist in den Straßen Neustadt, Grünstraße und Hunnenburg erhalten.

Von Lauenburg/Elbe nach Geesthacht   15 km

Nach 1 km auf der **Elbstraße** links auf den **Elbuferweg**, einen Rad- und Fußweg ∿ nach 600 m rechts steil hoch auf der Straße **Am Kuhgrund** ∿ links in den Pfad zur Jugendherberge ∿ links vorbei an den **Sportplätzen** in die Straße **Elbkamp** ∿ durch den Wald zum Rastplatz **Glüsinger Grund** ∿ **16** nach links über den Weg in einen Waldweg hinein ∿ nach 1,5 km bei Sandkrug die Straße queren ∿ an der Wegegabelung am Waldanfang links in den gekiesten Forstweg ∿ die nächsten 5 km geht es hügelig auf diesem Forstweg durch den Wald des Naturschutzgebietes ∿ **17** in **Tesperhude** nach links auf die Vorfahrtstraße ∿ nach der Rechtskurve links auf den ufernahen Radweg an der Elbe ∿ am **Kernkraftwerk Krümmel** vorbei geht es auf einem straßenbegleitenden Radweg nach Geesthacht.

C9
N
Zugpferdemuseum
Gülzow
Wiershop
Fehmberg
80
Neu Gülzow
Rappenberg
90
Forst Hasenthal
Papersberg
95
Schäferberg
Haferberg
95
Hansaviertel
Richtweg
B404
NSG Besenhorster Sandberge und Elbsandwiesen
Besenhorster Sandberge
Sanddüne
Ehem. Pulverfabrik
Museumsbahn Karoline
Geesthacht Museum
Berliner Str.
Steinstr.
St. Salvatoris
0,5
Geesthacht
Elbbrücke mit Staustufe
18
1,5
Wangerott
2
Stausee
C10
Museumsbahn
Energiepark
Weinberg
Rönne
Schwinde
Marschacht
Krümmel
Steinberg
75
Juliusburg
Tierpark Krüzen
Krukow
5920
Grünhof
Hochseilgarten
4,7
Heidberg
45
Krüzen
Kernkraftwerk Krümmel
Niedermarschacht
Obermarschacht
Tesperhude
17
ümse
Tespe
B404
Eichholz
5916
592
5916
6
NSG Hohes Elbufer
Schnakenbek
40
25
B209
Avendorf
Elbe
C8
Sandkrug
Glüsing
16
Ertheneburg
5
Glüsinger Weg
B5
89
Lauer Chaussee
Bütlingen
Artlenburg
Schleswig-Holstein
Niedersachsen
Elbschifffahrtsmus.
Hamburger
Oldershausen
B209
10

AndersRum (Karte C 10): Durchfahren Sie **Fünfhausen** weiter auf oder am Deich entlang über **Achterdeich** und **Altengamme** rechts auf der Bundesstraße nach **Geesthacht**.

Geesthacht

PLZ: 21502; Vorwahl: 04152

Tourist-Information Stadt Geesthacht, Krügersches Haus, Bergedorfer Str. 28, ☎ 836258

Geesthacht Museum im Krügerschen Haus, ☎ 836258, ÖZ: April-Sept., Mo-Sa 10-17 Uhr, So nur bei Sonderausstellungen 11-17 Uhr, Gruppen n. V. Das Museum befindet sich im ältesten Gebäude der Stadt. Es zeigt eine Ausstellung zur Technikgeschichte „Made in Geesthacht" und die Energie-Zukunftswerkstatt.

Museumseisenbahn „Karoline", ☎ 836258 (Tourist-Information). Dampflok mit hist. Eisenbahnwagons auf der Strecke Krümmel-Geesthacht-Bergedorf (HH).

St. Salvatoris (1685), Kirchenstieg 1, ☎ 2208. Besichtigung n. V. Die Fachwerkkirche wurde mit den 1684 vor den Elbfluten geretteten Steinen und dem Inventar der Vorgängerkirche erbaut.

Kleines Theater, Schillerstr. 33, ☎ 77979

Hochseilgarten, Elbuferstraße, ☎ 0170/4899984

Elbbrücke mit Staustufe, Information: ☎ 8469140

Freizeitbad Geesthacht, direkt an der Elbe; ÖZ: Mo 10-20 Uhr, Di-Fr 6.30-20 Uhr, Sa, So/Fei 7-20 Uhr

Piet Pellerito, Geesthachter Str. 142, ☎ 90797555

Zweirad-Zentrum Jonni Baar, Bergedorfer Str. 28, ☎ 3667

C10
91
Horstermoor
Curslack
Rieck Haus
Fünfhausen
Holaake
Hitscherberg
Neuengamme
Seefelder See
NSG Kirchwerder Wiesen
NSG Besenhorster Sandberge und Elbsandwiesen
Besenhorster Sandberge
Sanddüne
Borghorst
2,6
Ehem. Pulverfabrik
Museumsbahn
KZ-Gedenkstätte
NSG Borghorster Elblandschaft
3,6
Altengammer Marschbahndamm
Warwisch
Hover See
5
Vier- und Marschlande
Kirchwerder
Kirchwerder Hausdeich
Neuengammer Hausdeich
6
Altengamme
St.-Nicolai-Kirche
Elbbrücke mit Staustufe
18
2
1,5
Stove
Wraust
senweide
Howe
Lange Grove
Elbstorf
Schwinde
Rönne
Ohe
Gose-Elbe
Achterdeich
Drennhausen
St. Marien
Krauel-Elbe
Drage
Krümse
Riepenburger Schöpfwerksgraben
Kirchenallerweg
Fliegenberg
Sande
C11
20
Krauel Sammelgraben
Grünerdeich
Ost-Krauel
Lütjenburg
Riepenburger Brack
Zollenspieker
West-Krauel
L217
Norderelbe
Hoopte
Haue
Haven Jachthafen
Stöckte
Schreyensee
Laßrönne
Eichholz
Langer Siel
Neue Wetter
Grenzwetter
Alte Wetter
Hauptkanal Ilaugraben
Winsener Marsch
B404
A25
91

⚙ E-Bike-Verleih Velover.de, Bergedorfer Str. 28, ☎ 8897814

Einen Kontrast zur eher beschaulichen Landschaft längs der mittleren Elbe bietet mit ihrer Technikgeschichte die Stadt Geesthacht. Der Schwede Alfred Nobel gründete 1866 im Geesthachter Ortsteil Krümmel eine Pulverfabrik, in der er das Dynamit erfand. Durch diese Erfindung wandelte sich die bescheidene Pulverfabrik zum bedeutendsten Sprengstoffwerk des europäischen Kontinents. Andere Energien setzen das 1958 erbaute Pumpspeicherwerk, das größte seiner Art in Norddeutschland, und das 1983 im gleichnamigen Ortsteil erbaute Kernkraftwerk Krümmel frei.

Wichtig für den Hamburger Hafen und die Häfen an der Unterelbe sind die zwischen 1957 und 1960 erbaute Staustufe und die nach dreijähriger Bauzeit 1981 fertiggestellte zweite Schleusenkammer. Sie sorgen für die Regulierung des Fahrwassers der Oberelbe mit den Einfahrten in den Elbe-Lübeck-Kanal und den Elbe-Seitenkanal sowie zwischen Hamburg und Cuxhaven für eine gleichmäßige Elbtiefe von 12 Metern. Unmittelbar neben der Staustufe befindet sich die größte Fischaufstiegsanlage Europas. Sie

Geesthacht

ermöglicht den Fischen, das Wehr zu überwinden und ihre natürlichen Wanderwege zu nutzen.

Von Geesthacht nach Kirchwerder   16 km

Auf dem straßenbegleitenden Radweg in Elbnähe immer geradeaus am Zentrum von Geesthacht vorbeiradeln ∿ **18** an der Schleuse die B 404 unterqueren ∿ dem Radweg, zuletzt auf der Straße bis zum Kreisverkehr folgen ∿ **19** diesen an der 2. Möglichkeit wieder verlassen, dann nach 120 m links in den **Altengammer Marschbahndamm** einbiegen ∿ die nächsten 2,5 km geht es auf dem

Marschbahndamm immer geradeaus nach **Altengamme**.

> **TIPP** Wenn Sie sich 1 km hinter Altengamme nach rechts wenden, können Sie die KZ-Gedenkstätte Neuengamme besuchen.

Neuengamme

🏛 **KZ-Gedenkstätte Neuengamme**, Jean-Dolidier-Weg 75, ☎ 040/428131500; ÖZ: Mo-Fr 9.30-16 Uhr, Sa, So 12-19 Uhr, Okt.-März bis 17 Uhr. Das Museum zeigt die Geschichte des Konzentrationslagers zwischen 1938-45.

Altengamme

⚭ **St. Nicolai**. Die aus Feldsteinen errichtete Kirche ist über 750 Jahre alt.

Auf der Hauptstrecke durch **Achterdeich** und **Krauel** ∿ am **Gasthof Teufelsort** geradeaus über den Kirchenheerweg (auf dem es rechts nach Kirchwerder geht) ∿ **20** nach dem Linksbogen spitzwinklig nach rechts ∿ weiter auf dem Dammweg.

Von Kirchwerder nach Hamburg   24 km

21 In **Fünfhausen** queren Sie auf dem Marschbahndamm geradeaus die Vorfahrtstraße in den **Lauweg** Richtung Moorfleet ∿ in **Ochsenwerder** weiterhin geradeaus ∿ **22** vor einem

AndersRum (Karte C 11): Von **Tatenberg** dem Radweg immer weiter folgen ⌇ durch **Ochsenwerder** und **Fünfhausen**.

Elbarm an der T-Kreuzung links einbiegen, dann dem Straßenverlauf im Rechtsbogen über den Fluss folgen ⌇ gleich nach der Brücke links in die Straße **Moorfleeter Hauptdeich** und neben dem Deich Richtung Rothenburgsort ⌇ vorbei an der eindrucksvollen **Wasserkunst Kaltehofe**.

TIPP Wollen Sie mit der S-Bahn in die Innenstadt fahren, fahren Sie in Rothenburgsort nach dem Sperrwerk rechts zum S-Bahnhof Tiefstack oder links zum S-Bahnhof Rothenburgsort.

Rothenburgsort

Nach dem **Sperrwerk Billwerder Bucht** links in den **Ausschläger Elbdeich** ⌇ die nächste links in die **Entenwerder Straße** ⌇ dem Straßenverlauf nach rechts über das Haken-Hafenbecken folgen ⌇ am Ende der Grünfläche leicht links versetzt in den **Billhorner Mühlenweg** ⌇ biegen Sie an der Kreuzung mit der Vorfahrtstraße links ab und weiter auf dem rechtsseitigen Radweg ⌇ vor der Unterführung rechts hinauf

zum **Billhorner Röhrendamm** und weiter auf dem rechtsseitigen Radweg ~ unter der Bahn hindurch ~ **23** die Billstraße überqueren und gleich dahinter links über die Fußgängerampel ~ auf der anderen Straßenseite links und gleich wieder rechts und entlang der stark befahrenen **Amsinckstraße** ~ **24** über den Mittelkanal ~ hinter der Eisenbahnbrücke in die Radweg-Unterführung und am Ende die Treppen hinauf zum **Deichtorplatz**.

TIPP Wollen Sie die Treppen vermeiden, nehmen Sie nach der Eisenbahnbrücke links die Fußgängerampel, folgen ein Stück der Straße bis zum Platz und queren per Ampel zwei weitere Straßen.

Weiter entlang der **Willy-Brandt-Straße** ~ Sie fahren nun immer direkt entlang des Zollkanals, rechter Hand liegt die Altstadt von Hamburg ~ über die **Hohe Brücke** am Binnenhafen entlang ~ auf der **O.-Sill-Brücke** über den Alsterfleet ~ an der Kreuzung unter der Bahn hindurch und dahinter links ~ immer geradeaus auf dem Radweg am **Baumwall**.

Hamburg
PLZ: 20015; Vorwahl: 040

Hamburg

ℹ Hamburg Tourismus GmbH, ☎ 30051300, www.hamburg-tourism.de

ℹ Tourist-Information im Hauptbahnhof, U/S-Bahn Hauptbahnhof/Hauptausgang Kirchenallee

ℹ Tourist-Information am Hafen, St.-Pauli-Landungsbrücken zwischen Brücke 4 und 5, ☎ 3344220

⛴ Große Hafenrundfahrt, St.-Pauli-Landungsbrücken, ☎ 3117070, Fährbetrieb: April-Sept., tägl. 10.30-16.30 Uhr, alle 1,5 Std., Verstärkung nach Bedarf, Okt-März., Mo-Fr nach Bedarf, Sa, So/Fei 11-15.30 Uhr, Abfahrt nach Anmeldung, Dauer: ca. 1,5 Std.

⛴ Englische Hafenrundfahrt, Landungsbrücke 1, Fährbetrieb: März-Nov., tägl. 12 Uhr, Dauer: 1 Stunde

⛴ Historische Fleet-Fahrt, Vorsetzen (U-Bahn-Station Baumwall, U3), ☎ 30051555, Abfahrten: April-Okt., tägl. 10.30 Uhr, 13.30 Uhr u. 16.30 Uhr, Nov.-März, Sa, So 10.30 Uhr u. 13.15 Uhr, Dauer: ca. 2 Std.

⛴ Anleger Jungfernstieg: Alster-Rundfahrten, Fleet-Fahrten, Kanal-Fahrten, Vierlande-Fahrten, Teich-Fahrten, Dämmertörn, Alster-Kreuz-Fahrt, Dampfschiff-Törn, Stimmungsfahrten mit dem Dampfschiff St. Georg. 2-std. nostalgische Alsterfahrt mit Musik zu div. Themen. Informationen und Buchungen ☎ 3574240

🏛 Hamburger Kunsthalle, Glockengießerwall, ☎ 428131200, ÖZ: Di-So 10-18 Uhr, Do bis 21 Uhr. Kunst von der Renaissance bis zur Gegenwart.

🏛 Museum für Kunst und Gewerbe, Steintorplatz, ☎ 4281342732, ÖZ: Di-So 10-18 Uhr, Mi, Do bis 21 Uhr (außer an und vor Feiertagen). Das MKG ist eines der führenden Museen für angewandte Kunst in Europa. Zu sehen sind Sammlungen von der Antike über Design und Fotografie bis hin zu Musikinstrumenten.

🏛 hamburgmuseum, Holstenwall 24, ☎ 4281310, ÖZ: Di-Sa 10-17 Uhr, So 10-18 Uhr. Das Museum bietet einen Überblick zur Geschichte Hamburgs von den Anfängen um 800 n. Chr. bis zur Gegenwart.

🏛 Altonaer Museum/Norddeutsches Landesmuseum, Museumstr. 23, ☎ 42813582, ÖZ: Di-So 10-17 Uhr. Gezeigt wird die Kunst- und Kulturgeschichte Norddeutschlands sowie Ausstellungsstücke zu Fischerei und Schifffahrt.

🏛 Museum für Völkerkunde Hamburg, Rothenbaumch. 64, ☎ 4288790, ÖZ: Di-So 10-18 Uhr, Do bis 21 Uhr. Zu sehen sind Schausammlungen aus Afrika, Amerika, Asien, Australien, Europa und der Südsee.

AndersRum (Karte C 12): In **Hamburg-Altona** vorbei am **Fischmarkt** ~ ufernah durch **St. Pauli** ~ am **Deichtorplatz** rechts in die **Amsinckstraße/Högerdamm** ~ rechts in die **Billhorner Brückenstraße**, diese am Straßenknoten im Rechtsbogen unterqueren und rechts in den **Billhorner Mühlenweg** ~ über den **Entenwerder** ~ rechts zum Sperrwerk ~ an der Norderelbe entlang ~ über die Brücke nach **Tatenberg** ~ links und gleich wieder rechts auf den Deich.

🏛 **Jenisch-Haus**, Baron-Voght-Str. 50, ☎ 828790, ÖZ: Di-So 11-18 Uhr. Das Museum zeigt Beispiele großbürgerlicher Wohnkultur des 16. bis 19. Jhs.

🏛 **Helms-Museum**, Museumspl. 2, ☎ 428713609, ÖZ: Di-So 10-17 Uhr. Das Museum für Achäologie und Geschichte zeigt die Ur- und Frühgeschichte Hamburgs und der näheren Umgebung.

🏛 **Freilichtmuseum Rieck-Haus**, Curslacker Deich 284, ☎ 7231223, ÖZ: April-Sept., Di-So 10-17 Uhr, Okt.-März, Di-So 10-16 Uhr. Der Besucher erhält im Freilichtmuseum Einblick in die bäuerliche Kultur und Wirtschaftsweise.

🏛 **Museum der Arbeit**, Wiesendamm 3, ☎ 4281330, ÖZ: Mo 13-21 Uhr, Di-Sa 10-17 Uhr, So 10-18 Uhr. Das Museum informiert über die Hamburger Industrialisierungsgeschichte.

🏛 **Speicherstadtmuseum**, St. Annenufer 2 im Block R, ☎ 321191, ÖZ: April-Okt., Mo-Fr 10-17 Uhr, Sa, So/Fei 10-18 Uhr, Nov.-März, Di-So 10-17 Uhr. Neben der Arbeit in den Speichern wird die

Geschichte der Speicherstadt aufgezeigt.

- **Erotic Art Museum**, Bernhard-Nocht-Str. 77a, ☎ 3178410, ÖZ: So-Do 12-22 Uhr, Fr, Sa 12-24 Uhr. Die Sammlung zeigt erotische Kunst aus sechs Jahrhunderten.
- **Museumsschiff – Windjammer Rickmer Rickmers**, St.-Pauli-Landungsbrücken, Brücke 1, ☎ 3195959, ÖZ: tägl. 10-18 Uhr. Der ehemalige Ostindien-Fahrer gilt heute als das „schwimmendes Wahrzeichen Hamburgs".
- **Museumsschiff – Cap San Diego**, Überseebrücke, ☎ 364209, ÖZ: tägl. 10-18 Uhr. Die Cap San Diego ist der letzte erhaltene klassische Stückgutfrachter seiner Serie und das weltgrößte seetüchtige Museums-Frachtschiff. Der „Weiße Schwan des Südatlantiks" wurde 1962 auf der Deutschen Werft Hamburg erbaut und fuhr im Liniendienst für die Reederei Hamburg-Süd die südamerikanische Ostküste an.
- **Das Feuerschiff**, City Sporthafen Hamburg, Vorsetzen, ☎ 362553, ÖZ: Mo-Sa 11-1 Uhr, So 10-22.30 Uhr. Das nach alter Tradition in Nietenbauweise errichtete Schiff ist reichhaltig mit maritimen Accessoires bestückt.
- **Panoptikum**, Spielbudenpl. 3, ☎ 310317, ÖZ: Mo-Fr 11-21 Uhr, Sa 11-24 Uhr, So 10-21 Uhr. Im Wachsfigurenkabinett sind weit über

100 Persönlichkeiten aus Politik, Geschichte und Showgeschäft zu sehen, so zum Beispiel die Beatles, die in Hamburg ihre Karriere begannen.

- **Auswandererwelt BallinStadt**, Veddeler Bogen 2, ☎ 319791690, ÖZ: April-Okt., tägl. 10-18 Uhr, Nov.-März, tägl. 10-16.30 Uhr. In der historischen Auswandererstadt können die Besucher die Geschichten der über 5 Mio. Menschen nacherleben, die zwischen 1850 und 1934 von Hamburg aus in eine neue Heimat aufbrachen.
- **Museumshafen – Övelgönne**, ☎ 41912761. In dieser Elbidylle säumen alte Häuser mit verträumten Veranden die Uferstraße. Rund 20 Oldtimerschiffe sind am Elbanleger Neumühlen zu besichtigen. Stolz des Hafens ist das ehemalige Feuerschiff Elbe 3.
- **Wasserkunst Kaltehofe**, Ausstellung auf dem Gelände des ehemaligen Wasserwerkes, Elbinsel Kaltehofe, ☎ 040/788849990, ÖZ: März-Okt., tägl. 10-18 .Uhr, Nov.-Febr., Di-So 10-18 Uhr. Mit Außengelände, Café und Shop.
- **St. Michaelis** (1751-62), Englische Planke 1a, ☎ 376780, ÖZ: Mai-Okt., tägl. 9-19.30 Uhr, Nov.-April, tägl. 10-17.30 Uhr. Der „Michel" mit seinem Kirchturm ist das Wahrzeichen der Hansestadt. St. Michaelis ist die bedeutendste norddeutsche Barockkirche.

- **St. Katharinen** (1350-1420), Katharinenkirchhof 1. Eine Figur der Heiligen Katharina steht auf dem 115 m hohen Turm.
- **St. Petri** (12. Jh.), Mönckebergstraße. Nach dem Großen Brand von 1842 wurde die Kirche neu errichtet. Sehenswert ist die berühmte Arp-Schnitger-Orgel von St. Jacobi.
- **St. Nicolai**, Abteistr. 38. Hier ist das Altarmosaik nach einem Entwurf des Künstlers Oskar Kokoschka zu bewundern.
- **Imperial Theater**, Reeperbahn 5, ☎ 313114. Im Hause werden ausschließlich Kriminalstücke gespielt. Das Imperial Theater ist Deutschlands größte Krimibühne.
- **Neue Flora**, Stresemannstraße/Ecke Alsenplatz, ☎ 30051150. Das Musicaltheater ist eines der größten in Deutschland.

Hamburg
400 m
N
Sternschanze
Heinrich-Hertz-Turm
Moorweiden-
Tiergartenstr.
Hauptgebäude Univ. Hamburg
Moorweide
Kongress-Zentrum
Planten un Blomen
Hamburg Dammtor
Außenalster
Krankenhaus St. Georg
Alter Botanischer Garten
Messegelände
Alsterterrasse
Stephansplatz
Gustav-Mahler-Park
St. Georg
Alsterpark Kennedybrücke
Domkirche St. Marien
Esplanade
St. Georg
ADAC
Messehallen
Kleine Wallanlage
Gorch-Fock-Wall
Torwall
Staatsoper
Ring 1
Kunsthalle
Feldstr.
Laeiszhalle
Gänsemarkt
Drehbahn
Ohnsorg-Theater
Dt. Schauspielhaus
Brahms Kontor
Valentinskamp
Binnenalster
Millerntor-Stadion
Große Wallanlage
Neustadt
Hbf Nord
Hauptbahnhof
Hbf Süd
Museum für Hamburgische Geschichte
Adenauerallee
St. Pauli
Berliner Tor
Panoptikum
Schmidts Tivoli
Ludwig-Erhard-Str.
Stadthaus
Rathaus
Museum für Kunst und Gewerbe
St. Jacobi
Speersort
St. Michaelis
Krameramtsstuben
Willy-Brandt-Str.
Willy-Brandt-Str.
Venusberg
St. Nikolai
Altstadt
Deichtorhallen
Landungsbrücken
Alsterfleet
St. Pauli-Landungsbrücken
Zollkanal
Museumsschiff "Rickmer Rickmers"
Baumwall
Binnenhafen
Kehrwieder
Speicherstadt
Alter Elbtunnel
Cap San Diego
Das Feuerschiff
Kehrwiederfleet
HafenCity
97

- **Theater im Hamburger Hafen**, Im Hamburger Hafen, gegenüber St. Pauli Landungsbrücken, ☎ 30051150. Dieses Theater präsentiert größtenteils Musicals.
- **Operettenhaus**, Spielbudenpl. 1, ☎ 30051350. 1986 hatte das Musical CATS von Andrew Lloyd Webber seine deutsche Erstaufführung im Operettenhaus. Seitdem werden hier bekannte Musicals und Shows präsentiert.
- **Deutsches Schauspielhaus**, Kirchenallee 39/41, ☎ 248713. Gezeigt werden Klassiker ebenso wie neue Stücke und musikalische Produktionen.
- **Ohnsorg-Theater**, Heidi-Kabel-Pl. 1, ☎ 35080331. Aufführung von Volksstücken in plattdeutscher Sprache.
- **Schmidts TIVOLI**, Spielbudenpl. 27/28, ☎ 30051400. Musik-Theater- und Varietéproduktionen, Nightclub.
- **Thalia-Theater**, Alstertor 1, ☎ 328140. Neben einem Theaterbesuch bietet das Haus auch die Möglichkeit, an Workshops, Kursen und Theatergruppen teilzunehmen.
- **Rathaus** (1886-97), Rathausmarkt, ☎ 428312064, Führungen: Mo-Do 10-15 Uhr, Fr 10-13 Uhr, Sa 10-17 Uhr, So 10-16 Uhr, halbstündlich. Mit 647 Räumen besitzt das im Stil der Neo-Renaissance erbaute Rathaus sechs Zimmer mehr als der Buckingham-Palace. Es ist Sitz des Senats und der Bürgerschaft.
- **Börse**, Adolphplatz, ÖZ: Mo-Fr 9-20 Uhr. Während der Handelszeiten Führungen für Gruppen unter ☎ 367444. Die Börse wurde 1558 gegründet und ist die älteste im Lande.

Hamburg, Mundsburger Kanal

- **Speicherstadt**. Mitten im Freihafen zwischen Deichtorhallen und Baumwall liegt die hundertjährige Speicherstadt. Hinter der Fassade der wilhelminischen Backsteingotik der Gründerzeit lagern edle Güter: Kaffee, Tee, Kakao, Gewürze, Tabak, Computer und das größte Orientteppichlager der Welt.
- Die **Laeiszhalle** gilt als eines der schönsten Konzerthäuser Deutschlands und wurde im neobarocken Stil zwischen 1904 und 1908 erbaut.
- **Planetarium**, Hindenburgstr. 1b, ☎ 42886520, ÖZ: Mo, Di 9-17 Uhr, Di, Mi 9-21 Uhr, Do, Fr 9-21.30 Uhr, Sa 12-21.30 Uhr, So 10-18 Uhr. Auf der 21 m hohen Planetariumskuppel wird der Sternenhimmel naturgetreu projiziert. Vorführungen mit monatlich wechselnden Themen

- **Stadtrundfahrten**. Top-Tour, Gala Tour Hamburg, Scene Night Tour, mit der Hummelbahn oder im roten Doppeldecker, Große Lichterfahrt mit der Hummelbahn u. a. Abfahrtszeiten und Preise bitte bei der Tourist-Information erfragen.
- **Stadtrundgänge**. Hamburger Stadtrundgänge zu den verschiedensten Themen werden u. a. von der Hamburg Tourismus GmbH, ☎ 30051233 sowie von Stattreisen Hamburg e. V., ☎ 4303481 durchgeführt.
- **Tierpark Hagenbeck**, Lokstedter Grenzstr. 2, ☎ 5300330, ÖZ: tägl. ab 9 Uhr. Im einzigen privat geführten Tierpark Deutschlands sind mehr als 200 Tierarten in 54 Freigehegen zu beobachten, das 2007 zum 100. Jubiläum eröffnete Tropen-Aquarium gibt einen Einblick in die Unterwasserwelt. Außerdem werden verschiedene spezielle Veranstaltungen angeboten, wie z. B. Dschungelnächte oder fernöstliche Sommernächte.
- Der **Alsterpark** (in den westlichen Stadtteilen Alstervorland genannt) ist um die Außenalster gelegen.
- Die **Binnen- und Außenalster** entstanden 1235, als ein Damm die Alster staute und die Alsterniederung überflutet wurde.
- Bei **Planten un Blomen** können Sie den Botanischen Garten mit Tropenhaus, den größten Japanischen Garten Europas und die in Europa einmalige Wasserlichtorgel erkunden. Von Mai-Sept. tagsüber Wasserspiele, abends farbige Wasserlichtkonzerte.

✿ Die Geschichte des **Hirschparks** geht bis ins 18. Jh. zurück. Exotische Pflanzen wie Azaleen und Rhododendren sind hier zu bewundern.

Hamburg – die mehr als 1.000 Jahre alte Hansestadt, pulsierende Metropole für 1,8 Millionen Hanseaten, Attraktion für täglich 150.000 Touristen. Vom Turm des „Michel", der Hauptkirche St. Michaelis bekommt man einen Eindruck von der Elb-Seite. Hafenstadt, Industriestandort und Medienmetropole – beim NDR in Lokstedt entsteht täglich die Tagesschau.

Zwischen dem 13. und dem 16. Jahrhundert war Hamburg Mitglied des Hanseatischen Städtebundes und der Reichtum der hanseatischen Kaufleute hat die Stadt groß gemacht. Daran erinnern heute noch das sehenswerte, prunkvolle Rathaus, die Börse, die Speicherstadt, das Deichstraßen-Viertel und viele traditionelle Kontor-Häuser.

Hamburg ist aber trotz aller Traditionen auch eine junge Stadt. Das macht sich vor allem in dem 200 Jahre alten Stadtteil St. Pauli bemerkbar, das einerseits zwar als Hochburg der Prostitution abgestempelt wird, andererseits aber in den letzten Jahren deutlich an Attraktivität gewonnen hat. Wenn Sie die vielen Facetten dieses spannenden Hamburger Stadtteiles entdecken wollen, dann empfiehlt sich ein Streifzug mit den GästeführerInnen der Tourismus-Zentrale. Denn tagsüber wirkt die 600 Meter lange Reeperbahn ruhig und gar nicht verrucht. 35.000 Menschen wohnen hier und in den Seitenstraßen des 2,5 Quadratkilometer großen Stadtteils. Das weltberühmte Leben auf der „sündigen Meile" beginnt mit Einbruch der Dunkelheit. Dann erstrahlen die Fassaden im Neonlicht, von neun Uhr abends bis vier Uhr früh stehen im Sperrbezirk die Damen vom Kiez.

Das neue St. Pauli, wo sich die jungen Leute in vielen Kneipen die Tür in die Hand geben, liegt am Spielbudenplatz, der anderen Straßenseite der Reeperbahn.

Aber ebenso wie die Reeperbahn, so ist der Hafen für jeden Hamburg-Besucher ein Muss. Und wer ihn richtig erleben will, der muss ihn zu Fuß erobern. Nach einem Bummel durch die historische Deichstraße eröffnet sich der Blick auf die schöne Fassade der alten Kontorhäuser in der Speicherstadt. Mit einer der vielen Hafenbarkassen lässt sich dieser Teil der Stadt aber auch bestens vom Wasser aus erkunden. Nach dem Besuch der Speicherstadt fahren die Barkassen vorbei an den sehenswerten Museumsschiffen „Cap San Diego" und „Rickmer Rickmers" in die großen Hafenbecken. Zum Greifen nahe kommen Sie an die Container-Riesen heran, die im Container-Terminal ent- und beladen werden.

Ein Erlebnis im Hafen ist auch der Alte Elbtunnel. Mit einem hölzernen Fahrstuhl geht es in die Tiefe, mit ihm können sogar Autos transportiert werden.

Ein weiteres Muss für jeden Hansestadtbesucher ist unter anderem auch der Fischmarkt. Das bunte Treiben findet hier sonntags zwischen 6 und 9.30 Uhr statt, gefrühstückt wird in der historischen Fischauktionshalle. Zum Schluss geht es dann nach Övelgönne, eines der beliebtesten Ausflugsziele der Hamburger, wo seit 20 Jahren Hamburgs Schiffs-Oldtimer im Museumshafen vor Anker liegen.

Rechtselbisch von Hamburg nach Brunsbüttel

Der letzte Abschnitt auf Ihrer Radreise ist sehr stark geprägt von der nahen Nordsee. Weit breitet sich die Elbe nun vor Ihren Augen aus, eine frische Brise mit leichtem Salzgeschmack weht Ihnen um die Nase auf Ihrem Weg in die moderne Stadt Elmshorn und weiter in das bezaubernde Städtchen Glückstadt. Bevor die Elbe ganz in der Nordsee aufgeht, entscheiden Sie sich, ob Sie hier ans linke Ufer wechseln oder rechtselbisch über Brokdorf bis in die Hafenstadt Brunsbüttel weiterfahren.

Sie fahren fast ausschließlich auf asphaltierten Wegen neben oder auf dem Deich dahin. Nur auf dem Wegstück über Elmshorn verläuft ein Teil der Strecke abseits des Deiches auf ruhigen Nebenstraßen.

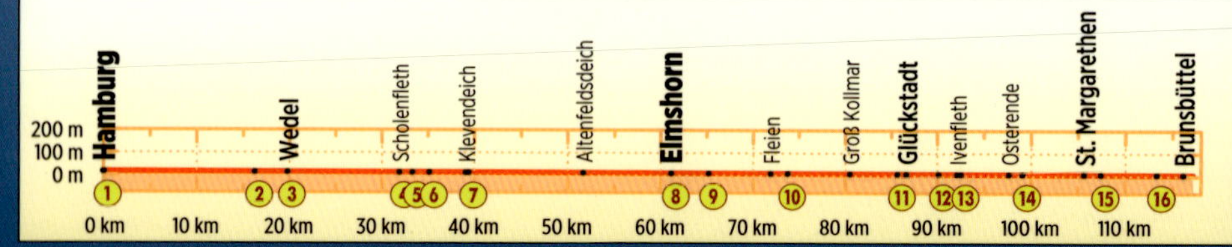

D1
HAM...
Rissen
Osdorfer Born
Friedhof
HSV-Museum
Altonaer Volkspark
Dahliengarten
Altona
Wasserturm
Christuskirche
Heinrich-Hertz-Turm
Wasserturm
Planten
Puppenmuseum
D2
Friedhof Blankenese
B431
Römischer Garten
Bismarckstein
Hirschpark
Loki-Schmidt-Garten
Ring 2
Elbe
NSG Mühlenberger Loch/Neßsand
Schweinesand
Internat. Seegerichtshof
Jenisch-Haus
Christuskirche
Kreuzkirche
Bismarckbad
Brahms Kontor
Museum für Hamburgische Ge...
Hinterbrack
Elbe
St. Josephs-Kirche
Panoptikum
Ansgar-Kirche
Museum Altona
Rosengarten
Elbchaussee
St. Michaelis
Erotic Art Museum
Fischmarkt
Landungsbrücken
Das Feuers...
Museumshafen Oevelgönne
Norderelbe
Werfthafen
Flugzeugwerft Hamburg
Köhlfleethafen
Petroleumhafen
Container Terminal Burchardkai
Hauptklärwerk Köhlbrandhöft
Kaiser-Wilhelm-Hafen
Cranz
Airbus-Gelände
Köhlfleet
Waltersdorfer Hafen
Mühlenberger Loch
Este
Aussichtswall Neßtor
Groß Hove
NSG Westerwerden
A7
Liedenkummer
im Norden
Alte Süderelbe
NSG Finkenwerder Süderelbe
Alte Süderelbe
101
Liedenkummer
im Süden
Blumensand
Nincoperort
Nincop
Spülfläche
Die Hohenwisch

Von Hamburg nach Wedel   20,5 km

Vom **Baumwall** machen Sie sich auf den weiteren Weg Richtung Cuxhaven und Brunsbüttel ~ immer auf dem Radweg entlang der elbnahen Straße nach St. Pauli ~ **1** an den Landungsbrücken und dem alten St. Pauli-Elbtunnel vorbei ~ sobald die Straße **Fischmarkt** eine Rechtskurve beschreibt, links in die **Große Elbstraße** abbiegen ~ an den **Fischauktionshallen** vorbei ~ beim Wendeplatz geradeaus auf den Fuß- und Radweg ~ vor dem Strand rechts in den **Övelgönner Mühlenweg** .

ACHTUNG Bitte schieben Sie Ihr Rad auf diesem kurzen Abschnitt, da auf dem schmalen Weg ein hohes Fußgängeraufkommen besteht. Alternativ können Sie die Straße nutzen.

Bald darauf wieder links in den Fußweg ~ immer am Elbufer entlang auf dem Weg **Hans-Leip-Ufer**.

Oevelgönner Fährhaus, Hamburg

VARIANTE Bei Teufelsbrück haben Sie die Möglichkeit, nach Finkenwerder überzusetzen. Von hier an verläuft der Elbe-Radweg bis Brunsbüttel beidseitig der Elbe (HVV Fähre 64 Hamburg-Finkenwerder: Fährzeiten: halbstündlich zwischen 6 und 21 Uhr). Für die Weiterfahrt am linken Elbufer nutzen Sie die Karte E1.

Auf dem **Elbuferweg** nach Blankenese.

Blankenese

🚢 **Fähre Blankenese-Cranz**, Fährzeiten: April-4.Okt., Mo-Sa 6.30-20.30 Uhr, So/Fei 7.30-20.30 Uhr, 5.Okt.-März, Mo-Fr. 6.30-8.30 Uhr und 13.30-17.30 Ulhr; Sa. 9.30-16.00 Uhr.

🚲 **Campingplatz Elbecamp**, Falkensteiner Ufer 136, ☎ 812949

Blankenese war einst ein Kapitäns-, Lotsen- und Fischerdorf und verfügt über ein einzigartig verschachteltes Treppenviertel. Sehenswert ist auch der nahegelegene Hirschpark mit dem Godeffroy-Haus aus dem Jahre 1792.

VARIANTE Auch in Blankenese können Sie mit der Fähre nach Cranz über die hier schon breitere Elbe ans andere Ufer wechseln.

Von Blankenese aus immer so nah wie möglich am Elbufer halten, anfangs auf dem **Strandweg,** dann auf dem **Falkensteiner Ufer** ~ vorbei an zwei kleinen Rückhaltebecken ~ es geht leicht bergauf ~ sobald wie möglich wieder links abbiegen, am Gasthof und den Parkplätzen vorbei zurück zur Elbe ~ unbefestigt geht es nun bis zur Mineralöl-Raffinerie ~ **2** beim Parkplatz rechts über ein Treppenstück mit Schiebeanlage ~ am **Tinsdaler Weg** links auf den Radweg ~ an der Vorfahrtstraße nach links auf den Radweg an der Straße **Galgenberg** einbiegen ~ dem Verlauf der Vorfahrtstraße durch den Wedeler Ortsteil **Schulau** folgen.

AndersRum (Karte D 2): Entlang des Deiches nach **Wedel** an der **Schulauer Straße** rechts ⮡ rechts am **Tinsdaler Weg** ⮡ nach den Schienen rechts weiter am Elbufer entlang halten.

VARIANTE Sie radeln am Schulauer Hafen und der Anlegestelle der Fähre vorbei, mit der Sie zum linken Elbufer nach Grünendeich wechseln können. Dies ist vor Glückstadt die letzte Möglichkeit die Elbe zu queren.

Wedel

PLZ: 22880; Vorwahl: 04103

- **Fähre Lühe-Schulau**, Fährstr. 12, ☎ 04141/788667, Fährzeiten: Mitte Nov.-März, Mo-Fr 6.40-18.40 Uhr, April-Okt. auch Sa, So/Fei 9.30-18.40 Uhr
- **Ernst Barlach Museum**, Mühlenstr. 1, ☎ 918291, ÖZ: Di-So 11-18 Uhr. Die Ausstellung in seinem Geburtshaus erinnert an den „dramatisch dichtenden" Bildhauer Ernst Barlach.
- **Stadtmuseum**, Küsterstr. 5, ☎ 13202, ÖZ: Do-Sa 14-17 Uhr, So 11-17 Uhr
- **Willkomm-Höft**, Schulauer Fährhaus, ☎ 9200-15, Schiffsbegrüßung: tägl. 8 Uhr-Sonnenuntergang (im Sommer 8-20 Uhr, Nov.-Feb., Di-So). Die jeweilige Nationalflagge wird gedippt und jedes ein- und auslaufende Schiff über 1.000 BRT mit der

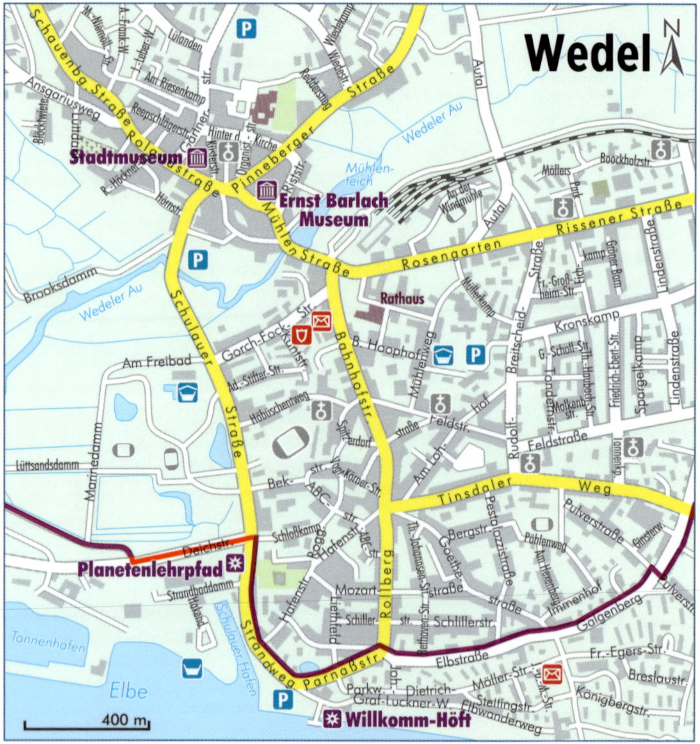

jeweiligen Nationalhymne und einem Grußwort in der jeweiligen Landessprache begrüßt oder verabschiedet.

❋ Der **Planetenlehrpfad** veranschaulicht die unvorstellbaren Dimensionen unseres Sonnensystems in einem Maßstab 1:1 Mill. So sind es nur knapp 6 km zum Planeten Pluto.

🛁 ✉ Kombibad Badebucht, Am Freibad 1, ✆ 91470

🚲 **Pedelec-Verleihsystem der Stadtwerke Wedel**, ✆ 805191, mit vier Stationen

Von Wedel nach Elmshorn — 41,5 km

3 Nach dem Deich und den Hochwassersperranlagen links Richtung Hamburger Yachthafen in die **Deichstraße** ⌇ vor dem Hafen rechts in die Straße **Zum Lütsandsdamm** ⌇ durchs Gatter hindurch und von nun an die nächsten 11 km immer am Deich entlang.

Scholenfleth

In Scholenfleth nach rechts vom Deich hinein in den Ort abbiegen ⌇ **4** an der Vorfahrtstraße links.

TIPP Wenn Sie sich an der Hauptstraße nach rechts wenden, kommen Sie nach

Wedel, Schulauer Fährhaus

2 km zum Elbmarschenhaus. Eine multimediale Ausstellung und diverse Außenanlagen informieren über den Natur- und Kulturraum Unterelbe.

Haseldorf

ℹ Tourist-Information im Elbmarschenhaus, ☎ 04129/955490

✳ Elbmarschenhaus (2006), Hauptstr. 26, ☎ 04129/955490, ÖZ: tägl. 10-16 Uhr. Im ehemaligen Inspektorenhaus vom Gut Haseldorf ist heute ein Erlebnis- und Informationszentrum untergebracht, in dem über die Unterelbe und die Elbregion informiert wird.

Sie folgen dem Verlauf der Vorfahrtstraße ∿ **5** vor dem Ortsende von Hohenhorst nach links zum Elbdeich abzweigen.

Hohenhorst

VARIANTE Nachfolgend gibt es zwei weite Abstecher ins Land hinein, bedingt durch die Flüsse Pinnau (Neuendeich) und Krückau (Elmshorn). ⚠ Falls Sie die reiz-

AndersRum (Karte D 3): In **Mühlenwurth** rechts in die **Achtern Dörp** ∿ rechts in die **Hafenstraße** ∿ entlang des Deiches 12 km nach **Wedel**.

vollen Passagen abkürzen wollen, beachten Sie, dass die jeweiligen Sperrwerke innerhalb der Woche nur eingeschränkt passierbar sind, da die Schifffahrt hier Vorrang genießt (ÖZ: siehe Foto S. 108, weitere Infos unter ☎ 04841/6670). Ein durchgängiges Befahren ist daher nur am Wochenende bzw. an Feiertagen möglich. Die Abkürzungen finden Sie als Alternativroute in den Karten.

6 Auf der Hauptroute dem scharfen Rechtsknick der Straße folgen und durch **Kreuzdeich** ∿ bei der Abzweigung links auf das Sträßchen unterhalb des Pinnaudeiches ∿ an der Vorfahrtstraße in **Klevendeich** links über die Pinnau.

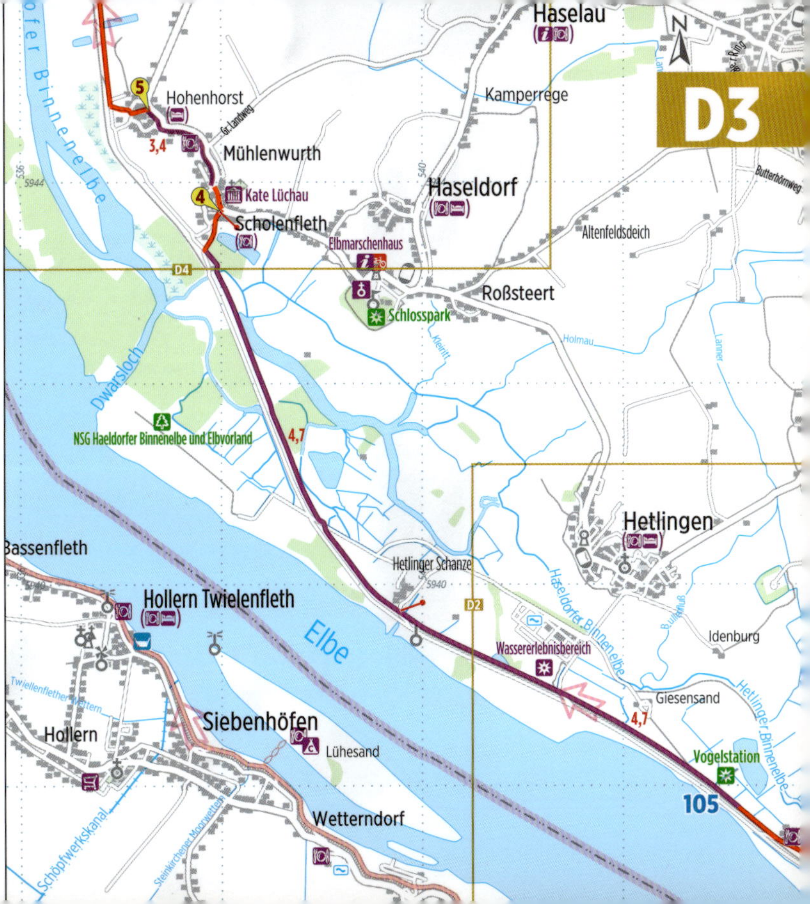

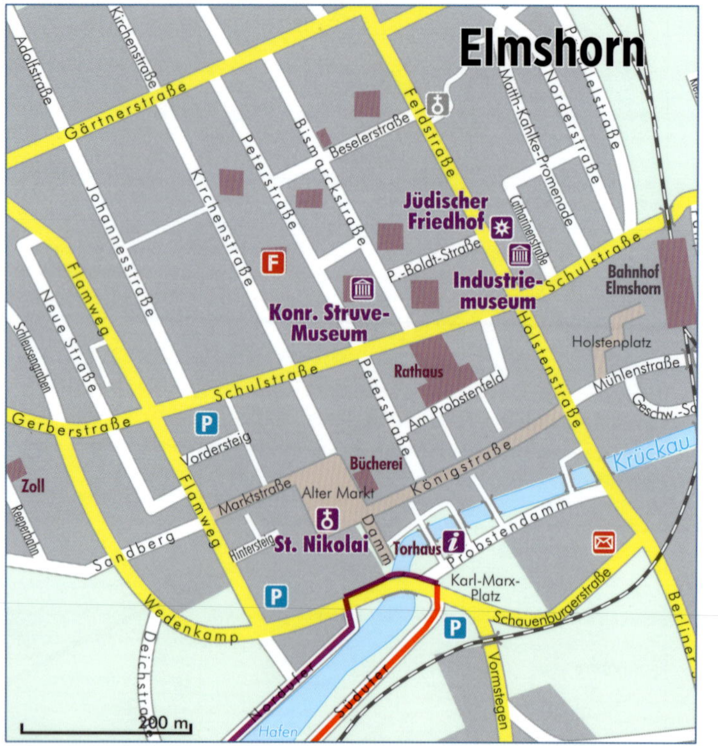

Neuendeich

✳ Drehbrücke Klevendeich

Am Fluss Pinnau wurde 1969 zur Regulierung der Tide im Elbebereich unter anderen das 52 Meter breite Sperrwerk errichtet. Nach verheerenden Sturmfluten war dieser Schritt notwendig geworden und führte zu einer Verlegung der Flussmündungen und zum Verschließen des alten Mündungsarmes.

7 Gleich danach links auf den Radweg ～ nach gut 2,5 km kommen Sie nach **Esch.**

VARIANTE Hier gibt es wiederum zwei Möglichkeiten. Die Hauptroute zweigt kurz vor Esch links in Richtung Deich ab. Die Alternative führt Sie über die Vorfahrtstraße nach Seestermühle, wo sie kurz vor Altenfeldsdeich die Hauptroute erreicht.

Auf der Hauptroute treffen Sie nach 1,8 km wieder auf den Deich-

AndersRum (Karte D 4): Hinter **Altenfeldsdeich** rechts ～ links auf den Deich bis nach **Esch** ～ rechts am **Binnendiek** ～ über die **Pinnau** ～ rechts immer am Deich entlang halten nach **Mühlenwurth.**

weg und biegen rechts auf diesen ab ～ dem Wegeverlauf folgend bis kurz vor das Sperrwerk Krückau.

VARIANTE Mittels der Alternative über das Sperrwerk Krückau lassen sich die 24 km über Elmshorn abkürzen. Am anderen Ufer der Krückau biegen Sie in Kronsnest zur Weiterfahrt nach Kollmar links auf die Vorfahrtstraße ein.

Auf der Hauptroute biegen Sie vor dem Sperrwerk rechts ab ～ an der T-Kreuzung halten Sie sich links, Sie befinden sich nun auf der Vorfahrtstraße entlang der Krückau landeinwärts ～ Richtung Elmshorn geradeaus auf dem kleinen Sträßchen weiterfahren ～ immer am Deich entlang ～ an der

T-Kreuzung links ⁓ die große Querstraße, die Westerstraße, überqueren und geradeaus in die **Blücherstraße** ⁓ gleich links in die Straße **Klostersande** ⁓ links in die **Hafenstraße**, dann über die **Reichenstraße** ⁓ **8** am Südufer der Krückau bis zum **Wedekamp** ⁓ für die Weiterfahrt hier nach links wenden, das Zentrum liegt nun vor Ihnen.

Elmshorn

PLZ: 25335; Vorwahl: 04121

- **Stadtmarketing**, Königstr. 17, ☎ 266074 od. Verkehrs- und Bürgerverein, Im Torhaus, ☎ 268632
- **Industriemuseum**, Catharinenstr. 1, ☎ 268870, ÖZ: Di, Fr, Sa 14-17 Uhr, Mi, So 10-12 Uhr und 14-17 Uhr, Do 14-19 Uhr. In diesem aus dem Jahre 1895 stammenden Fabrikgebäude ist die Geschichte von Leben und Arbeit in der Industriezeit dokumentiert.
- **Konrad-Struve-Haus** der Ortsgeschichte, Bismarckstr. 1, ☎ 268870, ÖZ: Mi 14-17 Uhr, So 10-12 Uhr, außer Schulferien
- **St. Nikolai**, mit Tonnengewölbe und Arp-Schnittger-Orgel
- **Jüdischer Friedhof**, Feldstraße 42

Fahrräder und Meer, Mühlenstr. 39, ☎ 87427

1991 konnte Elmshorn sein 850-jähriges Stadtjubiläum feiern. Trotzdem Karl X. die Stadt im Jahre 1657 niederbrennen ließ, wurde sie wenige Jahre später zunftberechtigter Flecken. Im Zuge der Industrialisierung schaffte es Elmshorn bis 1910, das Wirtschaftszentrum Südwestholsteins zu werden. Nach den Zerstörungen im Zweiten Weltkrieg und der großen Sturmflut 1962 ist die Stadt heute ein modernes Dienstleistungszentrum und sechstgrößte Stadt in Schleswig-Holstein.

Von Elmshorn nach Glückstadt   26 km

Elmshorn entlang der Krückau auf dem Nordufer verlassen ⁓ über einen Sandweg zur **B 431** ⁓ hier links auf den straßenbegleitenden Radweg ⁓ nach 400 m auf die andere Straßenseite wechseln und weiter entlang der B 431 ⁓ **9** am Hauptkanal links in Richtung der Krückau abbiegen ⁓ rechts ab-

AndersRum (Karte D 5): Am Deich entlang nach **Kollmar** ~ hier können Sie den Weg über die Sperrwerke abkürzen, beachten Sie unbedingt die Sperrwerkzeiten ~ rechts auf die **K 23** ~ durch **Kuhle** und rechts nach **Fleien** ~ geradeaus weiter entlang der **Krückau** ~ vor dem Hauptkanal links bis zur **B 431** ~ rechts auf den Radweg nach Elmshorn ~ rechts auf den Sandweg ~ rechts über die Krückau ~ auf dem **Wischdamm** nach **Altenfeldsdeich**.

biegen und ufernah durch **Spiekerhörn** und **Kronsnest** ~ dem Verlauf der Vorfahrtstraße nach Fleien folgen ~ in **Fleien** links in die Straße **Kuhle** ~ **10** an der T-Kreuzung links in die Straße **Lühnhüserdeich** ~ vor dem Elbdeich folgen Sie dem Rechtsknick der Straße und kommen nach Kollmar.

Kollmar

Beim Rechtsbogen der Straße fahren Sie geradeaus weiter auf der Straße **Am Deich** ~ nach ca. 300 m links zum Deich hinüber ~ über den Deich und dann direkt entlang der Elbe ~ vorbei am Hafen von **Bielenberg**, dahinter links unterhalb des Deiches halten ~ auf einem Radweg die vor dem Elbdeich liegenden Wiesen queren ~ nach 3,5 km links

Überqueren des **Pinnausperrwerkes** für Radfahrer u. Fußgänger vom 01.05. bis 30.09.
Montag-Mittwoch alle 60 min ab 8.45 bis 15.45
Donnerstag alle 60 min ab 8.45 bis 13.45
Freitag alle 60 min ab 8.45 bis 12.45
Sa, So u. Feiertag durchgängig von 9.00 bis 13.00 und 14.00 bis 18.00
Der Schifffahrt ist Vorrang zu gewähren

Öffnungszeiten Pinnausperrwerk

Überqueren des **Krückausperrwerkes** für Radfahrer u. Fußgänger vom 01.05. bis 30.09.
Montag-Mittwoch alle 60 min ab 9.15 bis 15.15
Donnerstag alle 60 min ab 9.15 bis 14.15
Freitag alle 60 min ab 9.15 bis 12.15
Sa, So u. Feiertag durchgängig von 9.00 bis 13.00 und 14.00 bis 18.00
Der Schifffahrt ist Vorrang zu gewähren

Öffnungszeiten Krückausperrwerk

auf die Asphaltstraße ~ **11** vor den Hafenanlagen rechts in die Straße **Am Rethövel**.

TIPP Sie können die 1,5 km lange Schleife der Hauptroute durch Glückstadt abkürzen, indem Sie nach dem Rechtsbogen der Straße Am Rethövel links auf der Brücke das Hafenbecken überqueren.

Am Ende des Hafenbeckens links in die **Stadtstraße** ~ nach 150 m nach links in die Straße **Am Hafen** abbiegen, geradeaus ginge es ins Zentrum.

Glückstadt

PLZ: 25348; Vorwahl: 04124

Tourist-Information Glückstadt, Große Nübelstr. 31, ☎ 937585, ÖZ: April-Okt., tägl. 9-18 Uhr; Nov.-März, tägl. 10-17 Uhr; Führungen von April-Okt., jeden 1. So im Monat 14 Uhr, Juli-Aug. zusätzlich jeden Sa 15 Uhr. Treff: Stadtkirche am hist. Marktplatz

Fähre Glückstadt-Wischhafen, ☎ 04124/2430, halbstündiger Pendelverkehr; Mai-Sept. Mo-Sa 5.15-23.15 Uhr, So/Fei 6.45-

B431
5
Herrenfeld
Obendeich
Gehlensiel
Moorhufen
Köningsmoor
Bullendorf
D5
Strohdeich
Moorhusen
Altenmoor
Elmshorn
NSG Rhinplatte und Elbufer südlich Glückstadt
Schleuer
Langenhals
Hausen
Besenbek
Industriemuseum
St. Nikolai
Bielenberg
D6
Langenhälser Wettern
L288
536
5956
Silkendeich
Raa-Besenbek
3,8
8
0,6
Groß Kollmar
Auf dem Ort
Langenbrook
B431
Dorfreihe
Neuendorf
9
B431
Krückau
Klostersande
K23
Klosterstraße
Weterstraße
Büttenstraße
5
Kollmar
10
4,2
Kuhle
Büssendeich
Altendeich
3,4
6
Dünne Reihe
Lühnhüserdeich
Fleien
Spiekerhörn
Lindenallee
Göpelschauer
Am Deich
Hörn
Müggendeich
3,4
Kronsnest
Seester
Holstendorf
Elbe
532
595
1,6
Krückau
535
5952
D4
2,8
Seesteraudeich
St. Johanneskirche
Schulsteig
Kurzenmoor
NSG Schwarztonnensand
2,2
Altenfeldsdeich
Kleine Au
Groß Sonnendeich
Klein Sonnendeich
Lander
Asseler Sand
5
NSG Elbinsel Pagensand
Gutshof
Seestermühe
Schlickburg
Groß Nordend
Pagensand
Neuenfeldsdeich
109

23.15 Uhr; März-April, Okt.-Dez., Mo-Fr 5.15-23.15 Uhr, Sa 6.15-23.15 Uhr, So/Fei 6.45-23.15 Uhr, Jan.-Feb., Mo-Fr 5.15-23.15 Uhr, Sa 6.45-23.15 Uhr, So/Fei 7.30-23.15 Uhr

🏛 **Detlefsen-Museum** im Brockdorff-Palais, Am Fleth 43, ☎ 930520, ÖZ: Mi 14-17 Uhr (Juni-Aug., 14-18 Uhr), Do-Sa 14-18 Uhr, So 14-17 Uhr. Stadt- und Regionalgeschichte Glückstadts und der Elbmarschen. Ausstellungen zu Themen wie Brandschutz, Eisenbahn, Festungsmodell, Heringsfischerei, Landschaftsentstehung, Robbenschlag, Volkskunde, Walfang u. v. a. Mit Plauderecke und Museumsgarten mit einer Remise für Bauwagen und Großgeräte.

⚥ **Stadtkirche** (1618-1621). An der Ostseite des Marktes gelegen, beeindruckt die Stadtkirche durch ihren schönen Barockturm, eine bemerkenswerte Innenausstattung und durch die Glücksgöttin Fortuna mit der Königskrone als Wetterfahne. Rechts vom Eingang befindet sich die Sturmflutmarke von 1756. Die linke Turmseite ziert der Admiralsanker, den Christian IV. 1630 nach seinem siegreichen Gefecht auf der Elbe vom Hamburger Admiralsschiff erbeutet hatte.

⚲ **Brockdorff-Palais** (1631/32). Erbaut vom Reichsgrafen Christian von Pentz, wurde das Palais nach der letzten adligen Besitzerfamilie im 19. Jh. benannt. Es ist ein zweigeschossiger Barockbau von 13 Fensterachsen, im Inneren besitzt es reich bemalte

Hafenzeile in Glückstadt

Balkendecken, ein barockes Treppenhaus mit Vestibül und beherbergt das Detlefsen-Museum.

⚲ **Wasmer-Palais** (17. Jh.). Der barocke Kaminsaal wurde 1729 vom italienischen Stukkateur Andrea Maini gestaltet. Drei reich stuckierte Decken befinden sich in den unteren Räumen. Ein Deckengemälde stellt beispielsweise eine Szene aus der griechischen Mythologie (Zeus und Semele) dar. Ehemals Sitz des Obergerichts und der Regierungskanzlei. Hier erklärte 1807 Dänemark England den Krieg, nachdem Kopenhagen durch die Engländer beschossen worden war und nur noch die Glückstädter Kanzlei funktionsfähig war. Hier ist heute die Volkshochschule untergebracht, und es finden Kammerkonzerte statt.

✳ **Königliches Brückenhaus**. Altes Brückenhaus, Am Hafen 61/62

✳ **Historischer Marktplatz**, Sieben Radialstraßen, drei Pseudoradialstraßen und zwei den Markt tangential berührende Straßen führen von hier zu den früheren Stadttoren und Bastionen der einstigen Festung. Verbunden werden die Radialstraßen durch eine Ringstraße und einen Rundweg.

✳ Als Stiftung eines Glückstädter Bürgers wurde der **Kandelaber** 1869 an der Stelle des ehemaligen Marktbrunnen und Brunnenhauses errichtet.

✳ **Rathaus** (1642), an der Westseite des Marktplatzes gegenüber der Kirche gelegen. Das im Stil der niederländischen Renaissance erbaute Gebäude weist große Ähnlichkeiten mit der Börse in Kopenhagen auf (sog. Baustil Christian IV., der sich durch roten Backstein, Sandsteineinfassungen der Fenster und Ziergiebel auszeichnet).

✳ **Ehemaliges Gießhaus**, später Neues Zuchthaus

✳ Das **Provianthaus** ist das letzte Gebäude aus der Anlage des alten Königsschlosses am Hafen. Heute befindet sich hier ein Offenes Atelier mit mehreren Künstlern. ÖZ: April-Okt., Sa, So 14-18 Uhr.

✳ **Am Hafen**. Die gesamte Hafenstraße steht wegen des einmaligen Zusammenspiels der historischen Fassaden und dem grünen Deich unter Denkmalschutz (Ensembleschutz). Sie gilt als die bedeutendste Uferstraße Norddeutschlands. Besonders hervorzuhebende Häuser sind das Haus Am Hafen 46 mit seinem prächtigen Sandsteinportal mit akanthus- und blütenverziertem Aufsatz (heute Kunsthaus und Galerie) und das Haus Am Hafen 40, der sog. Königs- hof mit dem achteckigen Wiebeke-Kruse-Turm, der

Rathaus in Glückstadt

AndersRum (Karte D 6): Dem Deichweg nach **Glückstadt** folgen ～ am Hafen entlang ～ über die Brücke rechts auf **Am Rethövel** ～ geradeaus nahe der Elbe weiter.

eine doppelt geschweifte Haube besitzt und den eine Wetterfahne mit Krone, Reichsapfel und einem Reiter schmückt. Der Turm ist der einzig erhaltene Teil des ersten Wohnhauses Christians IV., das er 1638 Wiebeke Kruse schenkte.

✳ Das **Fleth** mit den beiden parallel laufenden Straßen war und ist die Hauptverkehrsachse der Stadt. Im Rahmen der Stadtsanierung ist der offene Wasserlauf wieder hergestellt worden.

🔧 **Radhus Horn**, Gr. Deichstr. 15, ✆ 5735

Christian IV., König von Dänemark und Herzog von Schleswig und Hol- stein, ließ 1617 den Bau einer neuen Stadt an der Elbe beginnen. Strategi- sche Gründe bewogen ihn zu diesem Unternehmen. So sollte die Stadt als Ausgangpunkt seiner machtpoliti- schen Interessen in Norddeutschland dienen. Gleichzeitig versuchte der

Glückstadt

Glückstadt

König, den florierenden Handel der nahegelegenen Handelsstadt Hamburg in seine neue Stadt zu ziehen. Wegen des großen Wagnisses, in dem unwirtlichen Gelände an der Rhinmündung eine Stadt zu gründen, nannte er die Stadt Glückstadt. Hierbei soll Christian IV. folgende Worte gesprochen haben: „Dat schall glücken und dat mut glücken und denn schall se ok Glückstadt heten" und verordnete seiner Stadt die Glücksgöttin Fortuna als Wappen. Angezogen von Steuerprivilegien und gewährter Religionsfreiheit, kamen vor allem holländische

Remonstranten und Mennoniten sowie portugiesische Juden nach Glückstadt, die über ausgedehnte Handelsbeziehungen und eine starke Wirtschaftskraft verfügten. Die Stadt entwickelte sich unter diesen guten Voraussetzungen in kürzester Zeit zu einem florierenden Standort. Dennoch blieb die wirtschaftliche Entwicklung Glückstadts weit hinter den Erwartungen und Wünschen des Dänenkönigs zurück. Das Stadtbild ist geprägt vom Grundriss der dem Ideal der italienischen Renaissance nachempfundenen polygonalen Radialstadt und ist einmalig in Norddeutschland. Nach der umfassenden Stadtsanierung in den 70er und 80er Jahren des vorigen Jahrhunderts gilt Glückstadt als Stadtdenkmal.

AndersRum (Karte D 7): In **Brokdorf** auf die Straße K 41 〜 nach gut 4 km wieder nach rechts auf den Deich 〜 diesem nach **Glückstadt** folgen.

Von Glückstadt nach Brunsbüttel   29,5 km

Bis ans Ende der Straße **Am Hafen** radeln und dann nach rechts in die Straße **Am Proviantgraben** 〜 in die nächste Straße nach links und auf den Radweg auf dem Elbdeich, dem Sie nun folgen 〜 die B 495 ist nach ca. 2 km erreicht.

TIPP An der Bundesstraße ist zu entscheiden, ob die Tour am rechten Elbufer in Brunsbüttel (kein Bahnanschluss) oder am linken Elbufer in Cuxhaven enden soll. Die vorletzte Elb-Fähre vor der Mündung in die Nordsee verkehrt halbstündlich ab Glück-

stadt. Die Fähre zwischen Brunsbüttel und Cuxhaven dagegen verkehrt nur zweimal täglich am Dienstag und Donnerstag!

Für die Weiterfahrt nach Brunsbüttel queren Sie die Bundesstraße und folgen weiter dem asphaltierten Radweg ∾ **12** nach 1,3 km können Sie auf den straßenbegleitenden Radweg neben der K 8 wechseln oder weiter dem Weg auf der Deichaußenseite folgen ∾ vor dem Stör-Sperrwerk auf den Deich hinauffahren und links auf dem Radweg über die **Stör** ∾ **13** am anderen Ufer gleich wieder links durch das Gatter hindurch, dann weiter innendeichs ∾ an der Weggabelung links fahren ∾ links auf die **K 41** einbiegen ∾ links am Kernkraftwerk Brokdorf vorbei und weiter nach Brokdorf.

Brokdorf

PLZ: 25576; Vorwahl: 04829

- **Wilstermarsch Service GmbH**, Mühlenstr. 13, 25554 Wilster, ☎ 04823/9215950, www.wilstermarsch-service.de
- **St. Nikolaus** (1763)
- **Informationszentrum Kernkraftwerk Brokdorf**, ☎ 752560, ÖZ: Mo-Do 7.30-16.20 Uhr, Fr n. V.

- **Fahrradverleih Hotel Sell Elbblick**, Dorfstr. 65, ☎ 9000

14 Im Rechtsbogen der K 41 in Brokdorf nach links abzweigen und über den Deich fahren ∾ auf dem asphaltierten Deichweg außen am Deich geht es nach St. Margarethen, das rechts hinterm Deich versteckt liegt.

St. Margarethen

PLZ: 25572; Vorwahl: 04858

- **Marschenrundfahrt** mit dem „Aukieker", Kontakt über Wilstermarsch Service GmbH, Mühlenstr. 13, 25554 Wilster, ☎ 04823/9215950, für Gruppen ab 10 Personen jederzeit n. V.

Der Weg wird auf der Höhe des Ortes kurz unbefestigt ∾ genau unterhalb der Stromleitungen den Deich überqueren ∾ **15** an der Deich-Innenseite nach links weiterfahren ∾ nach 800 m links auf den linksseitig straßenbegleitenden Radweg der Kreisstraße.

VARIANTE Sie können vor der Kreisstraße auch links am Elbdeich bleiben. Dieser Weg mündet vor Brunsbüttel wieder in die Hauptroute.

Auf der Kreisstraße wechselt der Radweg die Straßenseite ∾ weiter zur Fähre über den **Nord-Ostsee-Kanal** nach Brunsbüttel ∾

AndersRum (Karte D 8): In **Brunsbüttel** mit der **Fähre** übersetzen ∾ geradeaus auf dem Radweg halten ∾ rechts auf den Deich ∾ auf diesem 8 km lang nach **Brokdorf** fahren.

16 am anderen Ufer ist Brunsbüttel erreicht ∾ an der ersten Kreuzung nach links am Geländer vorbei auf die **Schleusenstraße** fahren ∾ gleich wieder links in die **Kreystraße**, am Yachthafen vorbei auf die Schleusenanlage zu ∾ dann ein kurzes Stück gegen die Einbahnstraße, um gleich darauf links in die **Schillerstraße** abzubiegen ∾ nach 300 m zweigt der Radweg vor den Schrebergärten nach links ab und führt direkt am Ufer entlang ∾ vor dem kleinen **Leuchtturm** dann rechts hinauf ∾ durch das Gatter hindurch und geradeaus weiter ∾ wenn die Straße einen Rechtsbogen macht, wieder auf dem Deich weiterfahren ∾ durch ein Gatter links auf die kleine asphaltierte Straße **Auf dem Deiche** ∾ an der Vorfahrtstraße rechts auf den Radweg an der **Brunsbütteler Straße** ∾ die Hauptroute führt durch die Stadt weiter ∾ von der Brunsbüttler Straße nach links in die **Röntgenstraße** abbiegen.

D8
N
Blangenmoor
Landscheide
Nortof
B5
Behmhusener Weg
Bauernweg
K2
B5
Nord-Ostsee-Kanal
Ostermoor
K58
Vogelstange
B431
Pobfeld
Nordseeküsten Radweg 3
Brunsbüttel
Büttel
Stuven
K2
15
16
0,8
0,5
3,8
K63
5972
516
5972
Osterbünge
K63
520
Kulturviertel
Jakobuskirche
Hafenstraße Unter dem Deiche
2,8
Kernkraftwerk Brunsbüttel
Dithmarschen
St. Margarethen
Elbuferweg
3
4,7
Brunsbüttel
ELBE
Schleswig-Holstein
Niedersachsen
Altenhafenkanal
Scheelenkuhlen
Kleinarentsee
Großarentsee
B431
D7
6,5
NSG Außendeich Nordkehdingen
520
516
5968
520
5968
Elbe
Brokdorf
14
Sie
B431
115

Brunsbüttel

Geradeaus verläuft hier der Nordseeküsten-Radweg, der bis ins Nachbarland Dänemark führt.

Über den **Von-Humboldtplatz** kommen Sie zum Kulturzentrum und zur Tourist-Information.

In Brunsbüttel besteht die seltene Möglichkeit, nach Cuxhaven überzusetzen. Die Fähre verkehrt nur dienstags und donnerstags um 8 und um 16 Uhr, ☎ 04823/92610.

Brunsbüttel

PLZ: 25541; Vorwahl: 04852

Tourist-Info, Gustav-Meyer-Pl. 2, ☎ 836624, www.brunsbuettel.de

Reederei Brandt, Fähre Brunsbüttel-Cuxhaven u. a. Linientouren, für Fußgänger und Radfahrer, ☎ 04823/92610, Fährzeiten: Mai-Okt., Di, Do 8 und 16 Uhr, www.psb-brandt.de

Nord-Ostsee-Kanal, ☎ 8850, Fährzeiten: alle 10 Minuten, 23-5.30 Uhr alle 20 Minuten

Heimatmuseum, Am Markt 4, ☎ 7212, ÖZ: Di-So 14-17 Uhr, Mi 10-12 Uhr und 14-17 Uhr. Verschiedene Gebrauchsgegenstände, aber auch Kunstobjekte und Karten vermitteln einen Eindruck vom Leben der Brunsbütteler.

Schleusenmuseum, Gustav-Meyer-Platz, ☎ 8850, ÖZ: 15. März-15. Nov., tägl. 10.30-17 Uhr. Zahlreiche Schautafeln, Modelle, Filme und Exponate bringen dem Besucher die meistbefahrene künstliche Seewasserstraße der Welt, den Nord-Ostsee-Kanal, näher.

Jakobuskirche (17. Jh.)

Kulturzentrum Elbeforum, Von-Humboldt-Pl. 5, ☎ 54000. Im Kulturzentrum finden einerseits die verschiedensten Veranstaltungen wie Theater, Konzerte u. a. statt, andererseits sind unterschiedliche Institutionen im Haus ansässig, wie z. B. die Stadtgalerie, die in wechselnden Ausstellungen Kunst von der klassischen Moderne bis zur zeitgenössischen Avantgarde präsentiert, oder die Volkshochschule.

Schleusenanlagen, Gustav-Meyer-Platz, ☎ 885213, ÖZ: März-Okt., Mo-Fr 10.30-17.00 Uhr

Freibad am Ulitzhörn, ÖZ: Mai-Okt., tägl. 9-19 Uhr

Freizeithallenbad, Am Freizeitbad, ☎ 6474

Radverleih Köster, Koogstr. 93, ☎ 92280

Brunsbüttel liegt an der Mündung des über hundert Jahre alten Nord-Ostsee-Kanals in die Elbe. Der Kanal wird jährlich von tausenden Schiffen befahren und ist damit die meistgenutzte künstliche Wasserstraße der Welt. Dieser Umstand und der Bau mehrerer Häfen brachte Brunsbüttel den wirtschaftlichen Aufschwung. Nach und nach siedelten sich namhafte Unternehmen an, die Zuliefererfirmen und Dienstleistungsunternehmen mit sich brachten. Heute ist Brunsbüttel ein wichtiger Industriestandort, in dem aber auch kulturelle, sportliche und geschichtliche Belange ihren Platz finden. Mit 14.000 Einwohnern ist Brunsbüttel die zweitgrößte Stadt des Kreises Dithmarschen.

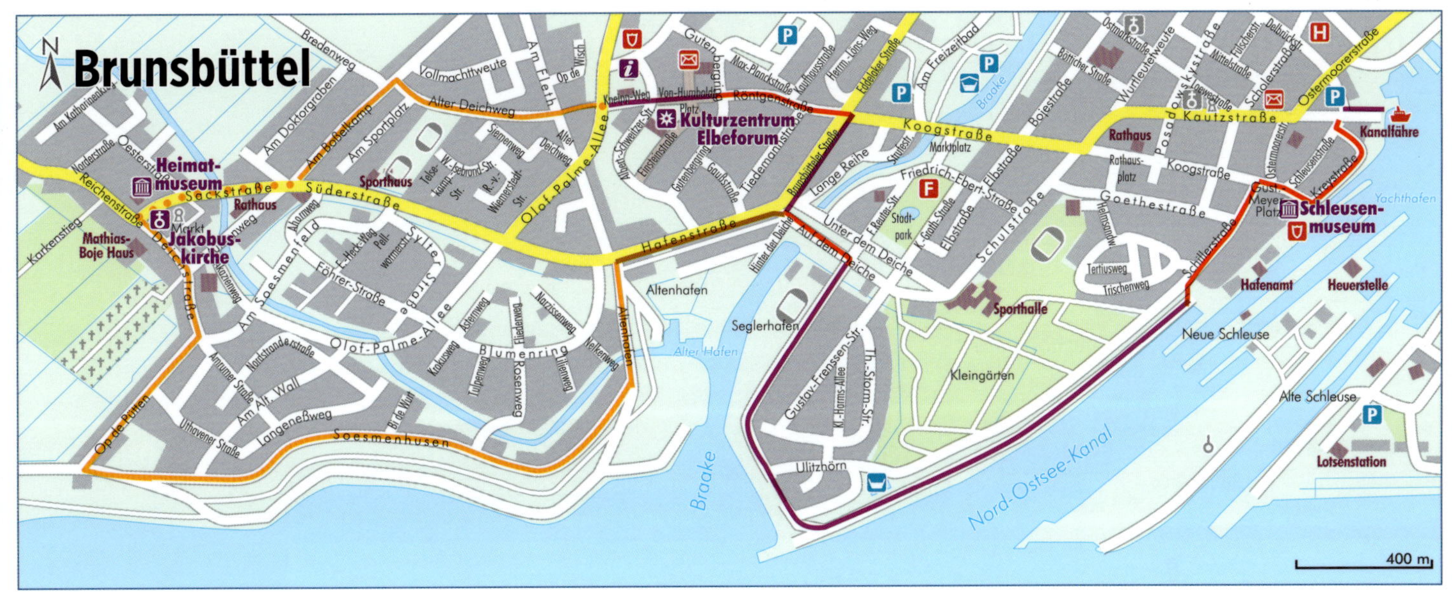

Brunsbüttel
N
Bredenweg
Vollmachtweute
Am Fleth
Op de Wisch
Guten berg-Str.
Max-Planckstraße
Kaufhausstraße
Herm.-Jens-Weg
Am Freizeitbad
Ostmarkstraße
Wurtleuterweute
Mittelstraße
Frischenstr.
Delbrückstr.
Ostmoorerstraße
Scholerstraße
Böttcher Straße
Braake
Am Doktorgraben
Am Boßelkamp
Am Sportplatz
Alter Deichweg
Sternenweg
Knellma-Weg
Von-Humboldt-Platz
Röntgenstraße
Koogstraße
Posadowskystraße
Loewenstraße
Kautzstraße
Kanalfähre
Kulturzentrum
Elbeforum
Rathaus
Marktplatz
Rathaus-platz
Koogstraße
Heimat-museum
Norderstraße
Oesterstraße
Reichenstraße
Seckstraße
Süderstraße
Sporthaus
Telse-Kamp-Str.
W.-Siebrond-Str.
R.-v.-Str.
Wienerstädt-Str.
Olof-Palme-Allee
Albert-Schweitzer-Str.
Einsteinstraße
Gutenbergring
Gaußstraße
Tiedemannstraße
Brunsbütteler Straße
Lange Reihe
Stuhrstr.
Friedrich-Ebert-Straße
Elbstraße
Bojestraße
Goethestraße
Schleusenstraße
Kreystraße
Schleusen-museum
Rathaus
Markt
Jakobus-kirche
Deete-Straße
Alsenweg
Albornweg
Syltes Straße
Hafenstraße
Gustav-Meyer-Platz
Mathias-Boje Haus
Karkensteg
Nordstrander Straße
Soesmenfeld
F.-Heck-Weg
Peil-wurmerstr.
Föhrer-Straße
Altenhafen
Altenhafen
Alter Hafen
F. Reuter-Str.
K. Groth-Straße
K. Groth-Straße
Schulstraße
Stadtpark
Hinter der Deiche
Auf dem Deiche
Unter dem Deiche
Helmsanor
Schillerstraße
Hafenamt
Heuerstelle
Amrumer Straße
Kahlenweg
Krokusweg
Blumenring
Narzissenweg
Tulpenweg
Rosenweg
Nelkenweg
Lilienweg
Seglerhafen
Sporthalle
Tertiusweg
Trischenweg
Neue Schleuse
Op de Putten
Am Alt. Wall
Uthavener Straße
Am Alt. Wall
Langeneßweg
Br. de Wurt
Soesmenhusen
Braake
Gustav-Frenssen-Str.
Kl.-Horms-Allee
Th.-Storm-Str.
Kleingärten
Alte Schleuse
Ulitzhörn
Nord-Ostsee-Kanal
Yachthafen
Lotsenstation
400 m

Linkselbisch von Hamburg nach Cuxhaven — 146 km

Der Charakter der linkselbischen Route ist ähnlich wie der der rechtselbischen Seite. Hier radeln Sie durch die Obstbaumreihen des Alten Landes, Höhepunkt ist das schmucke Städtchen Stade. Danach breitet sich der Elbstrom vor Ihren Augen immer weiter aus und eine frische Nordseebrise weht Ihnen um die Nase. Hinter oder vor dem Deich geht es an adretten, reetgedeckten Häuschen vorbei und durch grüne Polder. Am Ende der Tour erreichen Sie dann die Kur- und Nordseestadt Cuxhaven.

Sie fahren fast ausschließlich auf asphaltierten Wegen neben oder auf dem Deich dahin, am linken Ufer verläuft ein Teil der Strecke abseits des Deiches auf ruhigen Nebenstraßen oder auf Radwegen neben den Hauptstraßen.

1 Vom rechten Ufer von Teufelsbrück mit der HVV-Fähre 64 nach Finkenwerder ans linke Elbufer übersetzen.

Fähre Hamburg-Finkenwerder: HVV-Fähre 64. Alternativ ab Landungsbrücken/Altona/Dockland/Neumühlen mit der HVV-Fähre 62 nach Finkenwerder. Aktuelle Fährzeiten unter www.hadag.de oder ☎ 040/3117070.

Von der Fähre nach links auf die **Benittstraße** einbiegen ⌇ an der **Ostfrieslandstraße** nach links auf den **Köhlfleet-Hauptdeich** abbiegen.

Finkenwerder

✱ **Werksbesichtigungen bei Airbus (EADS)** werden durch Globetrotter Tours Mo-Fr 9.30-16.30 Uhr (Dauer ca. 2 ½ Std.) angeboten. Mehr Infos unter www.airbus-Werksbesichtigung.de oder ☎ 09005/247287 (0,49 €/Min.).

Nach 400 m links vor zum Köhlfleet und rechts dessen Promenade folgen ⌇ am Ende der Promenade rechts folgen, dann wieder links und in den mittleren der Wege ⌇ am Fuß des Deiches entlang der Straße **Aue-Hauptdeich** ⌇ noch vor der Brücke über die Aue mittels der Ampel nach rechts auf den **Osterfelddeich**

Radfahrer in der Region Altes Land am Elbstrom

abzweigen ⌇ an der T-Kreuzung links in den **Süderkirchenweg**, der nach dem Rechtsbogen in den **Finkenwerder Süderdeich** übergeht ⌇ **2** nach dem Rechtsbogen der Straße auf dem **Finkenwerder Westdeich** weiter ⌇ links in die Kleingartensiedlung ⌇ an der Hauptstraße nach links auf den Radweg ⌇ weiter auf dem straßenbegleitenden Radweg unterhalb des Elbdeichs ⌇ links vom Elbdeich erstreckt sich nun bis Stade das Alte Land.

Das Alte Land

Das Alte Land, das von Hamburg bis nach Stade reicht, ist mit 170 Quadratkilometern das größte geschlossene Obstanbaugebiet Nordeuropas. Jedes Jahr im Frühjahr zaubern 10 Millionen Obstbäume ein weiß-zartrosafarbenes Blütenmeer in die Landschaft südlich der Elbe. Die wichtigste Obstsorte in diesem Anbaugebiet ist der Apfel, der den Großteil der Obsternte ausmacht. Außer Äpfeln werden hier Kirschen, Zwetschgen und Birnen angebaut. Zu verdanken ist dieser fruchtbare Flecken Erde nicht allein dem günstigen Klima, das hier herrscht, sondern vielmehr den erfahrenen holländischen Entwässerungs- und Deichbauern, die im 12. Jahrhundert vom Bremer Bischof mit der Kultivierung der Marschlandschaft beauftragt wurden. Hinter Deichbauten vor landschaftszerstörenden Sturmfluten geschützt, wurde durch die Entwässerung der unwirtlichen Sumpflandschaft fruchtbarer Boden gewonnen. Dieser noch junge kultivierte Boden wurde „Olland" genannt. Von dieser Bezeichnung leitet sich der Name des Alten Landes ab. Als Neues Land bezeichnete man dagegen das noch brachliegende Gebiet. Die Einteilung des Alten Landes in drei Meilen stammt noch aus dem 15. Jahrhundert. Die I. Meile liegt zwischen den Flüssen Schwinge und Lühe, die II. Meile zwischen Lühe und Este und die III. Meile zwischen Este und alter Süderelbe. Windmühlen, Brücken und die langgezogenen Reihendörfer zeugen noch von dem Einfluss der Holländer auf die Kulturlandschaft des Alten Landes. Charakteristisch sind auch die Altländer Fachwerkhäuser mit ihrem roten Ziegelfachwerk und den reetgedeckten Dächern. Die vielen malerischen Details, die die reich verzierten Höfe schmücken, zeugen nicht nur allein vom früheren Reichtum der Obstbauern, sondern gestatten auch einen Einblick in das Brauchtum der Altländer. So dienten die gekreuzten Schwäne gleichzeitig als Schmuck der Giebel und als Schutz vor bösen Mächten und verheerenden Stürmen. Sehenswert sind auch die prunkvollen Brauttüren einiger Höfe. Benutzt wurde die Brauttüre, die sich nur vom Hausinneren öffnen ließ, am Hochzeittage, wenn der Bräutigam seine Braut über die Türschwelle in ihr neues Heim trug. Aber auch zu Beerdigungen und als Notausgang bei Feuer wurde die Brauttüre benutzt. Neben diesen charakteristischen Häusern sind zehn Kirchen zu bewundern, die durch ihre unterschiedliche Gestaltung einmalig sind. Teilweise sind in

Gräfenhof Jork

einigen dieser Kirchen Orgeln des Baumeisters Arp Schnitger erhalten, der in Neuenfelde lebte. Nun die Este überqueren und in den Ort Cranz.

Cranz

🚢 **Fähre Blankenese-Cranz**, ☎ 040/3117070. Fährzeiten: Mo-Sa 6.30-20.30 Uhr, So/Fei 7.30-20.30 Uhr, alle 60 min

Auf dem Radweg durch den Ort 〰 **3** an der Landesgrenze kurz auf die Straße, dann am Ortsende auf den linksseitigen Radweg wechseln 〰 nach 6 km in **Borstel** nach links in die Ortschaft Jork abzweigen.

VARIANTE Wenn Sie nicht nach Jork hineinfahren, sondern nahe der Elbe bleiben wollen, folgen Sie ab Borstel der Beschilderung der 5 km kürzeren Obstroute nach Grünendeich.

Jork

PLZ: 21635; Vorwahl: 04162

ℹ **Tourismusverein Altes Land e. V.**, Osterjork 10, ☎ 914755

🏛 **Museum Altes Land**, Westerjork 49, ☎ 5715, ÖZ: April-Okt., Di-So 11-17 Uhr; Nov.-März, Mi, Sa, So 13-16 Uhr. Dokumentation zur technischen Entwicklung des Alten Landes unter besonderer Berücksichtigung des Obstanbaus, des Handwerks, des Deichbaus und der Schifffahrt.

⛯ **Windmühle Aurora**, Am Elbdeich 1, Jork-Borstel, ☎ 6395, Besichtigungen der Mühle, die derzeit ein Restaurant beherbergt, sind nur sehr begrenzt im Rahmen der Altländer Gästeführung möglich.

✳ **Gräfenhof – Das Jorker Rathaus** (1649-51), Am Gräfengericht 2, Jork, ☎ 91470. Der ehemalige Adelssitz wurde vom Graf Matthäus von Haren erbaut. Es folgten mehrere Umbauten.

✳ **Wehrt'scher Hof**, Große Seite 8, OT Borstel. Besichtigung nur in Verbindung mit der Altländer Gästeführung möglich.

✳ **Obstbau-, Versuchs- und Beratungszentrum Jork**, Moorende 53, ☎ 60160

E1
Dahliengarten
Altona
Puppenmuseum
Heinrich-Hertz-Turm
Wass
Römischer Garten
Bismarckstein
Hirschpark
Brahms Kontor
NSG Mühlenberger Loch/ Neßsand
Museum für Hamburgis
Schweinesand
Elbe
Jollenhafen Blankenese
Jollenhafen Mühlenberg
Internat. Seegerichtshof
Kreuzkirche
Bismarckbad
St.-Josephs-Kirche
Panoptikum
Jenisch-Haus
Fischpark
Teufelsbrück
Ansgar-Kirche
Museum Altona
Erotic Art Museum
Christuskirche
Rosengarten
höfersand
Hinterbrack
Elbe
Norderelbe
Berichtigung
EAOS
Museumshafen Oevelgönne
Fischmarkt
Landungsbrücken
Werfthafen
Cranz
Airbus-Gelände
Flugzeugwerft Hamburg
Petroleumhafen
Köhlbrand
Süderelbe
Köhlfleet
0,6
Waltersdorfer Hafen
Kaiser-Wilhelm-Hafen
Kurhafen
Mühlenberger Loch
Köhlfleet
1,8
Groß Hove
5,7
Aussichtswall Neßtor
Liedenkummer
im Norden
NSG Westerwerden
Finkenwerder Vorhafen
Drehbrücke
Liedenkummer
im Süden
4,5
Alte Süderelbe
NSG Finkenwerder Süderelbe
Blumensand
Rethe
Nincoperort
Nincop
Alte Süderelbe
Spülfläche
Autoterminal
Container Terminal
Die Hohe Wisch
121
Estebrügge
Hakengraben
Alte Süderelbe
Container-Bahnhof
Container Terminal
Rethe
Süder

✳ **Altländer Gästeführungen**, Osterjork 10, ☎ 914755, April-Okt., interessante Führungen zu festen Terminen und n. V.

✳ **Der Herzapfelhof**, Familie Lühs, Osterjork 102, ☎ 8954, Apfelhof mit vielen Highlights wie Hofführungen, Hofladen, Äpfel mit persönlichen Motiven, neueste Technik.

✳ **Boßeln**, Obsthof Lefers, Osterjork 140, ☎ 357, Gasthaus Stubbe, Lühe 46, OT Lühl, ☎ 04142/2535. Bei dieser traditionellen Sportart geht es darum, in Teams eine Holz- oder Gummikugel mit wenigen Würfen ins Ziel zu bringen.

🔧 🚲 M. Brosch, Auf dem Kamp 7, ☎ 6645

Von Jork nach Stade   23,5 km

4 Im Zentrum von Jork am Kreisverkehr nach rechts auf den Radweg an der Straße **Wester-**
jork einbiegen ↝ weiter nach **Mittelnkirchen** ↝ dem Straßenverlauf in einem Rechtsbogen folgen ↝ **5** links über die **Lühebrücke** und rechts weiter am Deich entlang der Lühe ↝ auf dem Deich durch **Steinkirchen** ↝ danach dem Deichweg der Lühe nach rechts folgen ↝ geradeaus über die stark befahrene K 39 hinunter zur Elbe.

> **TIPP** Hier an der Lühemündung liegt die Fähranlegestelle der Elbfähre, nach Schulau zum rechten Elbufer.

Grünendeich

PLZ: 21720; Vorwahl: 04142

ℹ **Tourismusverband Landkreis Stade/Elbe e. V.**, Kirchenstieg 30, ☎ 813838

ℹ **Maritime Landschaft Unterelbe**, Kirchenstieg 30, ☎ 812076

🚢 **Fähre Lühe-Schulau:** ☎ 04141/788667, Fährzeiten: April-Mitte Okt., Mo-Fr 6.10-18.10 Uhr, Sa, So/Fei 9-18 Uhr, im Winter nur Mo-Fr

🚲 **Stussnat**, Fährstr. 1, ☎ 04141/6591068 oder 0171/7057654

6 An der Lühemündung nach links auf den Radweg unterhalb des Elbdeichs ↝ nach insgesamt 7,5 km am Elbufer nach links über den Deich ↝ nach rechts auf den Radweg an der Straße ↝ rechter Hand liegt das ehemali-

AndersRum (Karte E 2): In Grünendeich rechts ↝ geradeaus können Sie über das Sperrwerk abkürzen, beachten Sie unbedingt die Sperrzeiten ↝ an der **Lühe** entlang ↝ an der Vorfahrtstraße links über die Brücke ↝ dem Radweg nach **Jork** folgen ↝ links in die **Borsteler Reihe** ↝ rechts auf die **K 39**.

ge **Kernkraftwerk Stade** ↝ nach 1 km an der Kreuzung in **Melau** nach links abbiegen, dann nach 150 m rechts ↝ an der Vorfahrtstraße nach links und unter der Umgehungsstraße L 111 hindurch.

> **VARIANTE** Wollen Sie dem absolut sehenswerten Stade keinen Besuch abstatten, können Sie hier nach links auf den straßenbegleitenden Radweg der L 111 abbiegen und so 5 km abkürzen.

E2
Wedel
Schulau
Stadtmuseum
Ernst-Barlach-Museum
Planetenlehrpfad
Am Freibad
Schulauer Hafen
Willkomm-Höft
Grenzweg
Pupper
Giesensand
Vogelstation
Hettinger Binnenelbe
Zum Lütsanddamm
Langer Damm
Stein Weg
Hollern
Siebenhöfen
Lühesand
Wetterndorf
Mojenhörn
Huttfleth
Grünendeich
Lühedeich
Lühe
Wisch
3,8
6
0,6
0,8
1,4
Elbe
Hanskalbsand
Neßsand
NSG Mühlenberger Loch/ N
Schweine
Neuenschleuse
4,5
Schloss Agathenburg
Agathenburg
Steinkirchen
Hohenfelde
4
Guderhandviertel
Mittelnkirchen
Gehrden
Hahnhöfersand
NSG Hahnhöfersand
Borsteler Binnenelbe
NSG Borsteler Binnenelbe und Großes Brack
Kohlenhusen
Hinterbrack
6
5
Lühe
Dollern
Neuenkirchen
Wester Ladekop
Hinterdeich
Museum Altes Land
Gräfenhof
Wehrt'scher Hof
Mühle Aurora
Borstel
Herzapfelhof
Jork
4
Königreich
123
3,4
2
A26
A26
Schöpfwerkskanal
Steinkirchener Moorwettern
Horneburg-Dollerner Kanal
Neuenkirchener Schöpfwerksk.
Hohenfelder Schöpfwerkskanal
Hohenfelder Wettern
Este
Twiellenflether Wettern
E3
E3
E1
B431
N

Auf dem Deich bei Stade

Auf der Straße **Am Schwingedeich** fahren Sie nach Stade ⤳ **7** der Beschilderung folgend rechts abbiegen ⤳ am Wasser links halten und auf der Promenade entlang der Stader Hafencity ⤳ am Ende der Promenade rechts in die Straße **Beim Salztor** abbiegen ⤳ rechts in die **Hansestraße** ⤳ geradeaus geht es in die pittoreske Innenstadt von Stade.

TIPP An der Tourist-Information besteht die Möglichkeit, Gepäck in Boxen zu verstauen, um dann zu Fuß die Altstadt zu erkunden.

Stade

PLZ: 21682; Vorwahl: 04141

ℹ️ STADE Tourismus-GmbH, Tourist-Information am Hafen, Hansestr. 16, ☎ 409170. Stadtführungen u. a. auf einem Fleetkahn entlang der Wallanlagen und durch die idyllische Naturlandschaft, Touren mit dem Flachbodenschiff Tidenkieker; Führun-

gen durchs Alte Land: ☎ 409174, Zimmervermittlung: ☎ 409173

🏛 **Museum Schwedenspeicher** (1692-1705), Wasser West 39, ☎ 797730, ÖZ: Di-Fr 10-17 Uhr, Sa, So 10-18 Uhr. Kulturgeschichtliches Regionalmuseum mit Schwerpunktthema Hansegeschichte. Interaktive Aktionen sowie dreidimensionale Modelle und Grafiken bieten einen erlebnisreichen Zugang zu den geschichtlichen Themen.

🏛 **Freilichtmuseum** auf der Insel, ☎ 7977330, ÖZ: Mai-Sept., Di-So 10-17 Uhr. Zu sehen ist u. a. ein typisches Altländer Bauernhaus mit seinem ursprünglichen Inventar aus zwei Jahrhunderten.

🏛 **Heimatmuseum**, Inselstr. 12, ☎ 797730, ÖZ: auf Anfrage

🏛 **Baumhaus-Museum** (nahe Schwedenspeicher-Museum) Wasser-Ost 28, ☎ 45434, ÖZ: März-Okt., Sa 15-18 Uhr und So 14-18 Uhr, Nov.-Febr., So 15-17 Uhr. Das Privatmuseum Baumhaus zeigt Alltagsgegenstände aus den letzten zwei Jahrhunderten.

🏛 **Kunsthaus Stade**, Wasser West 7, ☎ 7977320, ÖZ: Di, Do, Fr 10-17 Uhr, Mi 10-19 Uhr, Sa, So 10-18 Uhr, wechselnde Ausstellungen

🏛 **Johanniskloster** (1673), ehem. Franziskanerkloster

⛪ **Kirche St. Cosmae** (13./17. Jh.) mit sehenswerter Barockorgel (1668-75)

⛪ **Kirche St. Wilhadi** (14./18. Jh.) mit Altar, Kanzel und Kronleuchtern aus dem 16. und 17. Jh.

✳️ Der um 1250 entstandene **Hansehafen** ist als eine der ältesten Hafenanlagen Europas fast unverändert erhalten und sorgfältig restauriert. Wo vor langer Zeit Schiffe entladen wurden, die

Waren gewogen und verzollt auf ihren weiteren Weg warteten, findet man heute kleine Fachgeschäfte, gemütliche Kneipen und Cafés mit einladenden Sommerterrassen direkt am Wasser.

✳️ **Rathaus** (1667/68). Die Kellergewölbe stammen aus der Zeit vor 1279.

✳️ Kulturzentrum **Stadeum**, Schiffertorstr. 6, ☎ 4091-0

Stade

E3
125
N
Stadermoor
Götzdorf
E4
Stadersand
Brunshausen
Hohenschölisch
Hörne
2,2
3,2
8
Schölisch
2
1,5
Melau
AKW Stade
Wöhrden
Bassenfleth
Elbe
Hohenwedel
5940
2,4
2,4
Hafencity
7
Speersort
Hollern Twielenfleth
5,5
Heimatmuseum
Freilichtmuseum
Stade
Am Gütherbahnhof
Hollern
Siebenhöfen
Lühesand
dorf
Brunnenweg
B73
Horstspe
Schwinge
Wetterndorf
3,8
Stade
E2
Groß Thun
Barge
Riensförde
Ottenbeck
B73
A26
Schöpfwerkskanal
Agathenburger Moorwettern
Steinkirchener Moorwettern
Steinkirchener Neuw
Twiellenflether Wettern
Mojenhörn
Huttfleth
Grünendeich
6
0,6
0,8
Lühe
Mühlenwurth
Kate Lüchau
Haseldorf
Scholenfleth
Altenfeld
Elbmarschenhaus
Roßsteert
Schlosspark
NSG Haeldorfer Binnenelbe und Elbvorland
Heimatm
Hetlingen
Hetlinger Schanze
5940
Idenburg
Wassererlebnisbereich
Giesensand
Vogelstation

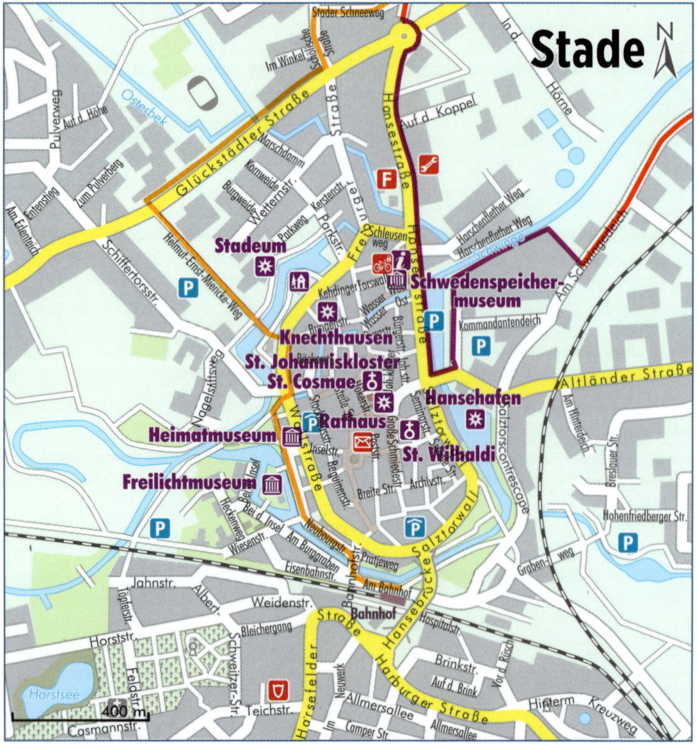

Stade

❋ Knechthausen (15. Jh.), Bungenstr. 20/22. Das ehemalige Gildehaus der Brauerknechte besteht aus zwei Giebelfachwerkhäusern.

❋ Historische Altstadt mit sehenswerten Fachwerkbauten

✉ Solemio Erlebnisbad, Am Exerzierplatz, ☎ 404181

🚲 Fahrradhandel Brandt, Freiburger Str. 45, ☎ 922669

🔧 Hinck Zweiräder, Hansestr. 27, ☎ 3193

🔧 Radhaus, Bremervörder Str. 78, ☎ 410541

Die Stadt Stade hat eine vielfältige und weit in die Vergangenheit zurückreichende Geschichte, deren bauliche Zeugnisse noch überall in der Altstadt zu finden sind.

Auf dem in der Nähe der Elbe gelegenen Geesthügel, wo sich die Stadt im Mittelalter entwickelt hat, haben Menschen wohl schon seit über 2.000 Jahren gelebt. Ende des 8. Jahrhunderts legten dann die Franken einen befestigten Königshof an. In dessen Schutz entwickelte sich langsam eine Hafen- und Marktsiedlung. 994 wurde Stade von den Wikingern geplündert, die Nachricht hierüber ist die erste schriftliche Erwähnung der Stadt.

Stader Kaufleute waren seit dem 13. Jahrhundert am Fernhandel in den Niederlanden beteiligt, und daher gehörte die Stadt fast von Beginn an zur Hanse. Bereits im 11. und 12. Jahrhundert war Stade

AndersRum (Karte E 4): Auf dem Radweg durch den **Asseler Sand** ⌇ links über **Barnkrug** immer am Deich entlang nach **Bützfleth** ⌇ links auf die **Alte Chaussee** zur L 111.

der bedeutendste Hafenplatz an der Unterelbe, wichtiger und größer als Hamburg. Das änderte sich im Laufe der Zeit, da der Stader Hafen für die großen Hanseschiffe zu klein wurde. Stade blieb aber bis ins 17. Jahrhundert ein bedeutender Markt- und Umschlagplatz für den niedersächsischen Raum. Diese kaufmännische Tradition hat sich auch in den vier Stader Bruderschaften aus dem 14. bis 16. Jahrhundert lebendig erhalten.

Die meisten der vielen alten Fachwerkhäuser in Stades Altstadt sind in der zweiten Hälfte des 17. Jahrhunderts und den ersten Jahren

Kleiner Elbhafen

des 18. Jahrhunderts, der sog. Schwedenzeit Stades, gebaut. Die schwedischen Truppen besetzten Stade 1645 am Ende des Dreißigjährigen Krieges. Sie machten die Stadt zum Zentrum ihrer Herrschaft über das Gebiet zwischen Weser und Elbe. Stade wurde zu einer bedeutenden europäischen Festung ausgebaut und erhielt eine starke Garnison. An diese Zeit erinnern noch die erhaltenen Wallanlagen und die militärischen Gebäude des Provianthauses (Schwedenspeicher) und des Zeughauses. Auch heute noch ist die historische Altstadt mit ihren verwinkelten Gassen, vielfältigen Einkaufsmöglichkeiten und zahlreichen Cafés komplett vom Wasser umgeben.

Von Stade nach Wischhafen   33,5 km

Der **Hansestraße** bis zum Kreisverkehr folgen ～ in den gegenüberliegenden Radweg einbiegen, der zum **Stader Schneeweg** führt, hier rechts ～ **8** die L 111 geradeaus queren und dem **Schneedeich** folgen ～ über die Straße und geradeaus dem Weg am Deich entlang folgen ～ geradeaus in die Alte Chaussee nach Bützfleth.

128

Bützfleth

PLZ: 21683; Vorwahl: 04146

- Festung **Grauerort** (1879), ✆ 929701. Die Festung diente einst zum Schutz vor feindlichen Schiffen auf dem Weg zum Hamburger Hafen. Die verfallene Festung wurde durch einen Verein weitgehend in den Ursprungszustand versetzt und ist heute ein zeitgemäßer Museumsort.

- **Freibad**, ✆ 5771

9 An der Vorfahrtstraße rechts in den **Obstmarschenweg** ～ in der Linkskurve der L 111 rechts abzweigen in die **Deichstraße** ～ die nächsten 15 km nun immer unterhalb des Elbdeichs entlang bis nach **Krautsand** ～ linker Hand liegen die Ortschaften **Abbenfleth**, **Wethe** und Assel.

AndersRum (Karte E 5): In **Wischhafen** rechts auf die **Moorchaussee** ～ links Richtung **Wolfsbruchermoor** ～ links in Richtung **Dornbusch** ～ in **Krautsand** rechts und 9 km am Deich entlang durch den **Asseler Sand**.

Assel

PLZ: 21706; Vorwahl: 04148

- **Tourist-Info Kehdingen**, Stader Str. 139, 21737 Wischhafen, ✆ 04770/831129

- **Heimatstube Assel**, Asseler Str. 42a, ✆ 1558 od. 04775/898265. Historische Gegenstände aus dem Land Kehdingen aus Handwerk, Handel, Landwirtschaft und Schifffahrt.

- **St. Martin** (14. Jh.) mit reichverziertem Holzaltar und Taufbecken.

- **Fahrrad Cassau**, Asseler Str. 113-115, ✆ 422

Auf der Höhe von Drochtersen überqueren Sie den Ruthenstrom.

Drochtersen

PLZ: 21706; Vorwahl: 04143

- **Tourist-Info Kehdingen**, Stader Str. 139, 21737 Wischhafen, ✆ 04770/831129

- **Tourist-Info Drochtersen**, Drochterser Str. 39, ✆ 912140

- Das **Altes Rauchhaus** ist das älteste Niedersachsenhaus des Ortes mit gut erhaltenem Giebel aus dem Jahre 1691.

- **Moorkieker Bahn – Naturerlebnisfahrten**, Fahrten ab Aschhornermoor (3 km südwestlich von Dorchtersen), Buchungen unter ✆ 04141/12561

- **Hallenbad**, Am Sportpl. 8, ✆ 472

E5
N
129
lenermoor
Küstenschifffahrtmuseum
Wischhafen
Wischafenersand
5
12
2,5
E6
Neuland
Krautsand
Rhinplate
NSG Rhinplatte und Elbufer südlich Glückstadt
Obendeich
Herrenfeld
Strohdeich
Schleuer
1,5
4,7
Neulandermoor
B495
Klein Wurth
Bielenberg
Langenhaisena Wettern
Groß Kollmar
Auf dem Ort
Langenbr
L288
B431
Wolfsbruchermoor
3,5
Gr-Räthe
Groß Wurth
2,6
Dornbusch
11
Krautsander Binnenelbe
4,5
Kollmar
Am Deich
Hörn
L111
Nindorf
Elbe
Buschhörne
Mühlenhafen
Drochtersen
E4
Gehrden
Draakenstieg
Theisbrügge
NSG Schwarztonnensand
Hüll
6
129
Asseler Sand
Kehdingen
Ritsch
NSG Elbinsel Pagens
Schleswig-Holstein
Niedersachsen

Krautsand
PLZ: 21706; Vorwahl: 04143

- **Tourist-Info Kehdingen**, Stader Str. 139, 21737 Wischhafen, ✆ 04770/831129
- **Tourist-Info Drochtersen**, Drochterser Str. 39, ✆ 912140
- **Tidenkieker Elbefahrten**, ✆ 04770/831129, Thema: Inselwelten – stille Buchten und historische Häfen, Dauer 2-3 Std.
- **Kirche zum guten Hirten**, ✆ 298. Backsteinbau im spätklassizistischen Stil.
- **Windbaum**, Freiplastik am Krautsander Deich zur Erinnerung an die Sturmfluten.
- **Deichgraf**, Bronzefigur auf dem Krautsander Deich
- **Krause**, Elbinsel Krautsand 127, ✆ 1335 u. 0162/4590737

VARIANTE Von Krautsand können Sie an Wochenenden von Mai-Sept. von 10-12 Uhr und 17-19 Uhr am Deich weiterfahren und in 5 km über das ansonsten geschlossene Sperrwerk der Wischhafener Süderelbe radeln. Zu allen anderen Zeiten nehmen Sie bitte die 9 km lange Schleife über Wischhafen.

10 Während der Schließzeiten des Sperrwerks biegen Sie schon bei den ersten Häusern von Krautsand nach links ab ⌇ nach 150 m an der T-Kreuzung rechts auf den linksseitigen Radweg der Vorfahrtstraße und dem Linksbogen der Vorfahrt-straße folgen ⌇ nach 2,5 km die Wischhafener Süderelbe queren ⌇ in **Dornbusch** geht es an eine T-Kreuzung ⌇ **11** biegen Sie an der T-Kreuzung nach links ab, dann nach 200 m wieder rechts.

VARIANTE An der L 111 können Sie rechts abbiegen und links entlang der verkehrsreichen Straße direkt nach Wischhafen radeln, Sie kürzen damit ca. 4 km ab.

Auf der Hauptroute fahren Sie über die L 111 geradeaus auf den Radweg ⌇ an der T-Kreuzung nach rechts ⌇ ⚠ Sie queren die verkehrsreiche B 495 ⌇ **12** auf dem Radweg nach gut 2 km rechts nach Wischhafen abbiegen ⌇ dem Verlauf der Vorfahrtstraße nach Wischhafen hinein folgen.

Wischhafen
PLZ: 21737; Vorwahl: 04770

- **Tourist-Info Kehdingen**, Stader Str. 139, ✆ 831129
- **Fähre Glückstadt-Wischhafen.** ✆ 04124/2430, Fährzeiten: halbstündiger Pendelverkehr; tägl. 6-22.30 Uhr (Jan.-Feb., So/Fei erst ab 7.30 Uhr)
- **Tidenkieker Elbefahrten**, ✆ 04770/831129, Thema: Waterkant - Robben, Watt und Küstenschiffe, Dauer 2-3 Std.
- **Kehdinger Küstenschifffahrts-Museum**, Unterm Deich 7, ✆ 04770/7179, ÖZ: Ostern-Mitte Nov., Sa, So/Fei 10-12 Uhr und 13-18 Uhr, Juli-Sept., Di-So

- **St. Dionysius**, OT Hamelwörden. Romantische Kirche mit gotischen Elementen, sehenswerte Kanzel.
- **Diecks Landmaschinen**, Birkenstr. 8a, OT Hamelwördenermoor, ✆ 83104-0

Von Wischhafen nach Freiburg — 8 km

Nach links auf den Radweg der **B 495** einbiegen ⌇ auf diesem Radweg an der B 495 nach rechts vor zur Elbe radeln, bis auf Höhe des Sperrwerks der Wischhafener Süderelbe.

TIPP Geradeaus geht es zur Fähre nach Glückstadt am rechten Elbufer. Für die Weiterfahrt auf dem linken Elbufer biegen Sie nach links ab auf den Radweg unterhalb des Deichs.

13 Links auf den Radweg unterhalb des Elbdeiches und nun 6 km in Richtung Freiburg ⌇ am Ortseingang queren Sie im spitzen Winkel den Deich ⌇ auf der anderen Seite des Deiches nach links, dann nach rechts dem Deich folgen ⌇ nach der Brücke rechts am Hafenbecken weiterfahren.

VARIANTE Haben Sie Lust auf eine Abwechslung zum Deich mit seinen Schafstoren, empfehlen wir die ruhige Straße nach Außendeich über die Dörfer mit ihren ortstypischen Häusern.

Fahren Sie nach der Brücke links auf die Hauptstraße und verlassen die L 111 nach nach 150 m nach rechts. Den Wegeverlauf finden Sie auf Karte E7.

Freiburg

PLZ: 21729; Vorwahl: 04779

Tourist-Info Kehdingen, Stader Str. 139, 21737 Wischhafen, ✆ 04770/831129

Samtgemeinde Nordkehdingen, Hauptstr. 31, ✆ 9231-38

St. Wulphardi. Funktionstüchtige historische Orgel (erstmalig erwähnt im Jahre 1581).

Vogelkieker-Bus – Naturerlebnisfahrten. Fahrten ab Freiburg. Buchungen unter ✆ 04141/12561

Natur- und Landschaftsschutzgebiete Außendeich und ehemaliges Hochmoor. Führungen: Institut für angewandte Biologie, Freiburg, ✆ 8851.

Von Freiburg nach Belum 30,5 km

Vom Hafen der Straße im Linksbogen folgen ∼ 200 m geradeaus, dann am Kanal nach rechts über die Brücke, Sie verlassen nun den

Ort ⌇ hinter dem Deich am Kanal entlang zur Elbe ⌇ **14** an der Elbe weiter außendeichs ⌇ nach knapp 2 km links auf den Deich abzweigen ⌇ den Weg kreuzen, der innen am Deich entlang führt ⌇ nach 300 m dem Rechtsknick des asphaltierten Feldweges folgen und genau Richtung Westen ⌇ **15** nach ca. 14 km diesen Weg nach links verlassen ⌇ über den **Südlichen Sielgraben**, dann den Deich durchqueren und weiter zur Vorfahrtstraße beim Gut Hörne.

Hörne

- **Baljer Leuchtturm**, ÖZ: Juli-Aug., Di-Do, Sa, So 10-18 Uhr. Maritime und vogelkundliche Ausstellung mit tollem Ausblick.
- **Gut Hörne**, ☎ 04753/362, historischer Garten, mittelalterliches Dorf

VARIANTE Die direkte und verkehrsarme Hauptroute verläuft über das Oste-Sperrwerk, ⚠ das von April-September jeweils Di-Do 10-17 Uhr, Sa, So 10-18 Uhr, Okt.-März, Di-Do, Sa, So 10-17 Uhr passierbar ist. Außerhalb dieser Zeiten fahren Sie entlang der verkehrsreichen L 111 nach Neuhaus und erreichen dort die Hauptroute.

Variante über Neuhaus   7 km

Nach links auf den straßenbegleitenden Radweg der Vorfahrtstraße einbiegen ⌇ in **Hörne** rechts auf die **L 111** ⌇ auf einer Brücke über die Oste und an **Geversdorf** vorbei ⌇ kurz vor der Einmündung der L 111 auf die B 73 nach rechts abzweigen und dem Verlauf dieser Straße durch **Neuhaus** folgen ⌇ beim Hafen die Aue überqueren und danach rechts nach Belum abzweigen.

16 Auf der Hauptroute nach rechts auf die Vorfahrtstraße abbiegen ⌇ nach dem Sperrwerk geht es rechts zum Naturkundemuseum Natureum Niederelbe.

Neuhäuserdeich

- **Natureum Niederelbe und Elbe-Küsten-Park**, Infos unter ☎ 04753/84210, ÖZ: April-Okt., Di-So 10-18 Uhr (Juli, Aug. auch Mo), abweichende Winteröffnungszeiten. Ausstellung zur Erdgeschichte, Bernsteinausstellung, Beobachtungsstation für Wildvögel, Aussichtsturm, Biotoppark, Spielpark, Café und Schifffahrten mit der Mocambo auf der Oste.

Dem Straßenverlauf Richtung Neuhaus folgen ⌇ **17** nach dem Deich im spitzen Winkel nach rechts in Richtung Belum abbiegen ⌇ dem Verlauf des Sträßchens nach Belum folgen.

AndersRum (Karte E 7): In **Außendeich** nach links in Richtung Elbe ⌇ gut 15 km dem Radweg nach **Freiburg** folgen.

Belum

- Die mittelalterliche **Kirche** wurde vor wenigen Jahren aufwändig saniert.

Von Belum zur Otterndorfer Schleuse   6 km

Auf der Ortsdurchfahrtsstraße durch **Belum** bis zur **B 73** ⌇ hier nach rechts auf den Radweg einbiegen ⌇ vor dem Hadelner Kanal rechts ⌇ nun immer parallel zum Kanal weiterfahren ⌇ **18** Sie fahren an der Brücke vorbei.

VARIANTE Für die Fahrt ins Zentrum des hübschen Städtchens Otterndorf folgen Sie ab der Brücke der Variante.

Variante durch Otterndorf   4,5 km

Sie queren den Kanal nach links ⌇ an der Weggabelung rechts ⌇ links in den Radweg ⌇ geradeaus weiter auf den **Liebesweg** ⌇ auf dieser Straße am Kreisverkehr vorbei bis zur Marktstraße, hier rechts.

Otterndorf

PLZ: 21762; Vorwahl: 04751

E7
N
NSG Außendeich Nordkehdingen
Baljer Leuchtturm
6
8,5
Südlicher Sielgraben
15
E8
E6
14
2,4
4,2
6,5
3,8
4,2
Faulenhofe
Krummendeich
Balje
Baljerdorf
Wechtern
endeich
Gut Hörne
Hörne
Rosenkranz
Freiburg
an der Elbe
16
Eggerkamp
2
Süderdeich
Klinten
Oederquart
133
Wetterdeich
Itzwörden
Oste
Geversdorf

ℹ Städtisches Verkehrsamt Otterndorf, Im Rathaus, ☎ 919135

St. Severi, Himmelreich 2, ☎ 3935, ÖZ: Mitte Mai-Mitte Sept., Mo-Do 10-11.30 Uhr und 15-17 Uhr, Fr 10-11.30 Uhr

Fa. Benecke, Marktstr. 18, ☎ 3427

Für die Rücktour fahren Sie vom **Rathausplatz** in die **Wallstraße** ∿ nach 140 m rechts in die **Schleusenstraße** ∿ an der Kreuzung geradeaus ∿ an der T-Kreuzung links und weiter auf der Schleusenstraße bis zur Schleuse ∿ nach der Brücke links, Sie befinden sind nun wieder auf der Hauptroute.

Auf der Hauptroute folgen Sie weiter dem Kanalweg und fahren an der Ottendorfer Schleuse links über den Kanal ∿ nach 350 m vor der Kanalbrücke rechts.

Otterndorfer Schleuse

Die Schleuse hat eine wichtige Funktion bei der Entwässerung eines ca. 48.000 Hektar großen Einzugsgebiets. Über Kanäle und über die Medem wird Wasser in die Elbe geleitet. Neben dem Schöpfwerk gibt es drei Schleusen, durch die die unterschiedlichen Wasserstände reguliert werden. Bereits im 16. Jahrhundert gab es bei Otterndorf Schleusen.

Von der Otterndorfer Schleuse nach Cuxhaven — 25 km

ACHTUNG Auf dem kommenden Abschnitt sind in regelmäßigen Abständen Gattertüren zu überwinden, was mit viel Gepäck mühsam sein kann.

Sie queren den Fluss Medem und verlassen die Schleusenanlage geradeaus, rechts liegt nun das Mündungsgebiet der Elbe in die Nordsee ∿ neben dem Deich am Ferienpark entlang ∿ Sie folgen der Beschilderung vorbei am Sommercamp Otterndorf ∿ **19** am Leuchtturm Dicke Berta hinter der Schleuse links

AndersRum (Karte E 8): Bei **Otterndorf** bleiben Sie am Deich ∿ an der **B 73** links bis nach **Belum** ∿ in Belum links gleich rechts auf die **Deichstraße** ∿ dem Deichweg bis zum Natureum folgen ∿ über das **Sperrwerk** ∿ gleich dahinter links weiter auf dem Deich in Richtung **Freiburg**.

und gleich wieder rechts ∿ nach 250 m links in den Radweg und dessen Verlauf folgen ∿ parallel zur etwas entfernten Bahnstrecke, rechts stehen küstennah einige Windräder ∿ an der Straße fahren Sie geradeaus auf den begleitenden Radweg ∿ vor der T-Kreuzung bleiben Sie auf dem Radweg ∿ vorbei an großen Hallen, dann über die Gleise ∿ **20** wenig später biegen Sie links in die **Baudirektor-Hahn-Straße** ab ∿ am Ende des Hafenbeckens links über die Brücke in Richtung Fischereimuseum ∿ links an den Fischerhallen entlangfahren und am Ende nach rechts ∿ wieder rechts in die **Kapitän Alexander Straße**.

TIPP Wenn Sie sich hier nach links wenden und in der Konrad-Adenauer-Allee wiederum links abbiegen, kommen Sie zum Bahnhof.

Links in die Zollkaje ∿ **Am Alten Hafen** nach rechts zur „Alten Liebe" ∿ ab hier fahren Sie weiter am Hafenbecken entlang ∿ am

E8
135
Baljer Leuchtturm
NSG Hadelner u. Belumer Außendeich
Nördlicher Sielgraben
Stade Cuxhaven
Belumer Deich
Natureum
Neuhäuserdeich
Sperrwerkzeiten beachten!
Außendeich
Gut Hörne
Hörne
Belum
Bahrdorf
Westerndorf
Nackenbüttel
Mahrdorf
Otterndorfer Schleuse
Beufleth
Zutrift
Südsee
Kranich-Haus
St. Severi
Otterndorf
Hadelner Kanal
Medem
Neuhaus
Dingwörden
Itzwörden
Geversdorf
Kehdingbruch
Auestade
Osterbruch
worth
Oste
E9
E7
15
16
17
18
3,6
1,8
3
2,4
2,4
2,4
2,4
2,4
2,4
2,2
2
0,6
4,5
2
2,5
B73
L111
5964
5960
5964
5960
5964
496
500
504
492

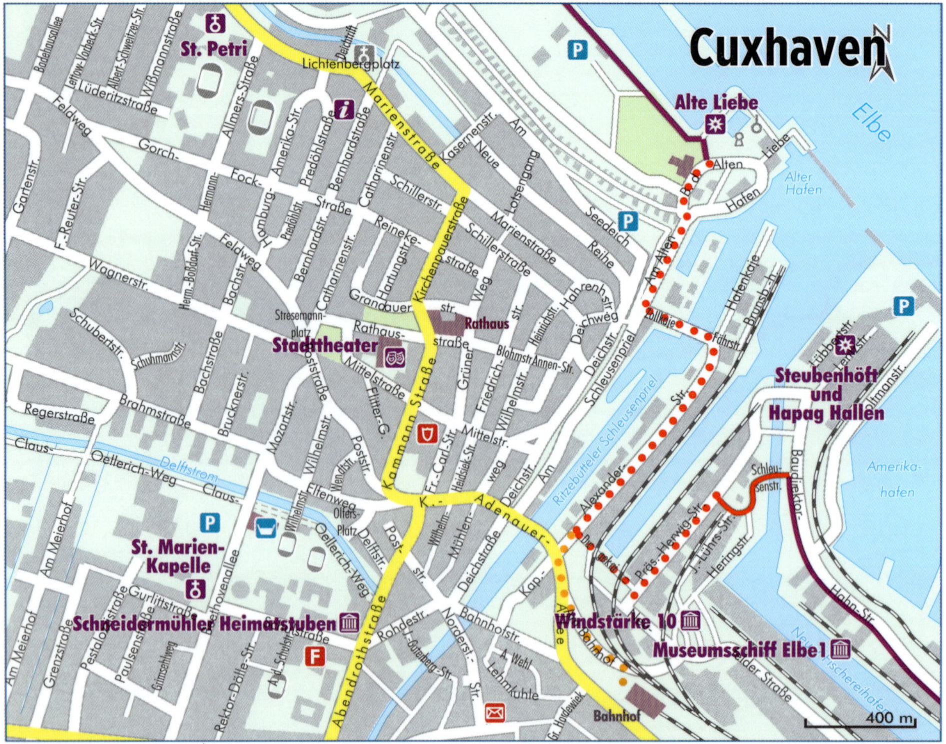

Fährhafen kurz vor dem Leuchtturm rechts
in die Einbahnstraße ∿ nach links auf den
Weg, der am Wasser entlangführt ∿ nach
3,5 km ist die Landspitze von Cuxhaven am
Fort Kugelbake erreicht ∿ hier bietet sich als
krönender Abschluss Ihrer Fahrradtour eine
herrliche Aussicht auf die Nordsee und die
Elbmündung.

Cuxhaven

PLZ: 27476; Vorwahl: 04721

ℹ Nordseeheilbad Cuxhaven GmbH, Cuxhavener Str. 92, ☎ 404142

Hotel Pflug
Steinmarner Straße 43
27476 Cuxhaven
Tel.: 04721-47678
Fax: 04721-47485
hotel.-pflug@t-online.de
www.hotelpflug-web.de
Preise ab:
45.- €, 78.- €

E9
N
Kugelbake
Döse
Seehundbank
Nationalpark Schleswig-Holsteinisches Wattenmeer
MEDEMRINNE
Helgoland 0:70 h (Schnellfähre)
Alte Liebe
1,8
Steuerwerk 1:50 h
nbüttel
Cuxhaven
ELBE
sterwisch
3,2
Windstärke 10 (ab Herbst 2013)
Schloss Ritzebüttel
Ringelnatz Museum
Süderwisch
B73
20
Groden
Baumrönne
Holstengraben
Landroehrkanal
19
Dicke Berta
E8
5,7
Sommercamp Otterndorf
3,6
Altenwalde
Altenbruch-Westerende
2,8
Wehldorf
Müggendorf
137
Südsee
Otterndorf
B73
Altenbruch

- ⚓ **Schiff Cuxhaven-Helgoland und Cuxhaven-Neuwerk**
- 🏛 **Museumsschiff Elbe 1**, Alte Liebe, ☎ 21192, ÖZ: Ende März-Okt., Di-So 11-16 Uhr. Einblicke in das Leben auf dem Feuerschiff.
- 🏛 **Ringelnatz Museum**, Südersteinstr. 44, ☎ 394411, ÖZ: Di-So 10-13 Uhr u. 14-17 Uhr. Ausstellung zum Leben und Werk des Dichters und Malers.
- 🏛 **Windstärke 10** (ab Herbst 2013), Fischhallen VII und VIII, weitere Informationen bitte erfragen unter ☎ 404142 (Tourist-Information). Das neue Maritime Museum vereint die bisherigen Museen Fischereimuseum und Wrackmuseum unter einem Dach und bietet ein spannendes Museumserlebnis, das von dern Herausforderungen und Gefahren der Seefahrt berichtet. Besonderer und eindrücklicher Höhepunkt ist ein inszenierter „Tauchgang" zum Grund der Nordsee.
- 🏛 **Schneidemühler Heimatstuben**, Abendrothstr. 16, ☎ 24957, ÖZ: April-Dez., jeden Mi 11-17 Uhr. Archivmaterial der Stadt Schneidemühl/Hinterpommern.
- ⚲ **Schloss Ritzebüttel** mit seinem Schlosspark war schon vor mehr als 700 Jahren Mittelpunkt des gesellschaftlichen Lebens auf dem Gebiet des heutigen Cuxhaven.
- ⚲ **Fort Kugelbake**, im Kurteil Döse, ☎ 408188, ÖZ: n. V. Historische Marinefestung.
- ✱ Der **Steubenhöft** und die **Hapag-Hallen**, Albert-Ballin-Pl. 1, ☎ 500181, sind die weltweit einzigen Auswanderungsanlagen, die noch in Betrieb sind. Um 1900 machten sich hier am „Bahn-

Cuxhaven

hof der Tränen" hunderttausende Menschen auf den Weg nach Amerika. Eine Ausstellung mit wechselnden Themenschwerpunkten erinnert an diese Zeit. Der Treffpunkt für Führungen ist der Eingang des Kuppelsaals in der Lenzstraße.

- ✱ **Hafenbollwerk „Alte Liebe"**, mit Leuchtturm und Semaphor.
- ✱ **Kugelbake**, Seefahrtszeichen an der Landspitze Cuxhavens und Wappenfigur im Cuxhavener Wappen.
- ✱ **Wattwanderungen** und **Wagenfahrten** zur Insel Neuwerk.

Bis in die 1940er Jahre gehörte Cuxhaven politisch noch zu Hamburg. Hamburg behielt sich aber bis 1993 auch noch einige Rechte an den Häfen Cuxhavens vor. So waren der England- und Amerikahafen hamburgisches Eigentum, obgleich sie zum Cuxhavener Stadtgebiet gehörten. Die Ursprünge des Fremdenverkehrs gehen auf das Jahr 1816 zurück, in dem in Cux-

haven ein Seebad errichtet wurde. Staatliche Anerkennung als Nordseeheilbad bekam Cuxhaven für einige Orts- und Kurteile 1964, aber nicht erst seit dieser Zeit liegt die Stadt Cuxhaven mit dem Flair der Nordsee an der Spitze der Gunst der Urlauber. Einen Besuch lohnen die maritim geprägten Museen und die innerstädtischen Hafenanlagen. Vom Hafenbollwerk „Alte Liebe" aus lässt sich der rege Schiffsverkehr beobachten. Dort zeigte einst auch der Windsemaphor die jeweiligen Windrichtungen und -stärken auf den Inseln Borkum und Helgoland an, jeden Tag gestellt nach dem aktuellen Wetterbericht. Von hier aus empfiehlt sich auch ein Besuch des Nationalparks Wattenmeer oder eine Weiterfahrt auf dem Nordseeküstenradweg.

Sie haben nun das Ende Ihrer Radreise erreicht. Wir hoffen, Sie hatten einen erlebnisreichen und interessanten Radurlaub und freuen uns, dass Sie ein *bikeline*-Radtourenbuch als Begleiter gewählt haben.

Das gesamte *bikeline*-Team wünscht Ihnen eine gute Heimreise!

Übernachtungsverzeichnis

Dieses Verzeichnis beinhaltet folgende Übernachtungskategorien:

H	Hotel
Hg	Hotel garni
Gh	Gasthof, Gasthaus
P	Pension, Gästehaus
Pz	Privatzimmer
BB	Bed and Breakfast
Fw	Ferienwohnung (Auswahl)
Bh	Bauernhof
Hh	Heuhotel
	Jugendherberge, -gästehaus
	Campingplatz
	Zeltplatz (Naturlagerplatz)

Die Auflistung erhebt keinen Anspruch auf Vollständigkeit und stellt keine Empfehlung der einzelnen Betriebe dar.

Die römische Zahl (I-VII) nach der Telefonnummer gibt die Preisgruppe des betreffenden Betriebes an. Wir möchten Sie jedoch darauf hinweisen, dass die angegebenen Preiskategorien dem Stand des Erhebungs- bzw. Überarbeitungszeitraumes entsprechen und sich von den tatsächlichen Preisen unterscheiden können.

Besonders während Messezeiten, aufgrund von unterschiedlichen Zimmertypen und nicht zuletzt saisonal bedingt sind preisliche Schwankungen möglich.

Folgende Unterteilung liegt der Zuordnung zugrunde:

I	unter € 15,–
II	€ 15,– bis € 23,–
III	€ 23,– bis € 30,–
IV	€ 30,– bis € 35,–
V	€ 35,– bis € 50,–
VI	€ 50,– bis € 70,–
VII	über € 70,–

Die Preisgruppen beziehen sich auf den Preis pro Person in einem Doppelzimmer mit Dusche oder Bad inkl. Frühstück. Übernachtungsbetriebe mit Zimmern ohne Bad oder Dusche, aber mit Etagenbad, sind durch das Symbol ✗ nach der Preisgruppe gekennzeichnet.

Da wir das Verzeichnis stets aktuell halten möchten, sind wir für Mitteilungen bezüglich Änderungen jeder Art dankbar. Der einfache Eintrag erfolgt für die Betriebe natürlich kostenfrei. Fahrradfreundliche Bett&Bike-Betriebe sind mit dem Symbol ◉ gekennzeichnet. „Radfreundliche Unterkünfte an der Elbe" erkennen Sie am ◄e.

Der Zusatz **R** oder **L** im Ortsbalken zeigt das (in Fließrichtung) rechte oder linke Ufer an.

PLZ: 39110-39130; Vorwahl: 0391

i Tourist-Information, Ernst-Reuter-Allee 12, ☎ 8380403

H sleep & go, Rogätzer Str. 5a, ☎ 537791, IV

H Best Western „Geheimer Rat", Goethestr. 38, ☎ 73803, V-VI

Hg Residenz Joop, Jean-Burger-Str. 16, ☎ 62620, V-VI

H Elbrivera Alt Prester, Alt Prester 102, ☎ 81930, IV-V

H Am Sudenburger Hof, Wolfenbütteler Str. 67, ☎ 6119999, III-IV

H Café Seestrasse, Seestraße 24, ☎ 5045234, V

H City Hotel, Maybachstr. 25, ☎ 7448888, IV III-IV

H Classik Hotel, Leipziger Chaussee 141, ☎ 62900, V IV-V

H Historisches Herrenkrug Parkhotel, Herrenkrug 3, ☎ 85080, VI-VII

H Elbresidenz Magdeburg, Seilerweg 19, ☎ 5969201, V

H In der Grünen Zitadelle, Breiter Weg 9, ☎ 620780

H InterCityHotel, Bahnhofstr. 69, ☎ 59620, V

H Karkut, Waschauer Str. 21, ☎ 4020666, III III

H Löwenhof, Halberstädter Chaussee 19, ☎ 6313576, III-IV

H Maritim, Otto-von-Guericke-Str. 87, ☎ 59490, VII

H Plaza, Halberstädter Str. 146-150, ☎ 60510, V

H Ramada Hotel, Hansapark 2, ☎ 63630, V

H Ratswaage, Ratswaagepl. 1-4, ☎ 59260, VI

H SKL Hotel Am Salbker See, Unterhorstweg 18a, ☎ 4069330, III

H Stadtfeld, Maxim-Gorki-Str. 31-37, ☎ 506660, V

Gh Roncalli-Haus, Max-Josef-Metzger-Str. 12/13, ☎ 5961400, V

P Alte Wache, Brandeburger Str. 2, ☎ 5639166, IV

P Am Birkenweiler, Süplinger Weg 52, ☎ 2522579, III

P Am Krug, Krugstr. 8, ☎ 0174/1636369, III

P Bördebahn, Oschersleber Str. 13, ☎ 4046164, II-III

P City-Carré, Ernst-Reuter-Allee 40, ☎ 532230, II-III

P Gardenia, Friedrich-Aue-Str. 49, ☎ 7270579, II-V

P Haus Stadtblick, Am Spionskopf 28a, ☎ 4010534, III

P Kelly, Breite Str. 11, ☎ 8117185, II

P Maihack, Pfeifferstr. 35, ☎ 8115504, II-III

P Rackebrandt, Birkenweiler 9/Gartenweg 11, ☎ 2511447

P Schulze, Pechauer Str. 16, ☎ 857592, II

P Umlauft, Birkenallee 28, ☎ 7240404, IV

Pz Fleischmann, Scheidebuschstr. 27, ☎ 5051777, I-II

Fw Am Petriförder, Wallonerberg 5, ☎ 5313315, IV

Fw Familie Heller, Nordhäuserstr. 16, ☎ 6200722, II-III

Jugendherberge „Magdeburger Hof", Leiterstr. 10, ☎ 5321010, III

Randau

PLZ: 39114; Vorwahl: 03928

P Predigerwitwenhaus, Randauer Dorfstr. 25, ✆ 404110, II -e-

Barleben (L)

PLZ: 39179; Vorwahl: 039203

H Sachsen-Anhalt, An der Backhausbreite 1, ✆ 990

⚠ Barleber See, ✆ 0391/503244

Biederitz (R)

PLZ: 39175; Vorwahl: 039292

H Zur alten Oberförsterei, Harnackstr. 24, ✆ 66987

Lostau (R)

PLZ: 39291; Vorwahl: 039222

Gh Zur Erholung, Möserstr. 27, ✆ 9010, IV -e-

P Hoffmanns Zimmervermietung, Kl. Dorf 13, ✆ 3625, III -e-

Pz Elbblick, Altes Dorf 5, ✆ 0171/9911604 -e-

Pz Trogs Zimmervermietung, Ahornallee 2b, ✆ 69891, II -e-

Pz Viebig, Altes Dorf 17, ✆ 2616 -e-

Hohenwarthe (R)

PLZ: 39291; Vorwahl: 039222

ℹ Gemeindeverwaltung Hohenwarthe, Möser Str. 2, ✆ 2662

H Trogbrücke, Elbstr. 6d, ✆ 3617, III-IV -e-

H Waldschänke, An der Waldschänke 1a, ✆ 95990, V ☺ -e-

P Unser Paradies am Wasserstraßenkreuz (auch ♿),

An der Waldschänke 4, ✆ 0170/3176247, II-III ☺ -e-

Niegripp (R)

PLZ: 39291; Vorwahl: 03921

ℹ Gemeindeverwaltung Niegripp, Elbwiesen-weg 2a, ✆ 994320

P Zum Deich, Zum Deich 14, ✆ 994260, I-II (auch ♿) -e-

P Deichwall, Zum Deich 10, ✆ 729061, II -e-

⚠ Campingplatz Niegripper See, Gossel 24, ✆ 5277

Schartau (R)

PLZ: 39288; Vorwahl: 03921

ℹ Gemeindeverwaltung, Bergstr. 8, ✆ 5275

P Gensecke, Friedensstr. 6, ✆ 5563, II -e-

Burg (R)

PLZ: 39288; Vorwahl: 03921

ℹ Burg-Information, Markt 1, ✆ 484490

H Villa Wittstock, Blumthaler Landstr. 7, ✆ 988987, III ☺

H Carl von Clausewitz, In der Alten Kaserne 2, ✆ 9080, VI

H Wittekind, In den Krähenbergen 2, ✆ 92390, VI

H Zum Hagen, Unterm Hagen 68, ✆ 988327

P Kraatz, Koloniestr. 68, ✆ 45126

P Jöst, Marientränke 12a, ✆ 2783, II

Blumenthal (R)

PLZ: 39288 Vorwahl: 039366

Fh NABU Blumenthal „Alte Ziegelei", Blumenthal 22-

25, ☎ 03921/985216, II (Frühst. möglich) -e-

Parchau (R)
PLZ 39288 Vorwahl: 039366
Parchauer See, Parchauer See, ☎ 03921/994633

Rogätz (L)
PLZ: 39326; Vorwahl: 039208
H Schmidts Restaurant u. Hotel, Brinkstr. 56, ☎ 2590 od. 8416, II -e-
P Elbflorenz, Brinkstr. 51, ☎ 2590, III -e-
P Molkenthin, Magdeburger Str. 4, ☎ 27345, II-III -e-
Pz Braune, Steinortstr. 58, ☎ 8404, II -e-
Pz Schlüter, Hoschestr. 17, ☎ 8414 -e-

Bertingen (L)
PLZ: 39517; Vorwahl: 039366

ℹ Verwaltungsgemeinschaft Tangerhütte Land, Birkholter Chaussee 7, 39517 Tangerhütte ☎ 93170
H La Porte, Im Wald 3, ☎ 979000, III-IV
P Feriendorf Bertingen, Im Wald 3, ☎ 979000, III -IV -e-
Bertingen u. Indianer-Tipi-Dorf, Zu den Kurzen Enden 1, ☎ 51037, -e-

Angern-Sandkrug (L)
PLZ: 39326; Vorwahl: 039363
Camping Nord- und Südsee, Am Sandkrug 1, ☎ 262 -e-

Kehnert (L)
PLZ: 39517; Vorwahl: 039366
P Elbschloss Kehnert, Schloßstr. 3, ☎ 97193 -e-

Parey (R)
PLZ: 39317; Vorwahl: 039349
ℹ Verwaltungsgemeinschaft Parey, E.-Thälmann-Str. 15, ☎ 9330
H Erlebnisdorf Parey, Bittkauer Weg 8c, ☎ 95880, V
P Fischer, Parchener Str. 34, ☎ 51647, II
Fw Täger, Mühlenstr. 9, ☎ 986310 -e-
Fw Riedel, Hauptstr. 121, ☎ 849, I-II
Fw Köppe, Zerbenstr. 20, ☎ 51717, II

Ferchland (R)
PLZ: 39317; Vorwahl: 039349
Gh Touristenstation Haus Kiefernblick, Genthiner Str. 37, ☎ 9410, II-III -e-

w Ferienhof Werner, Hauptstr. 20, ☎ 50284, III ⊙ -e-

Grieben (L)
PLZ: 39517; Vorwahl: 039362
Gh Griebener Hof, Breite Str. 28, ☎ 96090, II -e-
Pz Pasiciel, Chausseestr. 10, ☎ 81393, II -e-
Fw Thiemer, Chausseestr. 29, ☎ 96261, II ⊙

Schelldorf (L)
PLZ: 39317; Vorwahl: 039362
P Reiterhof Schelldorf, Dorfstr. 9, ☎ 89977 o.
   0172/3046764, III -e-

Jerichow (R)
PLZ: 39319; Vorwahl: 039343
🛈 Kloster Jerichow, Karl-Liebknecht-Str. 10, ☎ 285
H Poeges Hotel, Johannes-Lange-Str. 1, ☎ 444

Gh Zum Schulterblatt, Karl-Liebknecht-Str. 60, ☎ 257, II
P Am Kloster, Lindenstr. 19, ☎ 169877, IV-V
P Landhäußer, Rosa-Luxemburg-Str. 21, ☎ 330, III -e-
Pz Landhof Liebsch, Steinitz 6, ☎ 0176/96616647 -e-

Bittkau (L)
PLZ: 39517; Vorwahl: 039362
P Haus Elbblick, Elbstr. 20, ☎ 81602, III -e-
🏕 Family Camp, Kellerwiehl 1, An der Elbe, ☎ 81610, I

Tangermünde-Buch (L)
PLZ: 39590; Vorwahl: 039362
P Güldenpfennig, Kirchstr. 15, ☎ 81380, II -e-
Hh/Fw NABU-Elbezentrum, Bucher Querstr. 22,
   ☎ 81673, II -e-
Pz Albrecht, Breite Str. 33, ☎ 81536, I-II -e-

Pz Beckmann, Breite Str. 31, ☎ 82052, I-IV
Pz Zedler, Kirchstr. 13, ☎ 81600, II -e-
Fw Reiterhof Albrecht, Breite Str. 33, ☎ 81536

Wust-Fischbeck (R)
PLZ: 39524; Vorwahl: 039323
Pz Smolnick, Hauptstr. 34, ☎ 38618, II-IV

Hohengöhren (R)
PLZ: 39524; Vorwahl: 039323
Gh Stadt Braunschweig, Große Str. 17, ☎ 75659, II -e-

Schönhausen (R)
PLZ: 39524; Vorwahl: 039323
Gh Elbaue, Bahnhofstr. 14, ☎ 38725
P Bismarck, Bismarckstr. 56, ☎ 38324
Fw Franz Böttcher, Bismarckstr. 44, ☎ 38430

Fw Irene Böttcher, Heinestr. 9, ☎ 38253

Tangermünde (L)
PLZ: 39590; Vorwahl: 039322
🛈 Tangermünder Tourismusbüro, Markt 2, ☎ 22393
🛈 Hansekontor, Kirchstr. 13, ☎ 738935,
   www.tangermuendeinformation.de
H Alte Brauerei, Lange Str. 34, ☎ 44145, V ⊙ -e-
P Am Schrotturm, Lindenstr. 5, ☎ 718670, II-III
H Schloss Tangermünde, Auf der Burg, Amt 1, ☎ 7373,
   VI -e-
H Schwarzer Adler, Lange Str. 52, ☎ 960, V-VII ⊙ -e-
H Am Rathaus, Lange Str. 70, ☎ 7360, V-VI -e-
Hg Stars Inn, Lange Str. 47/Töpferpassage, ☎ 9870,
   IV-V -e-
P Im Hünerdorf, Hünerdorfer Str. 99, ☎ 22113 -e-
P Luisenhof, Luisenstr. 38, ☎ 72644, V -e-
P Pension JL, Fritz-Schulenburg-Str. 5, ☎ 42888, II-III
P Zum Schmuckgiebel, Markt 2, ☎ 22393, III -e-
P Zur Altstadt, Lange Str. 40, ☎ 2518, III-IV -e-
P Zum Wohlfühlen, Lindenstr. 82, ☎ 73499, III -e-
Pz Brack, C.-v.-Ossietzky-Str. 22, ☎ 41243, II
Pz Eue, Arneburger Str. 45, ☎ 43614, I-III
Pz Görges, Stendaler Str. 16, ☎ 43168, II-III
Pz Gronowski, R.-Wagner-Str. 16, ☎ 45387, II -e-
Pz Töpferhäuschen, Töpferstr. 4, ☎ 43299 -e-
Pz Wittstruk, Robert-Koch-Str. 1, ☎ 3708 -e-
Pz Wüstenberg, Magdeburger Str. 56, ☎ 41460, II-III -e-
Fw Reuterhäuschen, Reuterstr. 1-2, ☎ 43299

Fw Am Eulenturm, Schäferstr. 1, ☎ 43226, I-II -e-

Hämerten (L)
PLZ: 39590; Vorwahl: 039322
Pz Voß, Kleine Str. 2, ☎ 3625, II-III

Storkau (L)
PLZ: 39590; Vorwahl: 039321
H Schloss Storkau, Im Park 3, ☎ 5210, VI-VII 😊 -e-

Klietz(R)
PLZ: 39524; Vorwahl: 039327
H Land-gut-Hotel „Seeblick", Genthiner Str. 9, ☎ 93500, IV-V -e-
🏠 Schullandheim, Dammstr. 31, ☎ 41006

Neuermark-Lübars
P Reiterhof Kuhn, Dorfstr. 101, ☎ 41395, III -e-

Kamern (R)
PLZ: 39524; Vorwahl: 039382
Fw Waldcafé am See, Mühlenholz 2, ☎ 41168, I-II -e-
🦽 Waldcafé am See, Mühlenholz 2, ☎ 41168 -e-

Schönfeld
Pz Andersch, Chausseestr. 6, ☎ 290
Pz Bünger, Schönfelder Dorfstr. 40, ☎ 31203
Pz Kleinod, Schönfelder Dorfstr. 35, ☎ 41838
Pz Strasiewsky, Domstr. 10, ☎ 31152
🦽 Am Schönefelder See (auch Bungalows), ☎ 237

Wulkau
Bh Reiterhof Lemme, Wulkower Dorfstr. 9, ☎ 231

Arneburg (L)
PLZ: 39596; Vorwahl: 039321
ℹ Tourist-Information Verwaltungsgemeinschaft Arneburg-Goldbeck, Breite Str. 14a, ☎ 51817
H Goldener Anker, Elbstr. 17, ☎ 27136, III-IV & -e-
P Fährhaus Arneburg, An der Elbe 11, ☎ 53800 -e-
P Schottke, Tangermünder Str. 31, ☎ 2529, II -e-
Pz Geisler, Tangermünder Str. 38, ☎ 2433, I-II
Pz Campingplatz Wischer, Arnimer Straße, ☎ 2249 -e-
Fw Sommer, Tangermünder Str. 25, ☎ 53374, II-III 😊 -e-
🦽 Campingplatz Wischer, Arnimer Straße, ☎ 2249 -e-

Hohenberg-Krusemark (L)
PLZ: 39596; Vorwahl: 039394
P Gutshaus Krusemark, Ellinger Str. 16, ☎ 91680, III -e-
Pz Doogs, Eichstr. 2, ☎ 81446, II-IV
Pz Reiterhof Trumpf, Friedensstr. 7, ☎ 81454, II-III -e-

Pz Gadau, Gartenstr. 6, ☎ 81276, II -e-
Pz Nestler, Pappelstr. 4, ☎ 81573, II -e-

Schwarzholz (L)
PLZ: 39596; Vorwahl: 039394
Pz Blume, Dorfstr. 10, ☎ 81603
Pz Rehberg, Schweinslust 3, ☎ 81169, II

Sandau (R)
PLZ: 39524; Vorwahl: 039383
ℹ Tourist-Information, Marktstr. 2, ☎ 60915
Pz Gästezimmer Hellwig, Wulkauer Weg 30, ☎ 370 od. 0173/1314747, III 😊 -e-
Pz Schock, Kirchstr. 2, ☎ 360, I -e-
Gh Schützenhaus Sandau, Havelberger Str. 32a, ☎ 377, II -e-
P Garten der Vielfalt, Wulkauer Weg 25, ☎ 349 -e-
P Little Boom Ranch, Vor dem Schleusentore 1, ☎ 0172/3410318, II-III 😊 -e-
Pz Frank, Gartenstr. 11, ☎ 287, II -e-
Pz Hintze, Jederitzer Str. 3, ☎ 275, II

Büttnershof (L)
PLZ: 39606; Vorwahl: 039390
H Gutshaus Büttnershof, Dorfstr. 38, ☎ 81046, V 😊 -e-

Kannenberg (L)
PLZ: 39606; Vorwahl: 039390
P/Fw Meiser „Alte Försterei am Blauen See", Dorfstr. 81, ☎ 81703, II-III -e-
Bh Radfahrer-Tanke Tappe, Dorfstr. 71, ☎ 0172/3197269

Werben (L)
PLZ: 39615; Vorwahl: 039393
ℹ Tourismusbüro Werben, Marktplatz 1, ☎ 92755
P Roter Adler, Marktpl. 13, ☎ 91044, III 😊 -e-
P Gästehaus Am Markt, Marktpl. 11, ☎ 265 od. 0162/4109380, III -e-
H Deutsches Haus, Seehäuser Str. 10, ☎ 92939, IV
P Eiscafe Restauration, Schadewachten 34, ☎ 5640
P Johannis & Kanuverleih, Fabianstr. 12, ☎ 92746
Fw Blaue Residenz, Behrendorfer Str. 5, ☎ 91881, II
🦽 Campingplatz am Schwimmbad, Seehäuser Straße, ☎ 225 od. 0172/3146179 -e-

Räbel
Gh Flusshof, Dorfstr. 27, ☎ 0700/35877463, IV

Fw Westermann, Dorfstr. 3, ☎ 92832

Berge
Pz Schulze, Kastanienallee 6, ☎ 5765, II

Neu Goldbeck
P Dombrowski, ☎ 0172/3827786

Seehausen (L)
PLZ: 39615; Vorwahl: 039386
Tourist-Information, Schulstr. 6, ☎ 54783
H Alanda, Große Brüderstr. 7-8, ☎ 79770
H Zur Kaiserstube, Bahnstr. 8, ☎ 75456
Gh Henkel, Große Brüderstr. 12, ☎ 52279

Havelberg (R)
PLZ: 39539; Vorwahl: 039387
Tourist-Information Havelberg, Uferstr. 1, ☎ 79091
od. ☎ 19433
H Hotel am Hafen, Bahnhofstr. 39a/b, ☎ 72870, III-IV
Gh Mühlenholz, Elbstr. 7, ☎ 59454
P Biergarten, Lange Str. 20a, ☎ 59694, III
P Dürkop, Pritzwalker Str. 14, ☎ 88825, III
P Schröder, Vor dem Steintor 20, ☎ 88272, III
P Agniezka, Genthiner Str. 7, ☎ 17304, II-III
P ArtHotel Kiebitzberg, Schönberger Weg 6, ☎ 595151
P Am Markt, Markt 24/25, ☎ 8190, II-III
P An der Havel, Havelstr. 51, ☎ 80990, II
P Elb-Havel, Genthiner Str. 5, ☎ 89379, III-IV
P Held, Willhelm-Pieck-Ring 15, ☎ 8581 III
P Havelblick, Weinbergstr. 74, ☎ 88402, II
P Zum Biber, Vor dem Steintor 22, ☎ 20655, III-IV

Pz Kruse, Calvarienweg 3a, ☎ 21346, II-III
Pz Rekowsky, Bischofsberg 28, ☎ 80935
Pz W. Bartels, An der Freiheit 1, ☎ 88209
Fh Erlebnispädagogisches Centrum Havelberg, Schulstr. 1/2, ☎ 79325, III
Jugendzentrum Elb-Havel-Winkel, Uferstr. 2, ☎ 88220, I
Camping-Insel, Spülinsel 6, ☎ 20655

Nitzow
Fw Havelhof Nitzow, Dorfstr. 26, ☎ 89760, II-III

Quitzöbel (R)
PLZ: 19336; Vorwahl: 038791
P Cafe am Brink, Am Brink 1, ☎ 7028, II
P Haveleck, Havelberger Str. 1, ☎ 2548, II
Fw Knüppel, Roddaner Str. 10, ☎ 80427, II
Fw Blumenthal, Am Brink 3, ☎ 6990, II

Ledge
H Wellness u. Kurhotel Legde, Wittenbergerstr. 1, ☎ 79271, V

Roddan
Fw Muxfeldts FeWo, Dorfstr. 5, ☎ 6485, II

Abbendorf (R)
PLZ: 19322; Vorwahl: 038791
Gh Dörpkrog an Diek, Am Deich 7, ☎ 7233, III
Dörpkrog an Diek, Am Deich 7, ☎ 7233

Rühstädt (R)
PLZ: 19322; Vorwahl: 038791
H Schlosshotel, Schloss, ☎ 80850, V
Gh Storchenkrug, Am Schloss 1, ☎ 9970, III

P Zum Storchenhof, Dorfstr. 11, ☎ 6642, III
Pz Genrich, Wittenberger Str. 14, ☎ 6634, II-III
Fh Zum Storchennest, Dorfstr. 8, ☎ 179845, III

Bälow (R)
PLZ: 19322; Vorwahl: 038791
Gh Ploigt, Dorfstr. 19, ☎ 2661, II
P Ferienanlage Treffpunkt Natur, Am Sandkrug, ☎ 403645, II
Fw Ferienhof Zander, Dorfstr. 11, ☎ 6752, II-III
Fw Koberling, Ausbau Ziegelei 1, ☎ 6616, II

Groß Lüben (R)
PLZ: 19336; Vorwahl: 038791
Pz Reiterhof Grothe, Abbau Lanken 1, ☎ 0173/7211226, I

Klein Lüben (R)

PLZ: 19322; Vorwahl: 038791

Pz Nickel, An der Kirche 8, ☎ 79432, II

Hinzdorf (R)

PLZ: 19322; Vorwahl: 03877

P Blumenparadies, Dorfstr. 16, ☎ 904429, II -e-

Gh Zum Pfannkuchenhaus, Dorfstr. 14, ☎ 902029, III-IV -e-

Pz Elbblick, Dorfstr. 17, ☎ 904120, II -e-

Beuster (L)

PLZ: 39615; Vorwahl: 039397

P Neuland-Schäferei Schuster, Ostorfer Str. 2, ☎ 365

Pz Lucas, Bergstr. 4, ☎ 41224, III

Pz Haus Elisabeth, Breite Str. 4, ☎ 41263, II

Losenrade (L)

PLZ: 39615; Vorwahl: 039397

P Diehl, Dorfstr. 4, ☎ 41103

Pz Haus am Deich, Dorfstr. 1, ☎ 41166, II-III -e-

Wittenberge (R)

PLZ: 19322; Vorwahl: 03877

🛈 Tourist-Information, Paul-Lincke-Platz, ☎ 929181

H Zur Elbaue, Bahnstr. 107, ☎ 904118, III -e-

H Prignitz, Bismarckplatz 2, ☎ 92870, V

H Germania, Bahnstr. 53a, ☎ 95590, V -e-

H Alte Ölmühle, Bad Wilsnacker Str., ☎ 567994600, IV-V -e-

P Am Bahnhof, Schillerpl. 1, ☎ 566715 od. 0171/3754304, III -e-

Das Hotel befindet sich in der Altstadt in unmittelbarer Nähe des Elbhafens
• komfortabel und preiswert

• 36 Zimmer • Babybett a. Anfr.
• Aufbettung/Zustellbett 15 €
• Gruppenkonditionen a. Anfr.

EZ 30,- bis 40,- € • DZ 28,- bis 40,- € p. P.
3 Bettzimmer 25,- bis 30,- € p. P.
4 Bettzimmer 25,- bis 30,- € p. P.
• Inkl. Früstücksbüfett
• Kinder bis 6 Jahre kostenlos

P Zum Goldenen Anker, Elbstr. 11, ☎ 403855, IV ⊡ -e-

Fw Am Festspielhaus, Friedrich-Ebert-Str. 9, ☎ 79195, III -e-

P Schwesig, Lenzener Chaussee 19a, ☎ 66445, III -e-

P Tollhaus, Perleberger Str. 155, ☎ 71491, III -e-

P Rumsch, Feldstr. 33, ☎ 403201, III -e-

Pz Zum Tivoli, Tivolistr. 36, ☎ 75768, II -e-

Pz Zimmervermietung Mnich u. Paul, Tivolistr. 35, ☎ 79311, II -e-

Pz Kuhn, Elbstr. 9, ☎ 69603, II -e-

Pz Kösterke, Bentwischer Weg 68, ☎ 73681, II

Pz König, Tivolistr. 26, ☎ 69200, III ⊡ -e-

Pz Uhle, Wiglowstr. 10, ☎ 403153, III

Fw Zur Altstadt, Gartenstr. 17, ☎ 0152/09945508 -e-

Fw Elbblick, Elbstr. 13, ☎ 69635, III -e-

Fw Zum Schlafwandler, Bürgerstr. 31, ☎ 66369 -e-

🛏 Jugendgästehaus, Perleberger Str. 64, ☎ 79195, II

⛺ Am Friedensteich, auch Blockhütten, ☎ 79195, I

Wahrenberg (L)

PLZ: 39615; Vorwahl: 039397

🛈 Fremdenverkehrsverein Wahrenberg e. V., Kirchweg 75, ☎ 367

Pz Andre Brünicke, Hauptstr. 100, ☎ 97367, III-IV ⊡ -e-

Pz Schuster, Hauptstr. 71, ☎ 41153

Aulosen (L)

PLZ: 39615; Vorwahl: 039395

Gh Zur Eiche, Friedensstr. 10, ☎ 91646

Fw Baum&Blume Wilke, Deutscher Dorfstr. 20, ☎ 81554

Cumlosen (R)

PLZ: 19322; Vorwahl: 038794

Gh Schmidt, Lenzener Str. 25, ☎ 30214, II -e-

Pz Grüning, Seeviertel 20, ☎ 30442, II -e-

Pz Bertelt, Seeviertel 22, ☎ 30242, II -e-

Schnackenburg (L)

PLZ: 29493; Vorwahl: 05840

🛈 Tourist-Information Gartow, Nienwalder Weg 1, 29471 Gartow, ☎ 05846/333

Gh Hafencafé, Alandstr. 9, ☎ 1259 o. 0171/4420571, II-III (♿ möglich) -e-

P Pension Jessen, Kirchstr. 5, ☎ 1259 o. 0171/4420571, II-III -e-

P Deichgraf, Elbstr. 7, ✆ 989367, II–III (♿ möglich) -e-

Gartow (L)

PLZ: 29471; Vorwahl: 05846

ℹ Tourist-Information Gartow, Nienwalder Weg 1, ✆ 333

Hg Seeblick, Haupstr. 36, ✆ 9600, V–VI -e-

P Ferienhof Kunzog, Am Ortfeld 8, ✆ 356, bis IV -e-

Pz Ackermann, Hauptstr. 32, ✆ 329, III

Pz Meyer, Elsebusch 89, ✆ 2466, III

Pz Haus am See, Quarnstedt 1, ✆ 980413, II

Pz Ziegenhorn, Am Umschwang 16, ✆ 1255, I–II

Fw Gartower Familienferiendorf, Hahnberger Str. 76, ✆ 1613, I–II ⊙

♿ Campingpark Gartow, Am Helk 3, ✆ 979060 ⊙ -e-

Laasche

♿ Campingplatz Laascher See, ✆ 342

Lenzen (R)

PLZ: 19309; Vorwahl: 038792

ℹ Lenzen-Information, Berliner Str. 7, ✆ 7302

H Burghotel Lenzen, Burgstr. 3, ✆ 5078300, IV -e-

H Schützenhaus, Am Volksplatz 2, ✆ 9200, III–IV -e-

H Alte Wassermühle, Mühlenweg 33, ✆ 50770 -e-

P Haus Lenzen e. V., Leuengarten 2, ✆ 9870, II

P Hof Janisch am See, Leuengarten 1, ✆ 7488, I

P Haus Kinderland Elbtalaue, Birkenweg 5, ✆ 7340, III

P Hof Rademacher, Ausbau 1, ✆ 1400 -e-

Gh Stadt , Fr.-Ludwig-Jahn-Str. 1, ✆ 50880 -e-

Pz Salwiczeck, Kleine Str. 6, ✆ 1582, II

♿ Naturcampingplatz am Rudower See (östliches Ufer), Leuengarten 9, ✆ 80075 ⊙

Breetz

P Breetzer Herrenhaus, Kastanienallee 12, ✆ 50832 -e-

Lütkenwisch

P Jaap, Elbstr. 5, ✆ 038780/70693, III -e-

Bernheide

Gh unter den Linden, Dorfpl. 6, ✆ 038780/7301, II -e-

Höhbeck (L)

PLZ: 29478; Vorwahl: 05846

ℹ Tourist-Information Gartow, Nienwalder Weg 1, 29471 Gartow, ✆ 333

Brünkendorf

Pz Holm, Ringstr. 8, ✆ 1659, I

Pz Weber, Ringstr. 12, ✆ 379, II

Pevestorf

Gh Zum Lindenkrug, Fährstr. 30, ✆ 1505, II

P Lindenhof, Fährstr. 30, ✆ 625

Vietze

Hg Hüttenhotel-Elbhöhe, Am Elbufer 9, ✆ 1707, II–III ⊙ -e-

P Kastanienhof, Bergstr. 36, ✆ 538, II–III ⊙ -e-

Mödlich (R)

PLZ: 19309; Vorwahl: 038792

H Alte Fischerkate, Lenzener Str. 35, ✆ 1212, IV ⊙ -e-

P Elbtaumel, Lenzener Str. 9, ✆ 50471, III -e-

P Am Elbdeich, Lenzener Str. 13, ✆ 7790, II–III ⊙ -e-

Wootz (R)

PLZ: 19309; Vorwahl: 038792

P Wischehof Wootz, Friedensstr. 19a, ☎ 1871, II -e-

Kietz (R)

PLZ: 19309; Vorwahl: 038792

P Burrack, Sandstr. 10, ☎ 1880, II ⊛

Gorleben (L)

PLZ: 29475; Vorwahl: 05882

P Kaminstube, Hauptstr. 11, ☎ 987560, II-III ⊛ -e-

H Das Deichhaus, Burgstr. 5, ☎ 987484, II-III ⊛ -e-

Unbesandten (R)

PLZ: 19309; Vorwahl: 038758

H Alter Hof am Elbdeich, Am Elbdeich 25, ☎ 35780,

IV-V ⊛ -e-

H Lenzener Elbtalaue, Am Elbdeich 20, ☎ 364911, III -e-

Fw Pauli, Am Elbdeich 4, ☎ 20194

Grippel (L)

PLZ: 29484; Vorwahl: 05882

P Lechner, Dannnenberger Str. 8, ☎ 630, II -e-

Pz Elbhof Zipoll, Dannenberger Str. 15, ☎ 439, III -e-

Langendorf (L)

PLZ: 29484; Vorwahl: 05865

Fw Bauernhof Schulz, Elbuferstr. 81, ☎ 287, II

Quickborn (L)

PLZ: 29476; Vorwahl: 05865

H Quickborner Jägerhof, Hauptstr. 9, ☎ 247, II-IV -e-

Dömitz (R)

PLZ: 19303; Vorwahl: 038758

ℹ Tourist-Information, Rathauspl. 1, ☎ 22112

P Zur Festung, Goethestr. 15, ☎ 368789, III-IV -e-

P Märchen-Pension, Elbstr. 26, ☎ 22032, III ⊛ -e-

H Dömitzer Hafen Hotel, Hafenpl. 3, ☎ 364290, V &

P Fuhrmann, Marienstr. 1, ☎ 24161 -e-

P Großmann, Schwarzer Weg 1, ☎ 22296, II &

P Haus Elbblick, Am Wall 11, ☎ 36593 -e-

P Int. Begegnungsstätte, Ludwigsluster Str. 22/23,
☎ 35909, II-IV -e-

P Radlerpension Steffen, Elbstr. 1, ☎ 24484, III-IV ⊛

P Herberge Alte Brauerei, Fritz-Reuter-Str. 20,
☎ 0174/4806232

Pz Fuhrmann, Wallstr. 21, ☎ 22553, II -e-

Pz Schult, Mühlenstr. 4, ☎ 22427 -e-

Heidhof

Pz Haus Seutter, Dömitzer Chaussee 7, ☎ 351495 -e-

Heiddorf

H Eichenhof Heiddorf, Wilhelm-Pieck-Str. 14, ☎ 3150

Rüterberg (R)

PLZ: 19303; Vorwahl: 038758

H Elbklause, Ringstr. 3, ☎ 35450 -e-

Wehningen (R)

PLZ: 19273; Vorwahl: 038845

Pz Sommerhaus Alte Tischlerei, Hauptstr. 33, ☎ 44544
o. 0152/09413377, II -e-

Fw Ferienhaus, Haupstr. 18, ☎ 40939, II
Fw Drei Eichen, Feldstr. 6, ☎ 40071, II ‑e

Bohnenburg(R)
PLZ: 19273; Vorwahl: 038845
Pz Landpension Bohnenburg, Elbstr. 6, ☎ 40465 o.
0172 8010563, III

Damnatz (L)
PLZ: 29472; Vorwahl: 05865
H Steinhagen, Am Elbdeich 6, ☎ 554, IV ⊙ ‑e
Hg Sonnenhof, Achter Höfe 5, ☎ 1575, III ⊙ ‑e
P Ferienappartments Drave, Achter Höfe 32, ☎ 897,
II‑III ⊙ ‑e

Dannenberg (L)
PLZ: 29451; Vorwahl: 05861

i Gäste-Information, Rathaus, ☎ 808545
H Alter Markt, Am Markt 9, ☎ 7880, IV-V
H Birkenhof, Marschtorstr. 27, ☎ 2441, IV
H Marschtor, Marschtorstr. 43, ☎ 4378, IV ⊙ ‑e
H Schützenhaus Dannenberg, Lüchowerstr. 67,
☎ 8528, III
H Alte Post, Marschtorstr. 6, ☎ 986355, II-III
Pz Quitschau, Memeler Str. 10, ☎ 7183, II
Campingplatz Dannenberg, Bäckergrund 35,
☎ 4183 ⊙

Seedorf
Pz Abraham, Seedorf 8, ☎ 323, II

Laake (R)
PLZ: 19273; Vorwahl: 038845

Fw Kobin, Elbstraße 15, ☎ 40409

Raffatz (R)
PLZ: 19273; Vorwahl: 038845
Pz Ferienhof Alteneichen, Elbstraße 16, ☎ 41413
Fw Zum Storchennest, Elbstraße 17, ☎ 41838 ‑e

Hitzacker/Elbe (L)
PLZ: 29456; Vorwahl: 05862

i Tourist-Information Hitzacker, Am Markt 7,
☎ 96970
H Zur Linde, Drawehnertorstr.22-24, ☎ 347, III-IV ⊙
‑e
H Bürgerstube, Marschtorstr. 5, ☎ 6439, III-V
H Café Dierks, Kranplatz 2, ☎ 98780, V ‑e
H Parkhotel Hitzacker, Am Kurpark 3, ☎ 977-0, V-VI ⊙

H Hotel-Restaurant Scholz, Prof.-Borchling-Str. 2,
☎ 959100, III-V
H Waldfrieden, Weinbergsweg 25-26, ☎ 96720, V-VI
‑e
H Lüneer Hof, Lüneburger Str. 6, ☎ 1601, III
Gh Schiller´s, Drahwehnertorstr. 14, ☎ 987777, III-V
P Panorama, Prof.-Borchling-Str. 4, ☎ 210, II-III
P Reiterhof Pussade, Pussader Str. 16, ☎ 987349 ⊙
‑e
P Maison de la Marionette, Thießauer Str. 32, ☎ 985119
‑e
Pz Braunschweig, Harlinger Str. 51, ☎ 7555, II-III ‑e
Pz Radke, Von-Oeynhausen-Str. 4, ☎ 7350, II ‑e
Pz Stauch, Kaaßer Weg 2, ☎ 1484, II ‑e

Pz Thiemann, Harlinger Str. 59, ☎ 288, II-III -e-
🏠 Jugendherberge Hitzacker/Elbe, Wolfsschlucht 2, ☎ 244, II-III -e-

Tießau
🏕 Campingplatz Waldbächlein, ☎ 7838

Bitter (R)
Fw Lau, Elbstr. 5, ☎ 038855/51405 od. 0170/2469160, III ⊡

Wietzetze (L)
PLZ: 29456; Vorwahl: 05858
H Zum Pferdeschulzen, Landesstr. 8, ☎ 786, IV

Stixe (R)
PLZ: 19273; Vorwahl: 038845
Bh Ferienhof Mayer, Landweg 3, ☎ 41549, IV ⊡ -e-

Stapel (R)
PLZ: 19273; Vorwahl: 038841
P Landhaus Stapel, Wallberg 8, ☎ 61344, III

Drethem (L)
PLZ: 29490; Vorwahl: 05858
Gh Stadt , An der Elbe, ☎ 243, I-IV
Pz Schulz-Sandhof, An d. Elbe 4-6, ☎ 332, II-III -e-

Glienitz
P Atelier Elbengarten, Elbuferstr. 333, ☎ 978988, V -e-
Fw Elbblick, Elbuferstr. 319, ☎ 0171/9193401, II-III ⊡

Neu-Darchau (L)
PLZ: 29490; Vorwahl: 05853
Pz Jünemann, Neu Darchau, ☎ 695, II

Pz Moormann, Elbuferstr. 38, ☎ 228, II ⊡
Pz Elberast, Am Mühlenteich 2, ☎ 9806699, II ⊡

Katemin
Pz Elvers, Nedderstweg 6, ☎ 422, II ⊡

Klein Kühren
🏕 Elbufer, Elbuferstr. 141, ☎ 256

Neuhaus (Elbe) (R)
PLZ: 19273; Vorwahl: 038841
H Hannover, Parkstr. 1, ☎ 20778, IV
H Zur Börse, Kirchpl. 1, ☎ 20514, II
P Alte Deichvogtei, Rosengartenweg 1, ☎ 61758, III

Darchau (R)
PLZ: 19273; Vorwahl: 038841
Pz Café zur Elbe, Hauptstr. 8, ☎ 20781 -e-
Pz Graichen, Grenzstr. 9b, ☎ 20657, II

Konau (R)
PLZ: 19273; Vorwahl: 038841
Fw Trilk, Elbstr. 13, ☎ 20116 o. 0174/4122812, III
P Elbufer, Elbstr. 3, ☎ 6140, V-VI ⊡ -e-
Pz Café Koopmannshof, Elbstr. 11, ☎ 61606 -e-
Pz Anemone, Elbstr. 7, ☎ 0176/51558348

Walmsburg (L)
PLZ: 21354; Vorwahl: 05853
🏕 Campingplatz Mutter Grün, Bruchdorferstr. 30, ☎ 310

Barskamp (L)
PLZ: 21354; Vorwahl: 05854
Gh Haus unter den Eichen, Köstorfer Str. 13, ☎ 967190,

III ⊡ -e-
Bh/P/Hh Meyer, Alt Garger Str. 1, ☎ 237 -e-

Alt Garge (L)
PLZ: 21354; Vorwahl: 05854
Fw Haus an der Elbe, Hauptstr. 37, ☎ 243000, III -e-
🏠 Hostel Plan1, Hauptstr. 38, ☎ 9673991, III ⊡
🏕 ADAC-Campingplatz, Am Waldbad 23, ☎ 311 ⊡ -e-

Göddingen
P/🍴 Elbtalaue, Landstr. 12, ☎ 1681, I

Stiepelse (R)
PLZ: 19273; Vorwahl: 038844
Pz Haus Lichtblick, Elbstr. 10, ☎ 21401 -e-

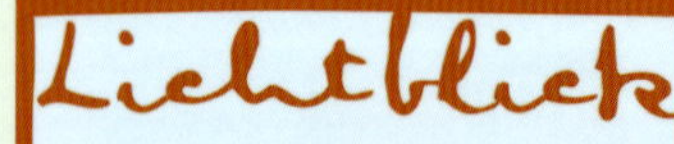

Krusendorf

P Landhaus Elbwiesen, Sumter Straße 17, ✆ 0160/7848 691 -e-

Neu-Bleckede (R)

PLZ: 19273; Vorwahl: 038844

Fw Altes Deichvogthaus, Am Elbdeich 10, ✆ 21841, II-III ⊚ -e-

Bleckede (L)

PLZ: 21354; Vorwahl: 05852

ℹ Tourismusleitstelle Nord Elberadweg, Im Elb-Schloss Bleckede, Schlossstr. 10, ✆ 951495

P Elbhof Harnisch, Wendischthuner Str. 15, ✆ 2945 ⊚ -e-

H Zum Löwen, Lauenburger Str. 1, ✆ 940-0, V-VI -e-

Altes Deichvogthaus

Ferienwohnungen direkt am Elbdeich und nur 200 m von der Elbfähre entfernt. Ein Paradies für Radler und Naturfreunde. Ferienhaus und Zimmer, modern und komfortabel, in unmittelbarer Elbnähe, mit Zugang zum Strand; Tiere auf dem Hof, z.B. Katzen, Ziegen, etc.; eigener Garten, Fahrrad- und Bootsverleih, Reitmöglichkeiten auch in der Nähe.

25 - 40,- € pro Tag

Am Elbdeich 10, 19273 Neu-Bleckede
Tel.: 038844/21841 od.: 0171/1168841
Fax: 038844/20232
kontakt@deichvogthaus.de · www.deichvogthaus.de

H Waldfrieden, Dahlenburger Str. 30, ✆ 97990

P Privates Schullandheim und Pension, Landstr. 12, ✆ 05854/1681, II

P Haus Elbtalaue, Von-Estorffs-Weg 25, ✆ 1221, II-III ⊚ -e-

P Soetbeer, Lauenburger Str. 3, ✆ 2870, II-III ⊚

P Gästehaus Christa, Dahlenburger Str. 6, ✆ 615, III ⊚

Pz Strathusen, Sannemannweg 1, ✆ 3322 ⊚

Pz Ökohaus Bleckede, Fritz-von-dem-Berge-Str. 27, ✆ 390202 ⊚

Fw und Apartment Rosenhaus, Zollstr. 32, ✆ 727, III ⊚

Fw Auf der Kleinburg, Lauenburger Str. 23, ✆ 1297, III ⊚

Garlstorf (L)

PLZ: 21376; Vorwahl: 04172

P Mosebach, Mühlenweg 11, ✆ 0175/6067847, II ⊚

P Bed & Breakfast, Hanstedter Landstr. 6, ✆ 7431, III

Neu Wendischthun (R)

PLZ: 19273; Vorwahl: 038844

Gh Radlerherberge, Neu Bleckeder Str. 6, ✆ 21840, II-III ⊚ -e-

♿ Alte Schule, Neu Bleckeder Str. 6, ✆ 21840, II-III ⊚ -e-

Garze (L)

PLZ: 21354; Vorwahl: 05852

P Hof Steinberg, Große Str. 5, ✆ 1488, II-III

P/Fw Hof Kruse, Große Str. 68, ✆ 703 III-IV ⊚ -e-

Fw Hof Pakirnis, Große Str. 31, ✆ 2900, III ⊚

Karze (L)

PLZ: 21354; Vorwahl: 05852

Gh Karze, Am Rotdorn 7, ✆ 2612, V-VI

Neetze (R)

PLZ: 21398; Vorwahl: 05850

Hh Groothoff, Jürgenstorfer Weg 26, ✆ 971333

Radegast (L)

PLZ: 21354; Vorwahl: 05857

♿ Elbeling, Am Deich 9, ✆ 555 -e-

Brackede

Fw Radler Ruh, Zu den Weiden 5, ✆ 313, II-III

Wendewisch

Gh Wendewisch, Hittberger Str. 42, ✆ 366, II

♿ Blocks Camp, Mühlenweg, ✆ 287

♿ Grünendeich, Grünen Deich 2, ✆ 248

Boizenburg (R)

PLZ: 19258; Vorwahl: 038847

H Boizenburger Hof, Weidestr. 2, ✆ 50093, III-IV -e-

H Rucksackhotel Boizenburg, Schützenpl. 1, ✆ 33439, II-III

H Steinort, Weidestr. 2, ✆ 50093, III

P Stadt Boizenburg, Vor dem Mühlentor 14, ✆ 52302, II

P Herberge Froschkasten, Altendorf 11, ✆ 52655, I-II -e-

P Am Hafen, Hamburger Str. 13, ✆ 53091

Hohnstorf (L)

PLZ: 21522; Vorwahl: 04139

Pz Vörn Diek, Fischerzug 6, ☎ 799906 ⌨

Pz Lindemann, Elbdeich 16b, ☎ 6268, I

Pz Worthmann, Elbdeich 16, ☎ 6516, I

Worthmann, Elbdeich 16, ☎ 6516, I

Elbestrand, Bundesstr. 19c, ☎ 6640

Bullendorf

Bullerby, Elbuferstr. 35, ☎ 6037

Lauenburg/Elbe (R)

PLZ: 21481; Vorwahl: 04153

Tourist-Information, Amtsplatz 4, ☎ 51251

H Bellevue, Blumenstr. 29, ☎ 2318, III-IV ⌨ -e-

H Lauenburger Mühle, Bergstr. 17, ☎ 5890, V-VI ⌨

H Zum Alten Schifferhaus, Elbstr. 114, ☎ 58650, III-IV

H Zum Halbmond, Halbmond 30, ☎ 2297, V ⌨ -e-

Pz Haus Gisela, Büchener Weg 67a, ☎ 3967, II

Jugendherberge Lauenburg, Am Sportpl. 7, ☎ 2598 ⌨ -e-

Jugendherberge Lauenburg Zündholzfabrik, Elbstr. 2, ☎ 598880 ⌨ -e-

Artlenburg (L)

PLZ: 21380; Vorwahl: 04139

H Schützenhof, Große Str. 22, ☎ 7030, III-IV -e-

Gh Nienau, Große Str. 24, ☎ 7029, I-II

Artlenburg, Schulstr. 3, ☎ 7040

Tespe (L)

PLZ: 21395; Vorwahl: 04176

H Fährhaus Tespe, Elbuferstr. 200, ☎ 91350, V ⌨ -e-

Freizeit- und Campingpark Tespe, Niedersachsenring 33, ☎ 7737

Niedermarschacht (L)

PLZ: 21436; Vorwahl: 04176

H Marschachter Hof, Elbuferstr. 113, ☎ 91320, III-IV -e-

Geesthacht (R)

PLZ: 21502; Vorwahl: 04152

Tourist-Information Stadt Geesthacht, Krügersches Haus, Bergedorfer Str. 28, ☎ 836258

H Holsteiner Hof, Hechtholz 36, ☎ 8888862, V-VI -e-

H Fährhaus Ziehl, Fährstieg 20, ☎ 3041, III-V -e-

H Krümmler Hof, Elbuferstr. 72, ☎ 8850-0, IV-V ☺
H Landhaus Tesperhude, Elbuferstr. 100, ☎ 72244, IV-V
H Lindenhof, Johannes-Ritter-Str. 38, ☎ 8467-0, IV-V ☺
Hg Zur Post, Elbstr. 7, ☎ 2265, IV -e
Pz Koch, Tesperhuder Str. 70, ☎ 77117, II
🏠 Jugendherberge, Berliner Str. 117, ☎ 2356 -e

Tesperhude
🚲 Hohes Elbufer, Strandweg 35, ☎ 0176/61573880

Drage (L)
PLZ: 21423; Vorwahl: 04176
H Zur Rennbahn, Stover Strand 4, ☎ 913120 VI -e
🚲 Stover Strand-International Stover Strand 10,
  ☎ 04177/430 ☺ -e

Laßrönne (L)
PLZ: 21423; Vorwahl: 04179
🚲 Laßrönne, Elbuferstr. 68, ☎ 392

Hoopte (L)
PLZ: 21423; Vorwahl: 04171
H Sievers' Gasthaus, Hoopter Elbdeich 11, ☎ 2598, III-V ☺

Hamburg-Altengamme (R)
PLZ: 21039; Vorwahl: 040
Pz Achtern Elvdieck, Altengammer Elbdeich 102,
  ☎ 7235187, V ☺

Hamburg-Kirchwerder (R)
PLZ: 21037; Vorwahl: 040
H Zollenspiecker Fährhaus, Zollenspiecker Haupt-
  deich 143, ☎ 7931330
P Zur alten Vierländer Bäcke, Kirchwerder Elbdeich
  122, ☎ 79319444, III-IV ☺
Fw Am Elbdeich, Kirchwerder Elbdeich 3, ☎ 7239655
  ☺

Curslack-Neuengamme (R)
PLZ: 21039; Vorwahl: 040
P Zum alten Bahnhof, Odemanns Heck 5,
  ☎ 72370570, III
Fw Ferienhaus Anke Rohloff, Curslacker Heerweg 63,
  ☎ 7206822 ☺

Hamburg (R)
PLZ: 20001-22799; Vorwahl: 040
Für Unterkünfte in Hamburg wenden Sie sich bitte
  an die angegebenen Telefonnummern der Tou-
risteninformationsstellen.
Buchungsservice:
ℹ Hamburg Tourismus GmbH, ☎ 30051-351
ℹ Tourist Information im Hauptbahnhof, Hauptaus-
  gang Kirchenallee, ☎ 30051-200
ℹ Tourist Information am Hafen, St.-Pauli-Lan-
  dungsbrücken, zw. Brücke 4 u. 5, ☎ 334422-0
H Das Gästehaus der Elb Lounge, Manteuffelstr. 39,
  ☎ 88941660, VI ☺
H Ökotel, Holsteiner Chaussee 347, ☎ 5597300, V-VI
  ☺
H Schanzenstern, Bartelsstr. 12, ☎ 4398441, IV ☺
H Zum Zeppelin, Frohmestr. 123, ☎ 559060, V-VI ☺
Hg Central, Präsident-Krahn-Str. 15, ☎ 306150, IV-VI ☺
Ho Krantz, Detlev-Bremer-Str. 44, ☎ 315112, III ☺
Pz Privatzimmer Hormann, Maike-Harder-Weg 54a,
  ☎ 6026513, III ☺
🏠 Jugendherberge Auf Dem Stintfang, Alfred-
  Wegener-Weg 5, ☎ 313488, II-III -e
🏠 Jugendgästehaus Hamburg, Horner Rennbahn,
  Rennbahnstr. 100, ☎ 6511671, II-III ☺ -e
🚲 Campingplatz Schnelsen-Nord, Wunderbrunnen
  2, ☎ 5594225

Blankenese
H Blankenese, Schenefelder Landstr. 164, ☎ 874742, V
  -e
🚲 Campingplatz Elbecamp, Falkensteiner Ufer 101,
  ☎ 812949

Tatenberg

P Fährhaus Tatenberg, Tatenberger Deich 162, ✆ 7372227, III ⊷

Ochsenwerder

P Deichnest, Eichholzfelder Deich 14, ✆ 7374428, III ⊙ ⊷

Bramfeld

Hg Heikotel - Hotel Windsor, Wandsbeker Str. 10, ✆ 6469000, V-VI ⊙

Wedel (R)

PLZ: 22880; Vorwahl: 04103

H Diamant, Schulstr. 2-4, ✆ 702600, V-VI ⊙

H Senator Marina, Hafenstr. 28, ✆ 80770, VI ⊙

H Freihof am Roland, Am Marktplatz 6-8, ✆ 1280, VI-VII

H Kreuzer, Rissener Str. 195, ✆ 1270, VII

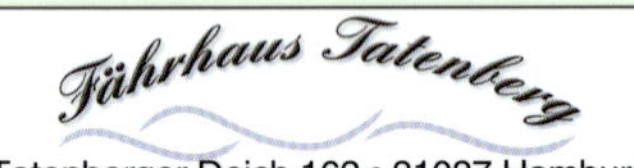

H Wohnappartment Wedel, Pinneberger Str. 69, ✆ 0157/85564628, IV

Hetlingen

Pz Lütten Ort, Holmer Str. 13, ✆ 18490, I-II

Pz Matthießen, Bandrieterstroot 4a, ✆ 82365, I-II

Heist (R)

PLZ: 25492; Vorwahl: 04122

H Lindenhof Heist, Gr. Ring 7, ✆ 81361, IV ⊙

Jork/Altes Land (L)

PLZ: 21635; Vorwahl: 04162

ℹ Tourismusverein Altes Land e. V., Osterjork 10, ✆ 9147-55

H Altes Land, Schützenhofstr. 16, ✆ 9146-0, V ⊙ ⊷

H Alte Schmiede, Osterjork 24, ✆ 911365, III-IV

Gh Am Alten Hafen, Yachthafenstr. 1, ✆ 5377, IV

P Elbblick, Lühe 40, ✆ 04142/8180-0, IV-V ⊙

Pz Ellerbrock, Westerladekop 128b, ✆ 8911, III

Pz Lühders, Westerladekop 140c, ✆ 7711, II

Pz Obsthof Arno Hauschildt, Wisch 27, ✆ 393, II-III ⊙

Pz Privat Pension Kiek in, Westeladekop 28, ✆ 94400, III

Pz Obsthof J.H. Schröder, Hinterbrack 6, ✆ 040/ 745 94 20, II

Pz Stubbes Gasthaus, Lühe 46, ✆ 04142/2535, III

Pz Lanwehr, Osterladekop 35, ✆ 0176/23248481, III ⊙

Steinkirchen (L)

PLZ: 21720; Vorwahl: 04142

H Windmüller, Kirchweg 3, ✆ 81980, V-VI ⊙ ⊷

Guderhandviertel

⌂ Nesshof, Nessstr. 32, ✆ 2350 ⊙

Grünendeich (L)

PLZ: 21720; Vorwahl: 04142

P Hessbögel, Lühedeich 1, ✆ 898845, V-VI ⊙

⌂ Elbinsel Lühesand, (Das Boot nimmt keine Fahrräder mit) ✆ 04141/2775

Agathenburg (L)

PLZ: 21640; Vorwahl: 04163

ℹ Samtgemeinde Horneburg, Lange Str. 47-49, ✆ 80790

Gh Zur Tenne, Hauptstr. 49, ✆ 04141/ 609408, II

Haseldorf (R)

PLZ: 25489; Vorwahl: 04129

ℹ Elbmarschenhaus, Hauptstr. 26, ✆ 955490

H Am Alten Elbdeich, Scholenfleth 1, ✆ 255, III

Hohenhorst

P Hof Mühlenwurth, Hohenhorster Chaussee 58, ✆ 745, I-II ⊷

Haselau (R)

PLZ: 25489; Vorwahl: 04122

H Haselauer Landhaus, Dorfstr. 10, ✆ 98710, V ⊙

Hollern-Twielenfleth (L)

PLZ: 21723; Vorwahl: 04141

Hg obstArt-Hotel, Hollernstr. 82, ✆ 796560, V ⊙

Pz/Fw Altländer Obsthof, Hollernstr. 97, ✆ 7220, III-IV ⊷

Stade (L)

PLZ: 21682; Vorwahl: 04141

ℹ STADE Tourismus-GmbH, Tourist-Info am Hafen Hansestr. 16, Zimmervermittlung: ✆ 409173.

H Am Holzhafen, Salztorcontrescarpe 8, ✆ 529088, IV

H RAMADA Hotel Herzog Widukind, Große Schmiedestr. 14, ✆ 99980, V-VI

H Zur Einkehr Kiek Inn Hotel, Freiburger Str. 82, ✆ 2325, IV-VI ⊙

H RAMADA Hotel Stade, Kommandantenteich 1-3, ✆ 99970, V-VI

H Parkhotel Stader Hof, Schiffertorsstr. 8, ✆ 4990, V-VI ⊷

H Vier Linden Kiek In Hotel, Schölischer Str. 63, ✆ 927-02, V-VI ⊙ ⊷

H Akzent Hotel Zur Einkehr, Freiburger Str. 82, ✆ 2325, IV-V ⊙ ⊷

H Zur Hanse, Am Burggraben 4, ✆ 95240, V

Hg Am Obsthof, Freiburger Str. 86a, ✆ 40040 ⊷

Gh Op de Deel, Loger Weide 1, ✆ 81777, III-IV

Gh Wiebusch, Kornstr. 10, ✆ 51960, IV-V

Fw Stach, Brinkstr. 26, ✆ 410753, III, o. Frühst.

Fw Hof Peters, Schafdamm 6, ✆ 600717, III-V ⊙

▥ Jugendherberge Stade, Kehdinger Mühren 11, ✆ 46368 ⊙ ⊷

Bützfleth (L)

PLZ: 21683; Vorwahl: 04146

Gh Von Stemm, Kirchstr. 11, ✆ 908651, III

Pz Gätjens, Schwanenweg 7, ✆ 5738, II

Assel (L)

PLZ: 21706; Vorwahl: 04148

Pz Moje, Ritscherstr. 7, ☎ 1608
Pz Suhr, Barnkruger Str. 36, ☎ 5218, II
Pz Zander, Deichstr. 15, ☎ 5214, II

Drochtersen (L)
PLZ: 21706; Vorwahl: 04143

ℹ Tourist-Information Drochtersen, Drochterser Str. 39, ☎ 912140
H Müllers, Kirchenstr. 4, ☎ 432, III
H Am Rathaus, Sietwender Str. 22, ☎ 911830, IV
Pz Stüben, Am Brackufer 23, ☎ 200666, II
Pz Krähnke, Heimstr. 4, ☎ 6266, II

Hüll
Gh ABC Bildungs- und Tagungszentrum, Bauernreihe 1, ☎ 04775/529, IV

Krautsand
Pz Eylmann v. Borstel, Krautsander Str. 23, ☎ 1394
Campingverein Krautsand e.V., Krautsand 24, ☎ 1494
Campingplatz, Leuchtturmweg 5a, ☎ 5522

Seestermühe (R)
PLZ: 25371; Vorwahl: 04125
Pz Haus am Burggraben, Schulstr. 12, ☎ 957950, I

Seester (R)
PLZ: 25370; Vorwahl: 04125
Pz Tiedemann, Seesteraudeich 130, ☎ 358, II-III

Elmshorn (R)
PLZ: 25335; Vorwahl: 04121
H Im Winkel, Langenmoor 41, ☎ 84328, V

H Sportlifehotel Elmshorn, Hamburger Str. 205, ☎ 4070, V
P Vigliarolo, Carl-Hinrich-Dieck-Str. 6, ☎ 461136,

Kollmar (R)
PLZ: 25377; Vorwahl: 04128
H Kollmar, Am Deich 1, ☎ 941910
BB Haus Sommerlust, Steindeich 4, ☎ 507, III
Elbdeich, Kleine Kirchreihe 22, ☎ 1379

Bielenberg
Pz Ewald, Bielenberg 9, ☎ 04124/932820
Fw Thoke, Bielenberg 65, ☎ 1242

Wischhafen (L)
PLZ: 21737; Vorwahl: 04770

ℹ Tourist-Info Kehdingen, Stader Str. 139, 21737 Wischhafen, ☎ 831129

Gh Fährhaus Wischhafen, Fährstr. 16, ☎ 7172, IV
Pz Langenbrunner, Stader Str. 104, ☎ 808195
Pz Schmarje, Birkenstr. 8a, ☎ 7423
Fw Hasselbusch, Fasanenweg 7, ☎ 7298
Fw Witting, Meisterweg 5, ☎ 0173/9037907

Neuland
Gh Kurbjuweit, Stader Str. 26, ☎ 7102, III

Neulandmoor
Gh Charly Drewes, Birkenstr. 65, ☎ 7162, III-IV

Wolfsbruchermoor
Gh Sieb, Ostener Str. 3, ☎ 7108, IV
Pz Hasselbusch, Fasanenweg 7, ☎ 7298, II

Glückstadt (R)
PLZ: 25348; Vorwahl: 04124

ℹ Tourist-Information Glückstadt, Große Nübelstr. 31, ☎ 937585
Pz Blaues Haus, Drosselstr. 15, ☎ 1746, III
H Anno 1617, Am Markt 5/6, ☎ 91690, V
P Am Hafen, Am Hafen 19, ☎ 4906, IV-V
P Am Museum, Am Fleth 32, ☎ 608325, V
P Am Neuendeich, Am Neuendeich 15, ☎ 890897, III-IV
P Haus am Elbdeich, Herrenfeld 34, ☎ 5671, V
P Gästehaus Eyland, Am Kirchpl. 17, ☎ 588992, V
P Glückstadt, Flensburger Str. 2, ☎ 2073998, IV
Pz Decker, An der Chaussee 75, ☎ 980940, II
Pz Dittmer, Bgm.-Schinkel-Str. 22, ☎ 1429, III
Pz Kuhlmanns Alter Speicher, Am Hafen 1, ☎ 3037, II
Pz Paul, Königstr. 48, ☎ 2828, II

Pz Schmidt, Am Neuendeich 14, ☎ 81461, II
BB Peschel, Herzhorner Str. 7, ☎ 932888, III
BB Sells, Gr. Deichstr. 28, ☎ 890501, IV
Jugendherberge, Am Rethövel 14-15, ☎ 604455

St. Margarethen (R)
PLZ: 25572; Vorwahl: 04858
H Elbmühle, Hauptstr. 26, ☎ 188804, IV
H Margarethenhof, Dorfstr. 23, ☎ 18806, IV

Brunsbüttel (R)
PLZ: 25541; Vorwahl: 04852

ℹ Tourist-Info, Gustav-Meyer-Platz 2, ☎ 836624
H Zur Traube, Markt 9, ☎ 54610, V-VI
H Kleiner Yachthafen, Hafenstr. 16, ☎ 9400933, V
P Frädrich, Elbstr. 12, ☎ 4728, III
P Gosch, Auf dem Deiche 9, ☎ 6440, III
P Hüttendorf am Freizeitbad, Am Freizeitbad, ☎ 940450
Pz Alte Schule, Schulstr. 1, ☎ 969712, III
Fw Exclusiv Haus, Brunsbütteler Str. 21, ☎ 51400, II
Bh Hof Siemen, Bauernweg 40, ☎ 730, III

Nordhusen
Pz Haus am Elbedeich, Nordhuser Str. 43, ☎ 04851/964351, III

Freiburg (L)
PLZ: 21729; Vorwahl: 04779
H Gut Schöneworth, Landesbrücker Str. 42, ☎ 92350, V-VI
H Kehdinger Hof, Haupstr. 59, ☎ 316, III

Pz Blohm, Landesbrück 40, ☎ 211
Pz Institut für angewandte Biologie, Hafenstr. 2, ☎ 8851
Pz Karnath, Kurzenende 13, ☎ 8316, II
Fw Geyer, Drosselweg 5, ☎ 921011

Oederquart (L)
PLZ: 21734; Vorwahl: 04779
Gh Witt's Gasthof Zur Post, Dorfstr. 60, ☎ 8686, III

Krummendeich (L)
PLZ: 21732; Vorwahl: 04753
P Landhof Groß, Wechtern 32, ☎ 333, VI

Balje (L)
PLZ: 21730; Vorwahl: 04753
Pz Quast, Süderdeich West 44, ☎ 655, II-III
Pz Schmoldt, Süderdeich West 14, ☎ 511

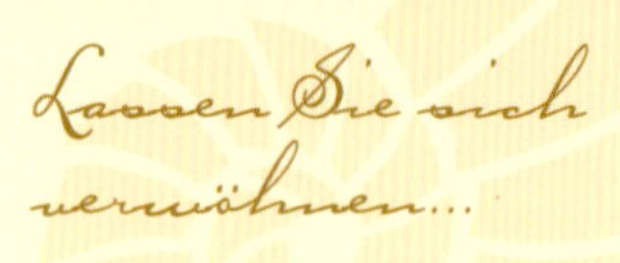

Hörne
BB Gut Hörne, Hörne West 46, ☎ 362, V-VI
H Zwei Linden, Itzwördener Str. 4, ☎ 84300, IV
Pz Böhmcker, Hörne-West 12, ☎ 8223, II

Cadenberge (L)
PLZ: 21781; Vorwahl: 04777
H Zum Weißen Roß, Bergstr. 5, ☎ 808090, III
P Taubenhof Gut Cadenberge, Graf-Bremer-Str. 33, ☎ 929747 V

Neuhaus (L)
PLZ: 21785; Vorwahl: 04752
H Neuhaus, Bürgerpark 3, ☎ 844146, II
Gh Achtern Diek, Stader Str. 10, ☎ 844533, III-IV

Otterndorf (L)
PLZ: 21762; Vorwahl: 04751
ℹ Städtisches Verkehrsamt Otterndorf, Im Rathaus, ☎ 919135
H Am Medemufer, Goethestr. 15, ☎ 99990, V-VI
H Zur Post, Cuxhavener Str. 32a-34, ☎ 911000, V
H Haduloha, Marktstr. 24, ☎ 911811, IV
H Altstadthotel Eibsen, Marktstr. 33, ☎ 2773, V
Gh Elbblick, Deichstr. 1, ☎ 3530
Fw Ferienhaus Helgoland, Scholienstr. 14, ☎ 04725/7829
🏠 Jugendherberge, Schleusenstr. 147, ☎ 3165
🏕 Campingplatz See Achtern Diek, Deichstr. 14, ☎ 2933

Cuxhaven-Altenbruch (L)
PLZ: 27478; Vorwahl: 04722
ℹ CUX-Tourismus GmbH, Alter Weg 18, ☎ 341
Hg Deutsches Haus, Altenbrucher Bahnhofstr. 2, ☎ 91470, II-V
Pz Blohm, Alte Marsch 63b, ☎ 25716, II
Pz Korella, Gammenteil 54, ☎ 797, II
Pz Schleusenhof Döscher, Alte Marsch 224, ☎ 909236
Bh Krohn, Altenbrucher Landstr. 39, ☎ 2510, I-II
Bh Lösing, Heerstr. 17, ☎ 895, II
🏕 Am Weltschifffahrtsweg, Am Weltschifffahrtsweg, ☎ 2201

Cuxhaven-Lüdingworth (L)
PLZ: 27478; Vorwahl: 04724

i Verkehrsverein Lüdingwörth, Lächlerstr. 26, ☏ 361
H Norddeutscher Hof, Jacobistr. 21, ☏ 81330 IV
Pz Tiedemann, Jacobistr. 25, ☏ 631, I-II
Bh Maaß, Osterende 72, ☏ 1701, I-II

Cuxhaven (L)
Kurteil Grimmershörn und Zentrum
PLZ: 27472; Vorwahl: 04721

i Touristic GmbH, Centrum und Grimmershörn, Lichtenbergplatz, ☏ 36046

H Best Western Donners, Am Seedeich 2, ☏ 5090, VII ⊚ -e.
H Deichvogt, Strichweg 4, ☏ 55650, V-VI
H Gästehaus Weiß, Alter Deichweg 2, ☏ 37628, III-IV
H Hohenzollernhof, Alter Deichweg 1, ☏ 35560, V
H Hus Kiek in de See, Döser-Seedeich 2, ☏ 34102, VI
H Schifferbörse, Neue Reihe 24, ☏ 35772, II-IV
H Stadt Cuxhaven, Alter Deichweg 11, ☏ 582-0, VII
Hg Lerche, W.-Heidsiek-Str. 19, ☏ 37597
P Haus Lechner, Papenstr. 65a, ☏ 24744, II
Pz Jakobeit, H.-v.-Fallersleben-Str. 10, ☏ 64642, II
Pz Gästehaus Neumann, Dohrmannstr. 11, ☏ 37823, II
Pz Weilandt, Hamburg-Amerika-Str. 23, ☏ 425167

Kurteil Döse
PLZ: 27476; Vorwahl: 04721

i CUX-Tourismus GmbH Döse, Heinrich-Grube-Weg 2, ☏ 47081

H Pflug, Steinmarner Str. 43 u. 45 u. 54, ☏ 47678, V
H Deichgraf, Nordfeldstr. 16-20, ☏ 405-0, V-VI ⊚
H Henning, Steinmarner Trift 8, ☏ 42100, V

H Löwenbräu, Poststr. 105, ☏ 37554, V
H Neue Liebe, Prinzessinnentrift 12-14, ☏ 79740, V-VI
Gh Döse, Hinter der Kirche 74, ☏ 47198, V
Gh Einfach Gemütlich, Steinmardner Str. 28, ☏ 46666, III-IV ⊚
P Gästehaus Janßen, Bei der Kirche 9, ☏ 47314, IV
P Haus am Meer, Emmastr. 37, ☏ 47051, III-V
P Nordseewellen, Hinter der Kirche 52, ☏ 48296, III-V
P Schiemannn, Strandstr. 19, ☏ 48428, III-IV
P Hus Möhlenbarg, Steinmarner Str. 82, ☏ 43090, III-V ⊚
Pz Wehdemeier, Schultheißenstr.5, ☏ 48013, II
Pz Ahlf, Strandstr. 37, ☏ 47835, III

Kurteil Duhnen
PLZ: 27476; Vorwahl: 04721

i CUX-Tourismus GmbH Duhnen, Cuxhavener Str. 92, ☏ 404200

H Christiansen, Cuxhavener Str. 102, ☏ 43110, IV
H Domizil am Meer, Wehrbergsweg 61a, ☏ 666160, V
H Duhner Landhaus, Sahlenburger Weg 2, ☏ 42030, V
H Kammann, Wehrbergsweg 26a, ☏ 42120, IV-V
H Meeresfriede, Wehrbergsweg 11, ☏ 4350, V-VI
H Meeresruh, Cuxhavener Str. 79, ☏ 48480, IV-V
H Neptun, Nordstr. 11, ☏ 4290, V-VI
H Nord, Nordstr. 4, ☏ 43000, V
H Nord-Stuv, R.-Dohrmann-Pl. 2, ☏ 43120, IV
H Seelust, Cuxhavener Str. 65-67, ☏ 402-0, VI
H Seeschwalbe, Cuxhavener Str. 87-89, ☏ 420100, V-VI
H Wehrburg, Wehrbergsweg 53, ☏ 40080, IV-VI

Hg Thorwarth, Am Grooten Steen 10, ☏ 48495, III-V
P Blauth, G.-Wolgast-Weg 8, ☏ 48818, III
P Braband, Rugenbargsweg 21, ☏ 48332, III-IV
P Dembski, Georg-Wolgast-Weg 10, ☏ 48811, II-III
P Zur Heimat, Am Dorfacker 15, ☏ 48649, III-IV
P Gerken, Rugenbargsweg 12, ☏ 49591, III-IV
P Henn, Wehrbergsweg 3, ☏ 29700, II
P Luv&Lee, Am Dorfacker 11, ☏ 49615, III-IV
P Meereswoge, Cuxhavener Str. 83, ☏ 48218, III
P Peters, Nordstr. 1, ☏ 47401, V
P Haus Roseneck, Dallacker 26, ☏ 48313, III
P Seeluft, Nordstr. 16, ☏ 48164, IV-V
Pz Hertha, Wehrbergsweg 21c, ☏ 48034, II
Pz Osterndorff, Am Dorfacker 17, ☏ 48828, I-II
Jh Jugendherberge, Schlensenweg 2, ☏ 48552 ⊚ -e.
Fw Am Bäderring, Duhner Allee 5, ☏ 426161
Fw Beckmann, Windeichenweg 32, ☏ 65191
Fw Wattenlöper, Cuxhavener Str. 57, ☏ 426051

Kurteil Berensch
PLZ: 27476; Vorwahl: 04723

P Blinkfüer, Berenscher Dorfstr. 37, ☏ 04723/505052, II ⊚

Kurteil Sahlenburg
PLZ: 27476; Vorwahl: 04721

i CUX-Tourismus GmbH Sahlenburg, Nordheimstr. 35, ☏ 28028

H Wernerwald, Wernerwaldstr. 21-23, ☏ 29141, V-VI
H Frauenpreiss, Wernerwaldstr. 41, ☏ 20520, IV-V

H Muschelgrund, Muschelgrund 1, ☏ 2090, IV-V
H Nordsee, Nordheimstr. 57, ☏ 28011, III
H Zum Finkenmoor, Nordheimstr. 170, ☏ 29026, III
H Wattenkieker, Am Sahlenburger Strand 27, ☏ 2000
Hg Sahlenburger Strand, Am Sahlenburger Strand 3, ☏ 20310, IV
Pz Störtebeker, Am Sahlenburger Strand 31, ☏ 29207, III
Pz Elke u. Erika, Nordheimstr. 131 u. 152, ☏ 29108, II
Pz Möller, Butendieksweg 74, ☏ 29407, II
Pz Jung, Am Flockengrund 1, ☏ 29194, II
Fw Finck, Am Sahlenburger Strand 25, ☏ 29152
Fw Achtern Huus, Sahlenburger Chaussee 51, ☏ 28662

Kurteil Stickenbüttel
PLZ: 27476; Vorwahl: 04721

i CUX-Tourismus GmbH Stickenbüttel, Windeichenweg, ☏ 25111

P Appelt, Windeichenweg 26, ☏ 22626, III-IV ⊚
Pz Bei Conny, Brockeswalder Weg 33, ☏ 21250, I-II
Pz Kiep, Dorfstr. 67, ☏ 23433, II
Pz Neubauer, Eichholzweg 27, ☏ 24800, II

Insel Neuwerk
PLZ: 27499; Vorwahl: 04721

i CUX-Tourismus GmbH Duhnen, Cuxhavener Str. 92, ☏ 404142

P/Hh Das alte Fischerhaus, Neuwerk 4, ☏ 29043, III-V
P/Hh Hus achtern Diek, Neuwerk 8, ☏ 29076, IV-V

Danke

Besonderen Dank an: E. Boese, Springe; M. u. M. Weisenburger, Neuburg; R. Neumann; E. Irmscher, Pirna; H. Schanz, Triebischtal; U. Klose; A. u. A. Bergemann, Trittau; W. Acht, Hamburg; E. Obenauf, Petershagen; B. Rost, Wunsiedel; B. Mitter, Köngerheim; M. Erb, Heilbronn; B. u. R. Lankenau, Bremen; K. Sanz, Konolfingen; B. u. H. Grüneberg, Braunschweig; K. Künzelmann, Dresden; P. Müller, Kirchberg; Dr. T. Link; A. H. Fitzner, Göttingen, Motullo, Hamburg; W. Richter, Bremen; B. Zepf, Berlin; H. Neugebauer; E. Denk, Ohlstadt; H.-P. Müller, Garbsen; B. Schelling, Hamburg; Familie Heinrich, I. Behncken; G. Klimke, Hamel; H. u. V. Bahls; G. Kozer; G. Brand, Auetal; B. Brattig; W. Tattermusch, Stuttgart; U. Heidel-Pozsicsanyi, Eching; B. Joop, Magdeburg; Dr. A. Kempmann, Aachen; P. Kreuzer, Löffingen; W. Bethke; R. Schmidt; C. Vechtel; K. Kirstein, Werben/Elbe; M. Huet, Freiburg; M. Tiemann/F. Nitzschke, Berlin; F. Erler, Freiberg; C., I. u. M. Grötzinger, Berlin; J. Meusel, Dresden; J. Günther, Meißen; S. Schmedt, Braunschweig; A. u. G. Roth, Berlin; H.-E. Lunau, Börnsen; D. Claußen, Oldenburg; G. Scheide, Magdeburg; M. Cramer, Berlin; U. Kauffmann, Berlin; W. Ronge; R. Pütz, Braunschweig; K. Jahr, Oberursel; H.-W. Hartmann; S. u. G. Anhut, Melsdorf; W. Schliephake, Magdeburg; Prof. Dr. O. E. Berge, Kiel; C. Stein, Hamburg; E. Singer u. M. v. Kunowski, München; J. Peters, Norderstedt; D. Greaves, Hamburg; Dr. H. Spode, Berlin; E. Wosnitzka, Freiburg; W. Waldner, Lehrte; I. Hoferichter, Ibbenbüren; E. Firzlaff, Berlin; I. Schnippa, Radeburg; G. Binder, Neckarhausen; H. Fastabend, Hamburg; J. Meusel, Dresden; G. Müller, Seelze-Letter; B. Kranz-Scheffer; W. Melcher, Lotte-Wersen; H. u. E. Krütt; O. Volz, Fürth; J. Sukling; U. Hollstein, Hamburg; E. Köthner, Merzhausen; W. Ernst, Jesteburg; W. Schmidt, Gerlingen; N. Kollenda; G. Steenwarber, Stade; K. Michelsen, Kiel; M. u. E. Gehlsen, Oranienburg; E. u. W. Beier, Magdeburg; M. Seifert, TVB Sächsische Schweiz; S. Zürneck, Bleckede; U. Peters, E. Schlack, Brunsbüttel; H. Söftje, Hannover; H. Behnke; H. Kringel, Hamburg; D. Gaedke, Hamburg; G. Wäldele, Dresden; D. Baumeister, Geesthacht; I. Behncken, Hamburg; R. Gröne, Oldenburg; M. Mühle, Kassel; J. Richter u. U. Kirchhof, Tornesch; S. Henkes; H. Loose; A. Jaschke; Prof. S. Heiland; M. Wiontzek, Germering; W. Lüderssen, Wiesbaden; M. Schroeren, Berlin; K. Gehr; T. König; Dr. H-J. Niepel, Crostau; Familie Langemann; P. Franz; R. Ismar, Germering; R. Jellema, Brüssel; C. Wöhlert; K. Eppendahl; L. Hogefeld, Solingen; H.-J. Tutaß, Haan; M. Schäfer; B. Drewes; C. Ardes; H. Plüschau; G. Rasch; G. Sander, Taufkirchen, K. Dierke, Eichwalde; V. Kahnert, Brietlingen; F. Huber; Dr. P. Neuhäuser; W. Melzer; J. Kupey; K. Dierke, Eichwalde; V. Kahnert, Brietlingen; S. Meyer; H. Jäkel; H. Borgman, Neu Darchau; E. Klein; G. O. Röhrig, Frankfurt/Main; W. Züst, Münchenbuchsee; Dr. F. Schomburg, Hannover; W. D. Münz, Mainz; Th. Kaiser, Dresden; H. Muster, Rüsselsheim; B. Fischer; S. u. W. Liedgens; C. Crook; N. Krüger; H. Eidt, Königswinter; M. Wagner; J. Richter; K. Hildenbrand-Knauer; G. Münter-Hoff; W. Gzuk, Grafing; G. Steidler, Schwechat; A. Menz; K. Engel; M. Vogt; H. Buchmüller; M. Kessemeier; M. H. Lechno; M. Christensen, Halstenbek; M. Janus, Frankfurt/M.; E. Taebel, Hannover

Ortsindex

Ortsindex